ART ESSENTIALS



# IMPRESSIONISMUS

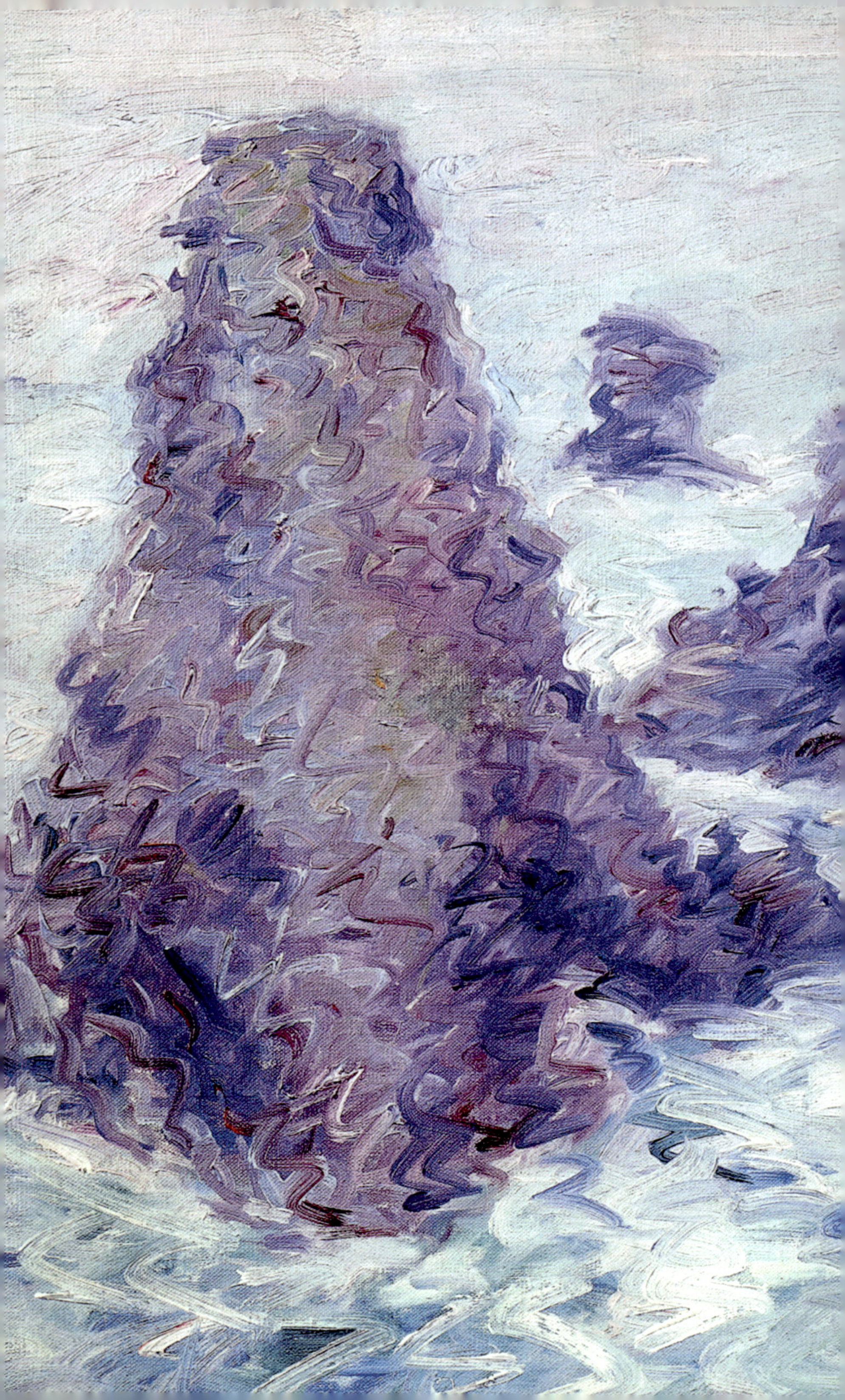

ART ESSENTIALS

# IMPRESSIONISMUS

RALPH
SKEA

MIDAS

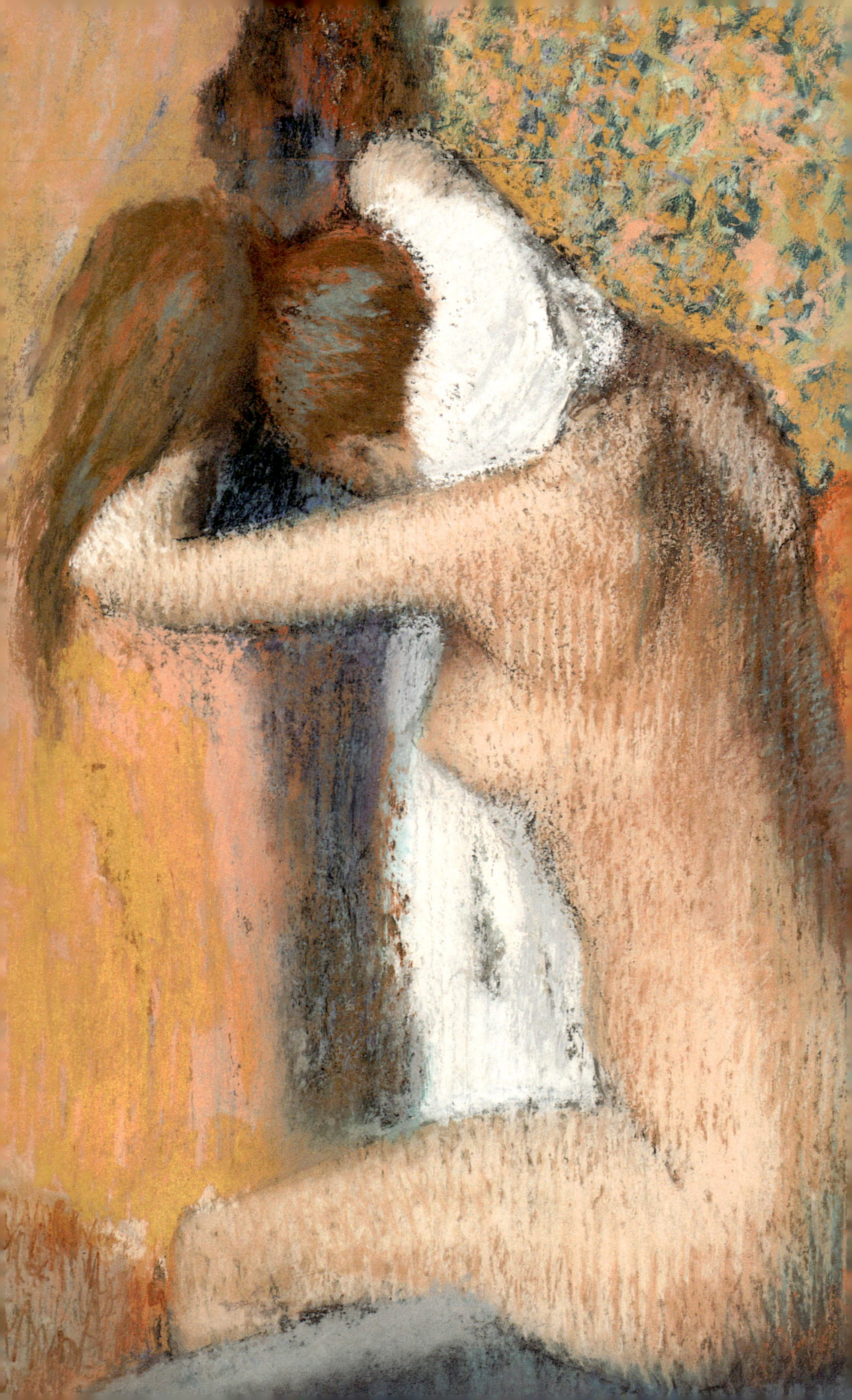

# INHALT

# EINFÜHRUNG

Der Impressionismus kam als Malstil Mitte des 19. Jahrhunderts in Frankreich auf. Er war die radikale Reaktion einer Gruppe junger Künstler auf die konventionellen Kompositionen und Maltechniken, die von den Pariser Kunstschulen gelehrt und vom Staat gebilligt wurden. Die Impressionisten verzichteten auf anekdotenhafte und historische Motive und bildeten stattdessen das tägliche Leben im zeitgenössischen Frankreich ab. Mithilfe schwungvoller Pinselstriche wollten sie die flüchtigen Lichteffekte in Landschaften, Cafés, Theatern und Gärten einfangen.

Zwischen 1874 und 1886 organisierte die Gruppe acht kontroverse Werksausstellungen. Die Reaktion der Öffentlichkeit sowie professioneller Maler und Kritiker war äußerst negativ. Die Motive der Impressionisten schienen banal und trivial im Vergleich zu den geheimnisvollen Motiven der erfolgreichen französischen Maler, die in modernen Galerien ausgestellt wurden.

Vor allem, was die Technik anging, vollzogen die Impressionisten einen radikalen Bruch mit den etablierten Normen der »korrekten« Malerei, die in ihren Kreisen als dekadent galt. Pinselstriche waren fortan sichtbar, helle Farben wurden einander gegenübergestellt, um die Illusion von Licht zu erzeugen. Landschaften wurden nicht mehr im Atelier, sondern unter freiem Himmel gemalt – *en plein air* –, dies verlieh den Gemälden eine besondere Atmosphäre, die den impressionistischen Stil kennzeichnete. Vor allem vermieden die Impressionisten künstlerische Vorgaben und malten ausschließlich nach ihrer »Wahrnehmung« – ihrer einzigartigen »Impression«.

Eine Reihe junger Künstler aus Frankreich und dem Ausland, die meist in Paris lebten und studierten, begann, mit dem Stil zu experimentieren. Der berühmteste der Gruppe war der holländische Maler Vincent van Gogh. Während seiner Pariser Zeit (1886–1888) freundete er sich mit vielen Impressionisten an und ließ sich von ihrer Technik inspirieren. Hinzu kam, dass sein Bruder Theo ein einflussreicher Pariser Kunsthändler für impressionistische Gemälde war. In seinen berühmten Briefen hielt van Gogh zahlreiche kluge Beobachtungen über diesen neuen Malstil fest: Einige davon finden Sie in den nachfolgenden Kapiteln.

Trotz der anfänglichen Ablehnung wurden impressionistische Gemälde bereits zu Beginn des 20. Jahrhunderts geschätzt und vielerorts gesammelt. Heute werden sie nahezu in aller Welt bewundert.

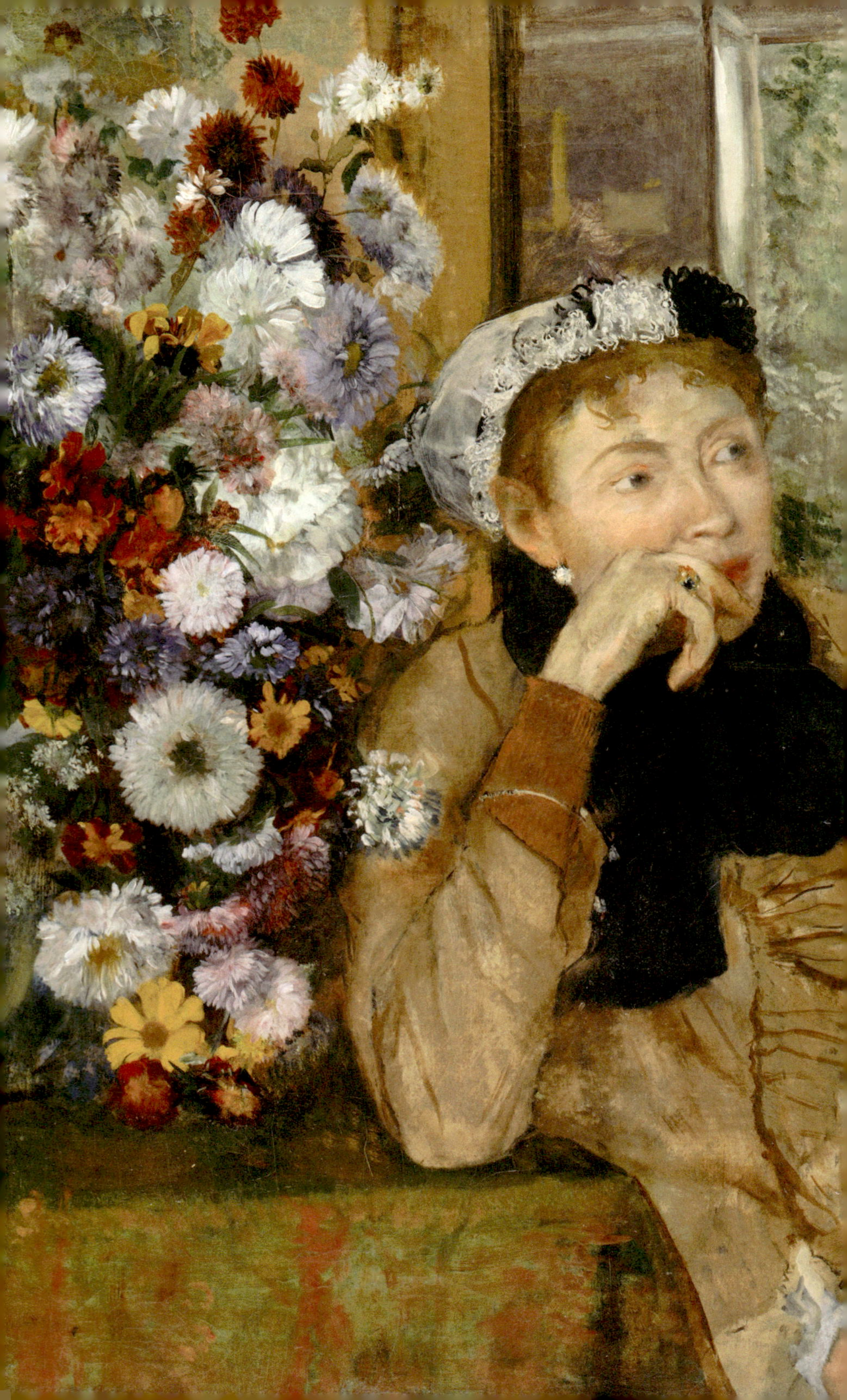

# DIE ENTSTEHUNG DES IMPRESSIONISMUS
1828–1874

-

**Man muss erkennen, dass man
es niemandem recht machen kann.**

-

Émile Zola

1866

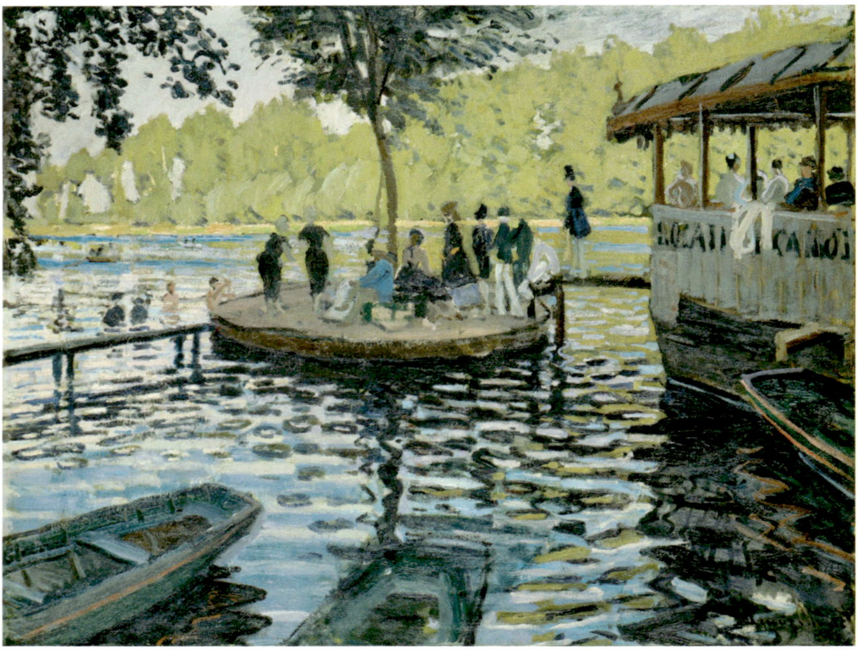

Claude Monet (1840–1926), der Vorreiter der Impressionisten, folgte in seiner Karriere dem Prinzip, nur das zu malen, was man sieht. Und tatsächlich beruhte die neue Bewegung in der Malerei, die ihren Ursprung um 1860 in Frankreich nahm, auf der Vorstellung, dass authentische Gemälde nur das Produkt der eigenen Anschauung des Künstlers von den Orten, Menschen, Jahreszeiten und des Lichts sein können. Diese existenziellen »Impressionen« des alltäglichen Lebens sollten zur Basis gefühlvoller und erkenntnisreicher Kompositionen werden, frei von den einengenden Vorurteilen der akademischen Kunst. Zu den von privaten und staatlichen französischen Ateliers verfochtenen Regeln gehörte die Auffassung, dass Gemälde gelehrte Anspielungen auf klassische Literatur, Mythen oder biblische Texte enthalten sollten. Daher stellten Gemälde meist Legenden in erfundenen Landschaften dar und nicht wirkliche Orte, die die Maler selbst erlebt hatten.

**Claude Monet**
*La Grenouillère*, 1869
Öl auf Leinwand,
74,6 x 99,7 cm
Metropolitan Museum
of Art, New York

**La Grenouillère war ein beliebtes Restaurant mit angeschlossener Badestelle an einem Seitenarm der Seine. Monets Gemälde ist berühmt für seine Darstellung des schimmernden Wassers mithilfe einer Reihe horizontaler Pinselstriche. Er verzichtete auf die glatte Schlussschicht entgegen den Regeln, die er als Student gelernt hatte, und setzte eine skizzenartige Technik ein, die diesen kurzen Moment festzuhalten scheint.**

-

**Die Reaktionen der Künstler auf das Licht in den Straßen, Gärten und auf den Flüssen rückten ins Zentrum.**

-

Monet und seine impressionistischen Kollegen gingen neue Wege, um ländliche und städtische Umgebungen darzustellen. Sie konzentrierten sich, wie in Monets *La Grenouillère* (gegenüber), auf die zeitgenössische französische Gesellschaft. Ins Zentrum rückten die Reaktionen der Künstler auf das Licht in den Straßen, Gärten und auf den Flüssen; Personen wurden in zeitgemäßer Kleidung dargestellt und nicht mehr in historischen Kostümen. Natürlich war diese Behandlung von Genre-Themen bereits von den niederländischen Malern des 17. Jahrhunderts perfektioniert worden, deren Werke die Impressionisten im Louvre bewunderten. Der französische Kunstbetrieb des 19. Jahrhunderts bevorzugte jedoch weiterhin esoterische Kompositionen, die auf klassizistischen Prinzipien beruhten – der Suche nach dem Ideal statt dem Realen. Daher galten Genre-Malereien als intellektuell minderwertig.

### Die École des Beaux-Arts

Als Mitte des 19. Jahrhunderts der Impressionismus aufkam, war die École nationale supérieure des Beaux-Arts in Paris die exklusivste und einflussreichste Kunstschule in Frankreich. Strenge jährliche Aufnahmeprüfungen bestimmten, welche Studenten für die wenigen verfügbaren Plätze akzeptiert wurden. Das Curriculum beruhte auf einer intensiven Erstausbildung: Zeichnen anhand von Stichen,

Gipsabdrücken antiker Skulpturen und Nacktmodellen. Weitere Betrachtungen von Perspektive und Anatomie halfen bei der Vorbereitung großer Figurenkompositionen, in denen imaginäre Landschaften oft eine wichtige Rolle spielten. Die Ècole war ausgesprochen bürokratisch und die Studenten mussten den vorgeschriebenen Themen und Maltechniken folgen. Im Prinzip bestand das Ziel darin, die klassizistischen Werke der italienischen Renaissance des 15. Jahrhunderts zu untersuchen. Gemälde mussten daher klare, skulpturale Formen haben – mit makellos ausgearbeiteten Oberflächen und ohne erkennbare Pinselstriche.

**Impressionismus war eine Reaktion auf das staatlich kontrollierte System der Kunstschulen in Frankreich.**

Letztendliches Ziel aller Studenten war der begehrte Prix de Rome – ein Preis, der es einem Künstler erlaubte, einige Jahre in der italienischen Hauptstadt zu studieren. Auch wenn alle berühmten Impressionisten kleine private, von erfolgreichen Malern betriebene Lehrateliers besuchten, studierten nur wenige an der prestigeträchtigen École – weil sie die Aufnahmeprüfung nicht bestanden oder sich für einen weniger restriktiven Ort für ihre Studien entschieden hatten. In einigen Ateliers konnte man kostenlos arbeiten, was sehr verlockend für mittellose Studenten war. Pierre-Auguste Renoir (1841–1919) ging 1862 für kurze Zeit auf die École. Georges Seurat (1859–1891), der 1886 mit den Impressionisten ausstellte und berühmt war für seine pointillistischen Gemälde, besuchte die exklusive Schule ab 1877.

Ironischerweise war die berühmteste und am meisten bewunderte künstlerische Bewegung Frankreichs – der Impressionismus – nicht das Produkt des staatlich kontrollierten Systems der Kunstschulen, sondern eine Reaktion darauf und eine Ablehnung der von ihm vertretenen Werte.

### Der vorbildliche Absolvent

Jean-Hippolyte Flandrin (1809–1864) absolvierte erfolgreich die École des Beaux-Arts, wo er der Lieblingsschüler von Jean-Auguste-Dominique Ingres (1780–1867) war, Frankreichs führendem Verfechter des Klassizismus. Der Gewinn des Prix de Rome erlaubte es Flandrin, die antiken römischen Skulpturen sowie die Bildhauerei und Malerei der Renaissance zu studieren. Die Gemälde und Zeichnungen von Raffael (1483–1520) galten als der Gipfel der bildhaften Schönheit und Flandrin simulierte seine Techniken und Themen –

**Jean-Hippolyte Flandrin**
*Theseus wird von seinem Vater erkannt*, 1832
Öl auf Leinwand,
114,9 x 146,1 cm
École nationale supérieure des Beaux-Arts, Paris

**Der Impressionismus basierte auf persönlicher Erfahrung, dagegen betrachteten zeitgenössische Maler des Klassizismus wie Flandrin ihr Werk als ein Streben nach der idealen Schönheit. Sein kunstvoll ausgearbeitetes Tableau war von Ovids *Metamorphosen* inspiriert; die zentrale Männerfigur stellt Theseus dar, den legendären König von Athen. Wie in einer antiken Statue wird er nackt porträtiert, ein wiederkehrendes Thema in der französischen klassizistischen Malerei.**

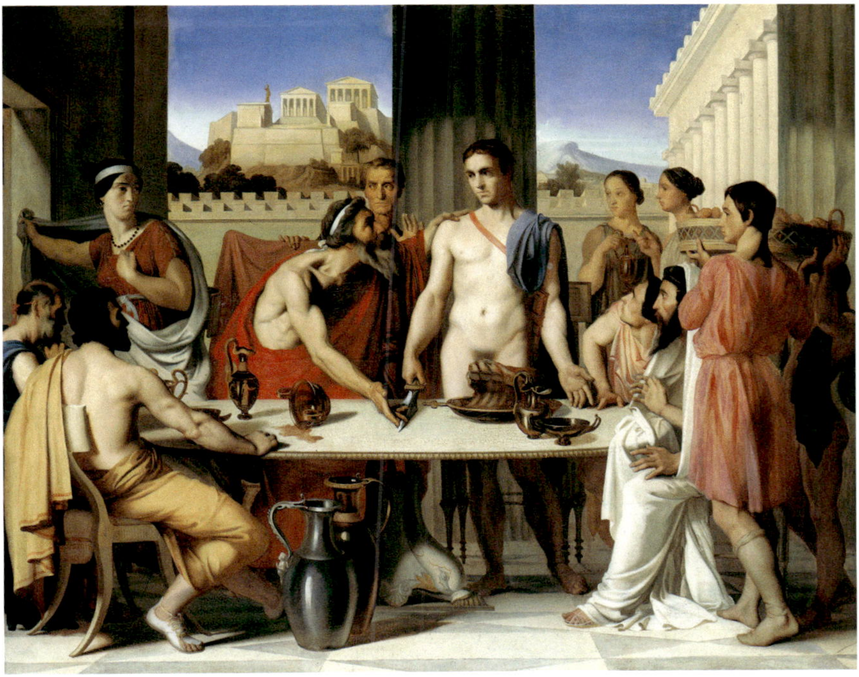

wie viele andere junge französische Künstler. Während seiner erfolgreichen Karriere und entsprechend seiner Ausbildung an der École schuf er Bilder, die nicht auf seiner eigenen Wahrnehmung beruhten, sondern Ergebnis seiner Grübeleien über eine hypothetische, idyllische Welt waren (oben). Gegen dieses Dogma lehnten sich die impressionistischen Künstler später auf.

**Das Prestige des Salon**

Der 1667 begründete Salon war die staatliche Kunstausstellung der Académie des Beaux-Arts in Paris. Sein Ziel war die Förderung der Besten der bildenden Kunst: Man bot etablierten und weniger erfahrenen Künstlern eine Plattform. Im 19. Jahrhundert fand der Salon jährlich statt und präsentierte die Werke in überfüllten Galerieräumen. Das Publikum zahlte Eintritt, um Zutritt zu erlangen, und die meisten der Gemälde und Skulpturen standen zum Verkauf. Wollte ein Künstler nicht nur Status gewinnen, sondern auch finanziell erfolgreich sein, musste er beim Salon ausgestellt werden. 1849 wurden den anerkanntesten Künstlern Medaillen verliehen.

Allerdings unterlag die Ausstellung einer strengen Kontrolle durch eine Jury aus geehrten Künstlern und Professoren von der École des Beaux-Arts. Jedes eingereichte Werk wurde gründlich begutachtet und nur ein kleiner Prozentsatz wurde schließlich akzeptiert. Es gab kaum Bemühungen, Werke nach Themen oder Farben zu unterteilen. Wie Theo van Gogh seinem Bruder berichtete, war das Ergebnis fast immer ein unangenehmes Durcheinander schlechter Arbeiten: »Es gibt wenig Interessantes auf diesem Penny-Basar.« Als fortschrittlicher Kunsthändler, der später impressionistische Gemälde kaufen und verkaufen würde, kam Theo zu dem Schluss, dass ein Gemälde, um einen wirklichen Wert zu haben, »diesen individuellen Aspekt besitzen müsse, der fast allem hier im Salon fehlt«. Es war vor allem diese einzigartige, künstlerische Wahrnehmung, die künftige Impressionisten zu einem entscheidenden Aspekt ihres Schaffens machten.

**Das Salon-System unterdrückte den individuellen künstlerischen Ausdruck, den die radikalen jungen Künstler suchten.**

1863 wurden ungewöhnlich viele Werke abgelehnt, sodass ein Salon des Refusés eingeführt wurde, der eine Auswahl der von der Jury abgelehnten Bilder zeigte. Einige dieser Gemälde, etwa von Édouard Manet (1832–1883), erwiesen sich als äußerst kontrovers und wurden von Kritikern und Besuchern erbarmungslos verspottet. Obwohl einige der künftigen Impressionisten, wie Camille Pissarro (1830–1903), Berthe Morisot (1841–1895) und Claude Monet, gelegentlich im Salon und Salon des Refusés ausstellten, wurden die Werke dieser jungen Künstler und ihrer Kollegen immer öfter abgelehnt oder schlecht präsentiert. Desillusioniert beschlossen sie, eigene, unabhängige Ausstellungen zu veranstalten, frei von den Beschränkungen des Salon-Systems. Für sie war das Jurysystem lähmend und unterdrückte den individuellen künstlerischen Ausdruck, den die radikalen jungen Künstler suchten.

## Ein englischer Vorläufer

John Constable (1776–1837) gilt heute als einer der größten Landschaftsmaler Englands. Seine historische Verbindung zu den späteren französischen Impressionisten waren seine kleinen, erlesenen Studien von Himmeln, Bäumen und Flüssen, die er direkt vor Ort malte – *sur le motif*. Er nahm diese schnell ausgeführten Bilder in seine großen Studiokompositionen auf, denen jeder allegorische Inhalt fehlte, was seine Zeitgenossen als radikal betrachteten. Er nutzte leuchtende Farben, die er zuvor im Freien analysiert hatte, ließ sie ineinander übergehen und vermied unnötige Details. Als er seine Bilder 1824 in Paris ausstellte, bewunderten junge Maler seine

**John Constable**
*Wasserwiesen in der Nähe von Salisbury*, 1820 oder 1829
Öl auf Leinwand, 45,7 x 55,3 cm
Victoria and Albert Museum, London

**Diese lichterfüllte Flussszene, gemalt im Freien, also *en plein air*, rief heftige Kritik hervor, als Constable sie 1830 für die Ausstellung der Royal Academy in London einreichte. Seinen Kollegen an der Akademie waren die Farben dieses Gemäldes zu leuchtend, die Technik dagegen nicht raffiniert genug – Mängel, die man später auch den impressionistischen Gemälden nachsagte. Bezeichnenderweise präsentierte Constable nie wieder eine vergleichbare Ölstudie auf der alljährlich stattfindenden Ausstellung.**

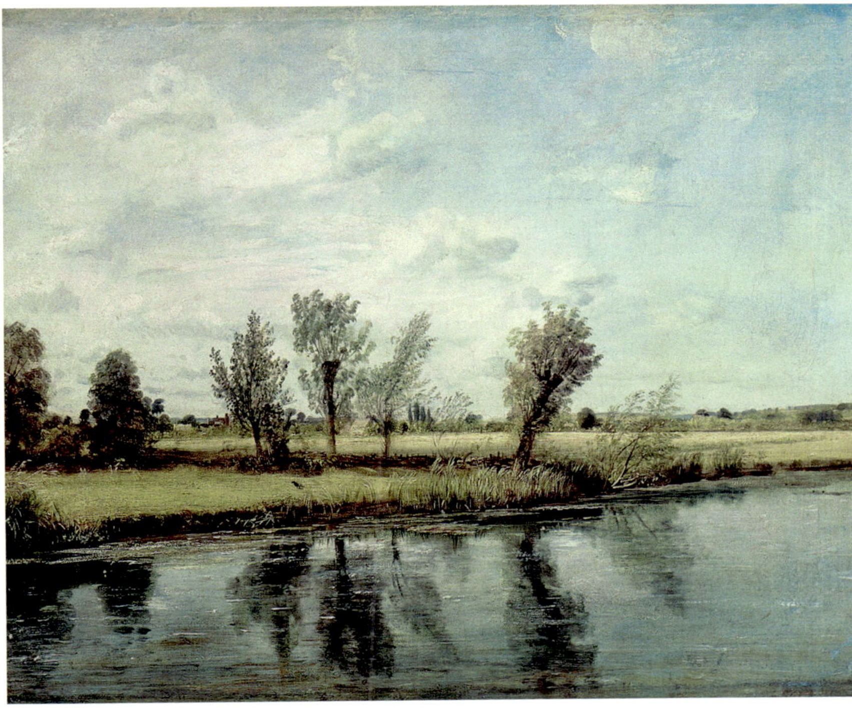

atmosphärischen Landschaften für ihren kühnen Naturalismus. Van Gogh, der Constables Gemälde später in der Londoner National Gallery sah, nannte sie »brillant«.

Constable selbst glaubte, seine kleinen, einfachen, im Freien gemalten Ölskizzen (oben) besäßen einen größeren ästhetischen Wert als seine großen Studiolandschaften und verdienten einen Platz in angesehenen Ausstellungen. Constables Entschlossenheit, die Natur direkt und intuitiv zu studieren und die langweiligen Kompositionen der akademischen Kunst zu vermeiden, machen ihn zu einem Vorläufer der impressionistischen Landschaftsmalerei.

**Corots Einfluss**

Jean-Baptiste-Camille Corot (1796–1875) wurde von den aufstrebenden avantgardistischen Künstlern für seine harmonischen Wald-Gemälde bewundert, die sich durch gedämpfte Grün-, Blau-, Silber- und Grautöne auszeichneten. 1889, als er Olivenbäume in der Provence malte, erinnerte sich van Gogh an Corots Farben: »Dieses Silbergrau ist wie von Corot.«

Corots Landschaftskompositionen waren visuell ausgeglichen und dennoch von zwanglosem Wesen (oben). Dies lag an seiner

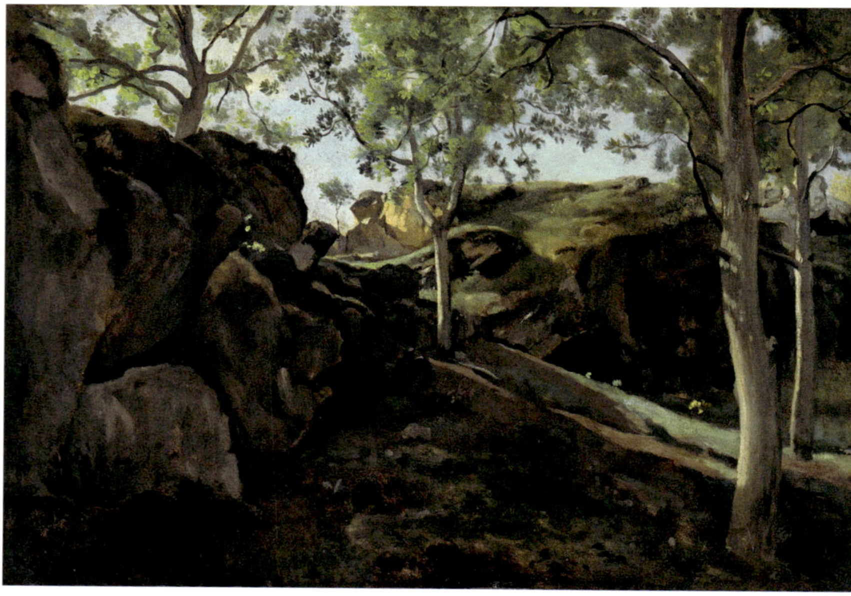

Jean-Baptiste-Camille Corot
*La Châtaigneraie*,
1830–1840
Öl auf Leinwand,
34 x 48,9 cm
Fitzwilliam Museum,
Cambridge

**Corot ist berühmt für seine einfühlsamen Landschaften. In diesem Gemälde wird die Diagonale durch den dunklen Vordergrund stark betont. Der steile Hang und der felsige Aufschluss stehen im Gegensatz zu den schlanken Bäumen, deren Stämme durch das Sonnenlicht hervortreten. Corots Darstellung der flatternden Blätter lässt die frühen impressionistischen Landschaften vorausahnen.**

Angewohnheit, Ölstudien *en plein air* anzufertigen, genau wie Constable und andere europäische Maler im frühen 19. Jahrhundert. Anders als die impressionistischen Künstler, die von der natürlichen Schönheit seiner Landschaften beeinflusst wurden, versuchte er nicht, das städtische Leben darzustellen, sondern zog ländliche Szenen vor, die von dem klaren, silbrigen Licht erleuchtet wurden, das van Gogh so bewunderte.

**Es waren Corots natürliche, lichtdurchflutete Landschaften, die die Fantasie der künftigen Impressionisten beflügelten.**

Allerdings begann er schließlich als Reaktion auf den akademischen Geschmack, kleine Figuren in seine Waldlandschaften einzufügen. Es waren Nymphen – übernatürliche Wesen, die in der klassischen Mythologie mit der Natur assoziiert wurden. Obwohl die entstandenen Bilder bei Sammlern und Jurymitgliedern des Salon ausgesprochen beliebt wurden, waren es seine natürlichen, lichtdurchfluteten Landschaften, die die Fantasie der künftigen Impressionisten beflügelten. Interessanterweise gelten Corots historische Landschaften momentan als am wenigsten interessant – genau wie für die jungen Impressionisten in den 1860ern.

**Berthe Morisot**
*Reetgedecktes Haus in der Normandie*, 1865
Öl auf Leinwand,
46 x 55 cm
Privatsammlung

**Morisot, die berühmt war für ihre auffallende impressionistische Pinselführung, beweist in diesem frühen Werk Zurückhaltung und Präzision, was zweifellos ihrer Verbindung zu Corot geschuldet ist. Allerdings deuten der elegante Rhythmus der Baumstämme, die raffinierte Darstellung des Lichts und das frei gemalte Gras im Vordergrund bereits auf ihre künftige Bedeutung in der impressionistischen Bewegung hin.**

## Der gütige Mentor

Viele der berühmtesten impressionistischen Künstler verfeinerten ihre Fähigkeiten dadurch, dass sie nicht nur mit Kollegen, sondern unter einem gütigen, erfahrenen Tutor arbeiteten. Eine solche produktive Beziehung entwickelte sich zwischen Corot und der talentierten jungen Berthe Morisot. Sie war erst 19, als sie Corot das erste Mal traf. Später wurde sie zu einer der vollkommensten Künstlerinnen der impressionistischen Gruppe. Corot war von ihren Gemälden so beeindruckt, dass er sie in sein Studio im Dorf Ville-d'Avray, 12 km vom Pariser Zentrum entfernt, einlud. Später malten sie gemeinsam auf dem Land, wo Corot seinen jungen Schützling von den Vorzügen dort gefertigter Ölskizzen überzeugte, um Bilder zu komponieren und die Nuancen des Lichts einzufangen. Daher spiegeln einige von Morisots frühesten Landschaften Aspekte von Corots stark geordneten, harmonischen Kompositionen wider. Ihr späterer Ruhm als Impressionistin rührt jedoch von ihrer lockeren, scheinbar spontanen Pinselführung her, mit der sie Gärten, Innenräume und Porträts malte.

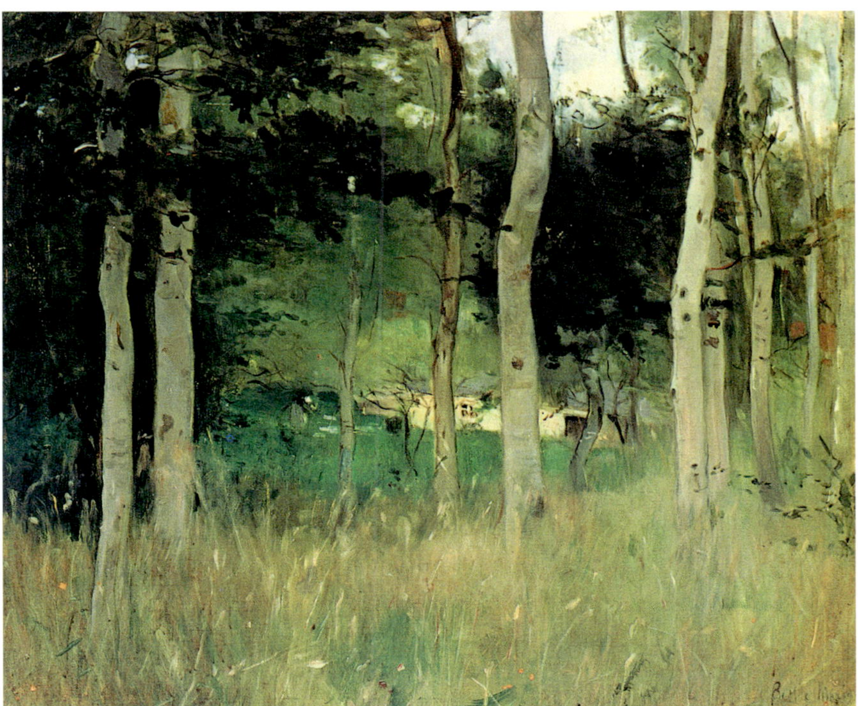

## Ein Rückzug in den Wald

Etwa 1840 kehrte eine Gruppe von Künstlern dem städtischen Leben den Rücken und begann, im Wald von Fontainebleau, südöstlich von Paris, bewegende Landschaften zu malen. Sie ließen sich im Dorf Barbizon nieder, wo die Auberge Ganne preiswerte Unterkunft und Mahlzeiten sowie einen bequemen Treffpunkt bot. Inspiriert von Constable und niederländischen Künstlern des 17. Jahrhunderts wie Jacob van Ruisdael (1628/29–1682) bemühten sich die Maler, wahrhaftige Bilder des dichten Waldes zu erschaffen, frei von den akademischen Stilen, die der Salon bevorzugte.

**Angesichts der Beschränkungen des Kunstbetriebs wurde Barbizon zu Rousseaus Zufluchtsort.**

Die bedeutendsten Mitglieder der später als Schule von Barbizon bezeichneten Gruppe waren Théodore Rousseau (1812–1867), Diaz de la Peña (1808–1876) und Jules Dupré (1811–1889). Regelmäßig zählten zum Kreis von Barbizon auch andere berühmte Landschaftsmaler wie Corot und Charles-François Daubigny (1817–1878). Jean-François Millet (1814–1875), berühmt für seine geheimnisvollen Figurenkompositionen wie für seine rustikalen Landschaften, zog 1849 nach Barbizon. Später würden die jüngeren impressionistischen Landschaftsmaler die Künstler von Barbizon imitieren, vor allem in Bezug auf die unmittelbare Reaktion der älteren Künstler auf die Natur und ihren kühnen Farbeinsatz. Im Gegensatz zu den Malern der Schule von Barbizon jedoch legten die Impressionisten dann allerdings ebenso viel Wert auf die Darstellung des städtischen Lebens, vor allem in Paris und Rouen.

## Le Grand Refusé

Théodore Rousseau gilt heute als der vollkommenste unter den Künstlern, die sich zum Leben und Malen in den Wald von Fontainebleau zurückgezogen haben. Er hatte jegliche Illusionen über den jährlichen Salon verloren, dessen Jury seine Landschaften wiederholt abgelehnt hatte, weil sie für ihren akademischen Geschmack zu natürlich waren. Aufgrund seines andauernden Misserfolgs bei der Auswahl für den Salon nannten ihn seine Malerkollegen liebevoll »*le grand refusé*« (der große Abgelehnte).

Angesichts der Beschränkungen des Kunstbetriebs wurde Barbizon zu Rousseaus Zufluchtsort, an dem er – inspiriert von Constable – seine atmosphärischen Ölbilder und Zeichnungen von

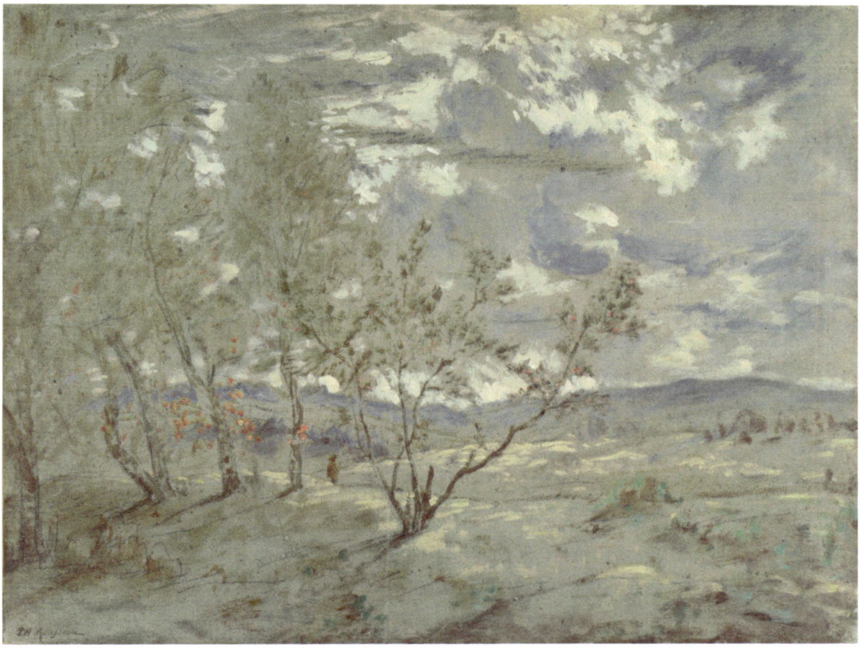

**Théodore Rousseau**
*Landschaft*, ca. 1865
Schwarze Kreide und Öl auf Pappe,
50,8 x 67,8 cm
National Gallery, London

**Rousseaus atmosphärische Ölskizze stellt eine Baumgruppe dar, die die dahinterliegenden Hügel verdeckt. Das Gefühl für den Ort und die Vermeidung von Klischees in dieser Landschaft verschafften diesem Bild die Bewunderung der jungen Impressionisten. Die lockere Pinselführung schafft es, die verworrenen Muster der kleinen weißen Wolken anzudeuten.**

Waldlandschaften schaffen sollte. Seine stark strukturierten Bilder des Waldes und seiner geheimen Lichtungen zeigen oft dunkle Schattierungen, durch die sie mysteriös und melancholisch wirken. Die dichten Waldlandschaften werden als wilde, einsame Orte dargestellt. Einige seiner in gemischten Medien ausgeführten Stücke – die z. B. schwarze Kreide mit Öl kombinieren – umfassen dagegen einen helleren Farbbereich (siehe oben).

Später wurden Rousseaus Gemälde beliebte Sammlerstücke und er hatte mit seinen einzigartigen Bildern des Waldes von Barbizon sogar beim Salon einigen Erfolg. Die Einstellung zu ländlichen Themen änderte sich und reine Landschaftsgemälde galten nun nicht nur als seriös, sondern als ästhetisch angenehm. Van Gogh, ein eifriger Landschaftsmaler, fasste seine Bewunderung für Rousseaus Kunst zusammen: »Wie gut es sich anfühlt, einen schönen Rousseau zu sehen, der sorgfältig gearbeitet wurde, um wirklichkeitsgetreu und ehrlich zu sein.«

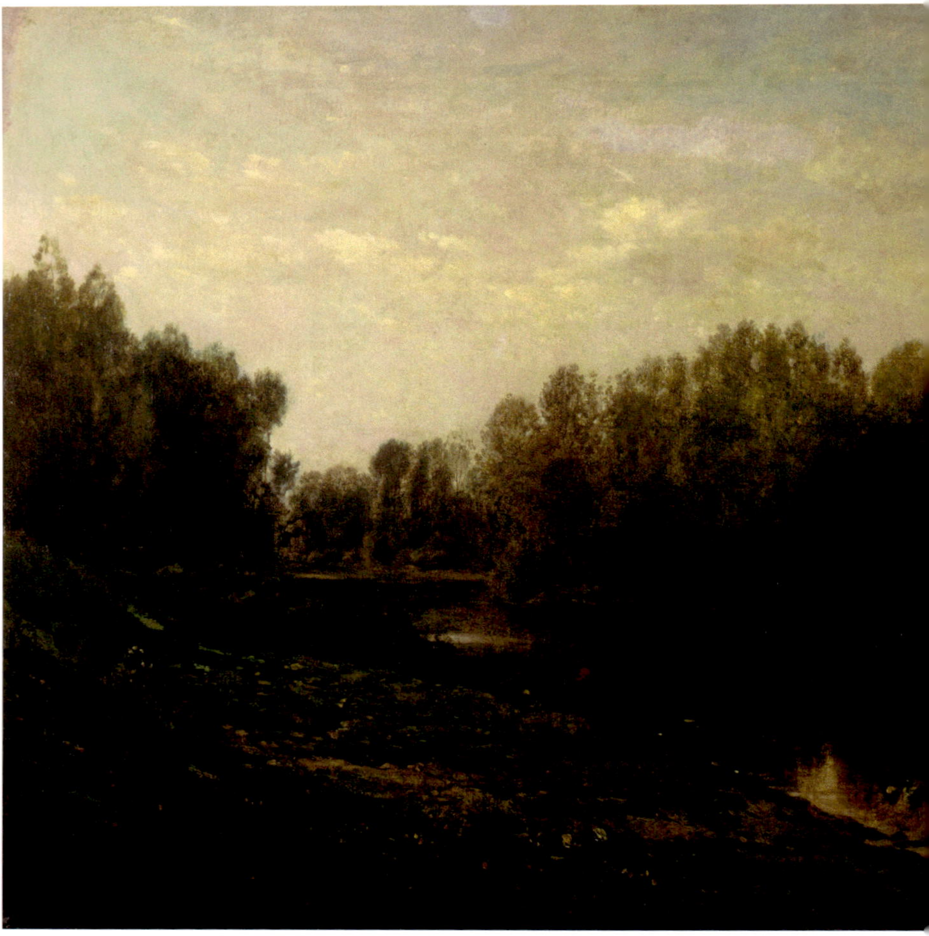

## Die Schönheit der französischen Flüsse

Obwohl Daubigny einige bemerkenswerte Waldszenen schuf, die er bei Barbizon fand, zeigen seine berühmtesten Bilder die friedvolle Schönheit der Flüsse Seine und Oise. Diese harmonischen, im Format scheinbar unkomplizierten Bilder waren außerordentlich gekonnt komponiert. Um die Umgebung der Flüsse und ihrer bewaldeten Ufer von einem zentralen Blickpunkt zu malen, verwandelte er sein Boot »Le Botin« (Kleine Box) in ein schwimmendes Atelier. Hier konnte er ungestört seine Panoramaansichten schaffen (siehe oben). Monet war so beeindruckt von Daubignys Erfindung, dass er sein eigenes Flussstudio konstruierte, von dem aus er immer wieder das sich ändernde Licht auf der Oberfläche der Seine malte.

**Charles-François Daubigny**
*Die Ufer der Oise*, 1859
Öl auf Leinwand,
88,5 x 182 cm
Musée des Beaux-Arts,
Bordeaux

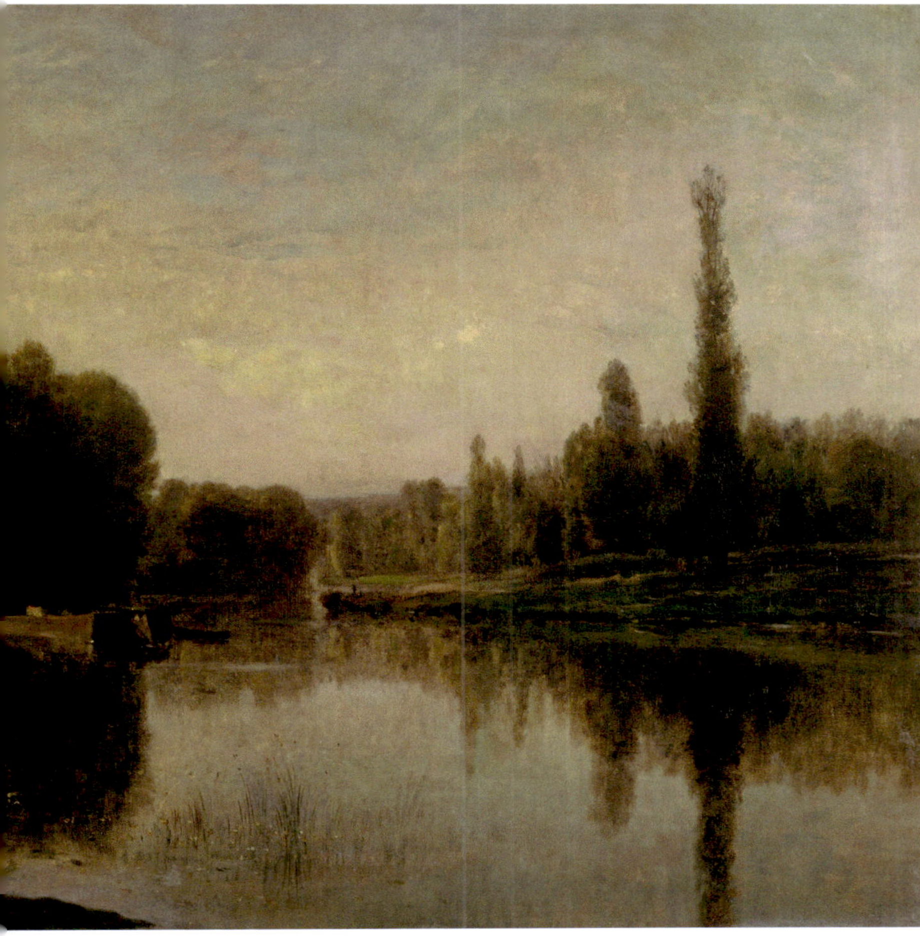

**Daubigny war hoch angesehen für seine ruhigen Flussszenen, die im Licht strahlen. Wie in diesem Gemälde gab er seinen Kompositionen oft eine stark horizontale Betonung, um sowohl das Gefühl für den Raum hervorzuheben als auch das Fließen des Flusses anzudeuten.**

**»Daubignys Farben sind wirklich sehr gewagt.«**

1870 traf Daubigny den deutlich jüngeren Monet in London, wo beide während des deutsch-französischen Krieges (1870–1871) im Exil lebten. Später reisten die mittlerweile befreundeten Künstler zum Malen in die Niederlande. Ende der 1870er bekannte Monet freimütig seine Bewunderung für Daubignys Flussszenen mit ihren raffinierten Darstellungen leuchtender Himmel und träge strömenden Wassers. Daubigny wiederum war so beeindruckt von den kühnen, farbenfrohen Techniken seines jungen Freundes, dass er in seinen späten

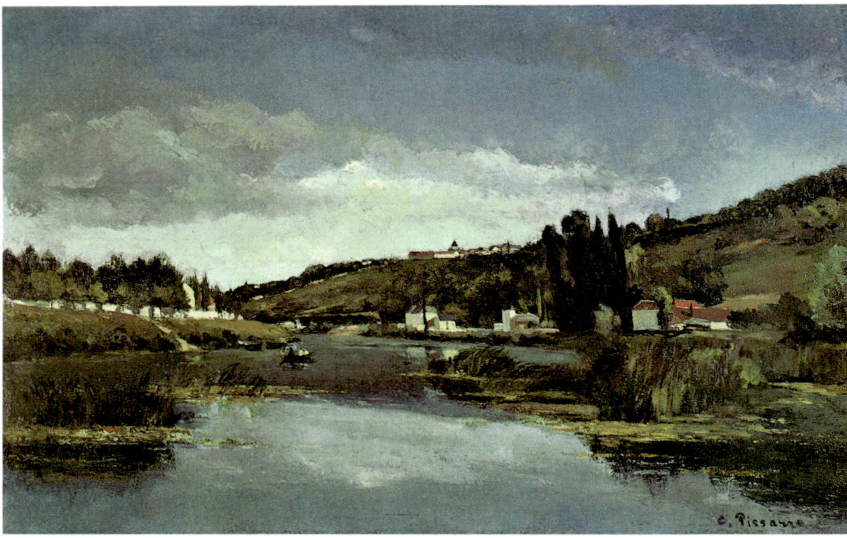

Gemälden von blühenden Obstgärten dessen lockere Pinselführung übernahm. Als Pissarro und van Gogh dieses Thema aufgriffen, war dies Ausdruck ihrer Bewunderung für Daubignys Kompositionen und seinen Umgang mit Farbe. Speziell van Gogh war von Daubignys ausdrucksvoller Darstellung der Obstgärten beeindruckt: »Daubignys Farben sind wirklich sehr gewagt.«

**Camille Pissarro**
*Die Marne bei Chennevières*, 1864–1865
Öl auf Leinwand,
91,5 x 145,5 cm
National Gallery of Scotland, Edinburgh

**Pissarro ließ sich zwar von Daubignys Flussansichten inspirieren, doch seine großen frühen Landschaften deuten bereits auf seine späteren impressionistischen Werke hin. Die Farbpalette ist reichhaltig, es werden Dinge des täglichen Lebens aufgegriffen und das Glänzen der Oberfläche des Flusses wurde gekonnt mit einem Palettenmesser erzielt.**

## Pissarros frühe Bedeutung

Am Anfang seiner Karriere malte Camille Pissarro oft die Flüsse Nordfrankreichs, speziell Oise und Marne. Als junger Maler hatte er Unterricht bei Corot und Daubigny, deren weite, lichtdurchflutete Flusslandschaften seine Bilder sehr beeinflussten (siehe oben). Vor allem Daubigny half Pissarro, den Raum und die Nuancen des Lichts in seinen impressionistischen Landschaften darzustellen, für die er später so berühmt wurde.

Pissarro wurde schließlich zu einer der einflussreichsten Persönlichkeiten bei der Entwicklung des Impressionismus. Als wichtiger Befürworter des neuen Stils war er als einziger Maler in allen acht Gruppenausstellungen zwischen 1874 und 1886 vertreten. Mit seiner freundlichen und verständigen Art half er vielen jüngeren Künstlern, die Prinzipien dieses neuen Ansatzes zu begreifen. Er war der Ansicht, dass Bilder mit städtischen und ländlichen Themen das Produkt der persönlichen Wahrnehmung sein sollten, frei von vorgefassten kompositorischen Formaten. Der Farbauftrag sollte großzügig erfolgen, allerdings nicht, um Formen exakt zu umreißen;

stattdessen sollten kurze, sich überlagernde Pinselstriche ganz dynamisch die Illusion von Festigkeit und Raum schaffen. Der Malvorgang sollte zügig erfolgen, wie bei einer Ölskizze, um die flüchtigen, farbenfrohen Wirkungen des Lichts einzufangen.

## Vier junge Enthusiasten

Im November 1862 trafen sich vier junge, enthusiastische Maler, die später in der Geschichte des Impressionismus zu großer Berühmtheit gelangen sollten: Claude Monet, Pierre-Auguste Renoir, Alfred Sisley (1839–1899) und Frédéric Bazille (1841–1870). Alle vier studierten am Pariser Lehratelier des erfolgreichen Schweizer Malers Charles Gleyre (1806–1874). Gleyre, ein akademisch ausgebildeter Künstler, hatte sich auf biblische und mythologische Szenen spezialisiert. Die Begegnung mit dieser Art der Malerei überzeugte die vier jungen Freunde davon sich lieber einer völlig anderen Malerei zu widmen, bei der sie die pompösen und obskuren historischen Themen vermeiden würden, die ihr Lehrer und dessen

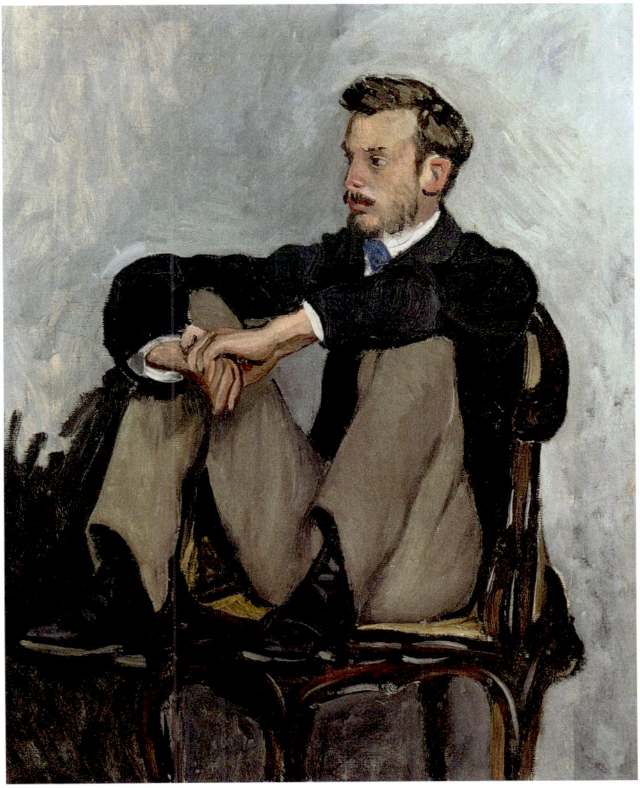

**Frédéric Bazille**
*Pierre-Auguste Renoir*, 1867
Öl auf Leinwand, 61,2 x 50 cm
Musée d'Orsay, Paris

**Bazilles Darstellung der entspannten Haltung seines Freundes gibt dem Bild einen realistischen, ungekünstelten Charakter, frei von den akademischen Konventionen.**

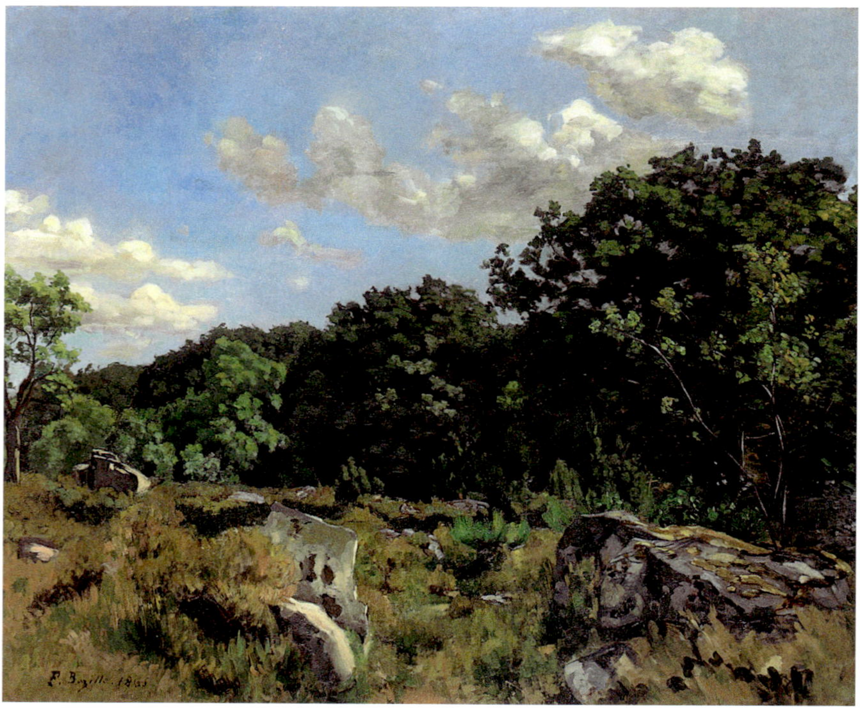

**Frédéric Bazille**
*Landschaft bei Chailly*,
1865
Öl auf Leinwand,
81 x 100,3 cm
Art Institute of Chicago,
Chicago

**Bazille kontrastierte das Dunkelgrün des Waldes das Hellblau mit dem Himmels. Das Muster der Wolken verleiht dem Bild ein Gefühl für den Raum.**

Kollegen vertraten. Als Renoir und Bazille sich ein Atelier teilten, malten sie zwanglose Porträts voneinander. Bazilles berühmtes Bild von Renoir zeigt seinen Freund lässig auf einem Stuhl sitzend, die Beine angezogen, die Füße auf der Stuhlkante ruhend – eine wahre Studentenpose (S. 23).

Als Gleyres Atelier 1864 schloss, entschieden die vier jungen Vorreiter des Impressionismus, die inzwischen die Landschaftsmaler von Barbizon kennengelernt hatten, sich für eine kurze Zeit im Wald von Fontainebleau niederzulassen. 1865 lebten Sisley und Renoir in Marlotte, während Monet und Bazille gemeinsam in Chailly-en-Bière malten. Alle vier Künstler schufen unter freiem Himmel hochwertige Waldszenen; Bazille posierte darüber hinaus für Monets Freiluftkomposition, sein ambitioniertes *Déjeuner sur l'Herbe* (*Das Frühstück im Grünen*). Bazille kam aus wohlhabenden Verhältnissen und half seinen weniger begüterten Freunden großzügig. Seine Gemälde waren vielversprechend, mit ihrer freien, selbstbewussten Pinselführung, typisch für den Impressionismus, wie in *Landschaft bei Chailly* (gegenüber). Leider starb er mit 29 im deutsch-französischen Krieg von 1870–1871. Seine Freunde wussten, dass er sein Potenzial als Künstler nicht erfüllt hatte. Daher wurde im Gedenken an ihn eine kleine Auswahl seiner Werke auf der ersten Gruppenausstellung der Impressionisten im Jahre 1874 präsentiert.

## Die stürmische See

Auch wenn Monet Freude am Malen im Wald von Fontainebleau mit seinen stillen, belaubten Alleen hatte, merkte der an der Küste der Normandie aufgewachsene Maler später, dass es ihm besser gefiel, am Meer zu malen: »Die See … ist wirklich mein Element.« Außerdem bewunderte Monet die gewaltigen Meereslandschaften des französischen Malers des Realismus Gustave Courbet (1819–1877).

**Courbet trat dafür ein, dass sich die Malerei auf reale, existierende Dinge konzentrieren sollte, wie sie vom Künstler wahrgenommen wurden.**

**Umseitig: Gustave Courbet**
*Die Welle*, ca. 1870
Öl auf Leinwand,
66 x 90 cm
Musée de Beaux Arts,
Lyon

**Die Impressionisten bewunderten Courbets ungehemmte Darstellungen der Natur.**

Courbet war ein Querdenker in der französischen Malerei. Wie die späteren Impressionisten, die er beeinflussen würde, verachtete er die Kunst des Salon mit ihrer verfälschenden Betonung der Fantasie. Courbet trat dafür ein, dass die Malerei sich auf reale, existierende Dinge konzentrieren sollte, wie sie vom Künstler wahrgenommen wurden. Darin stimmte er mit dem Wunsch der Impressionisten

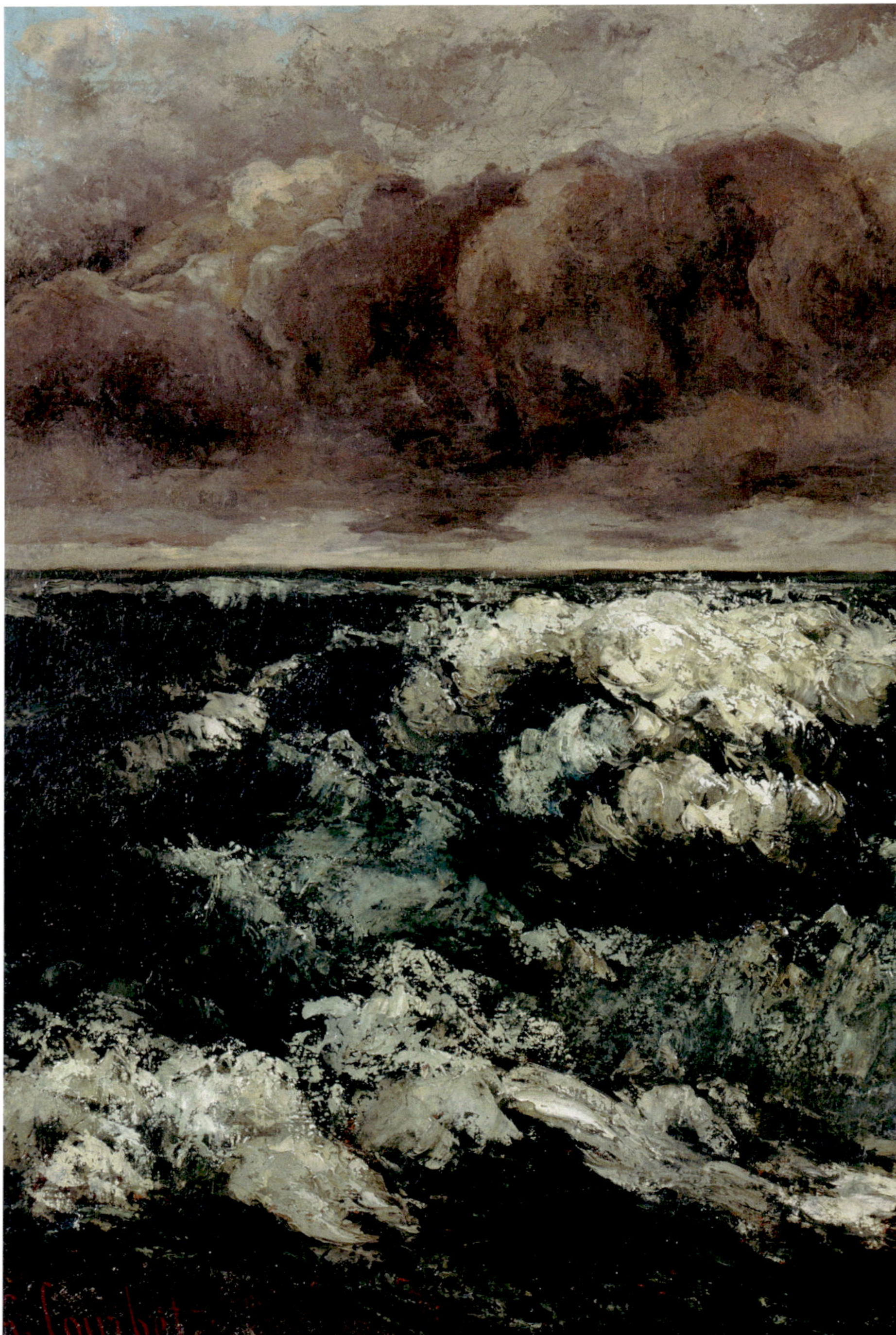

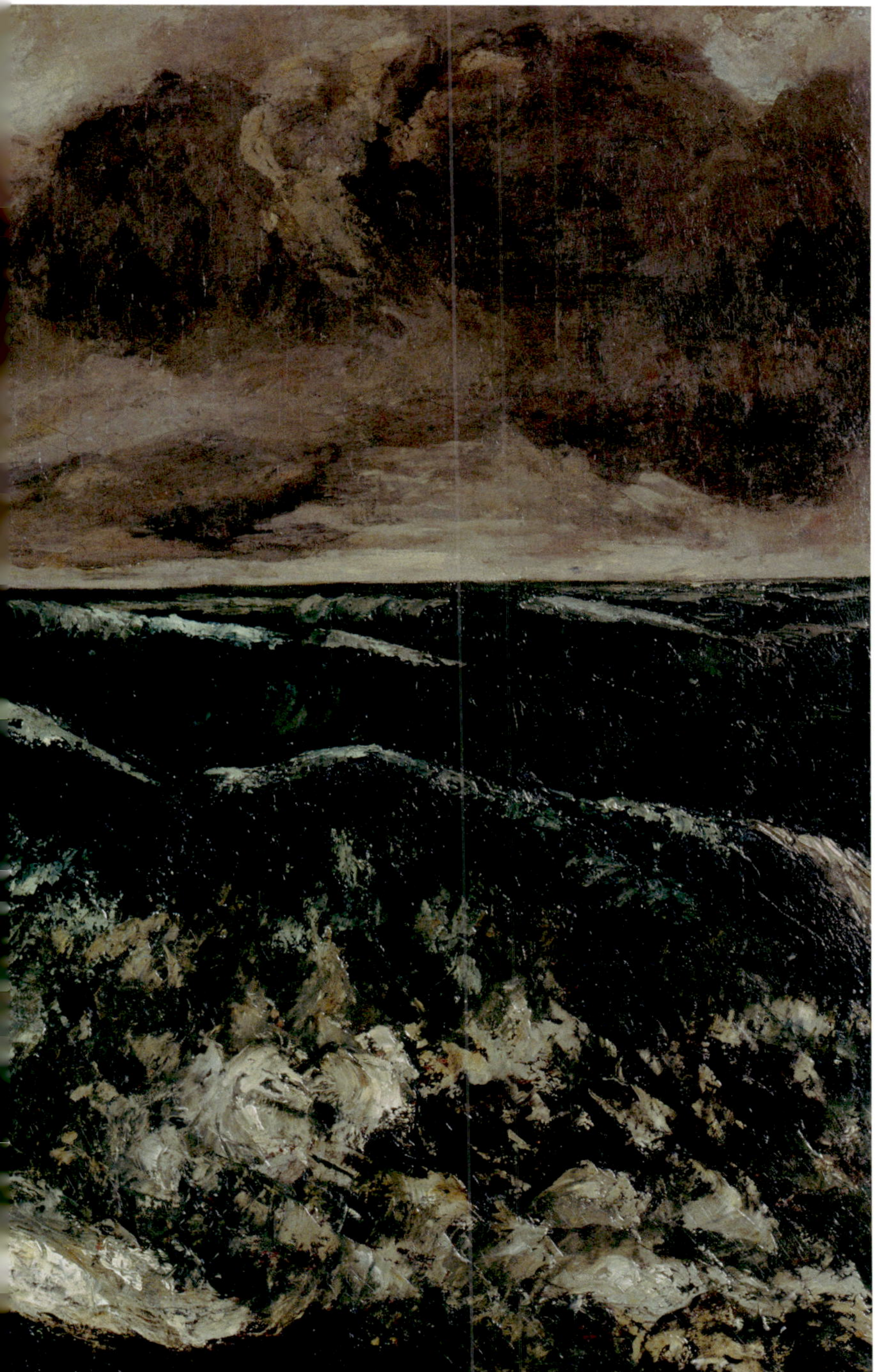

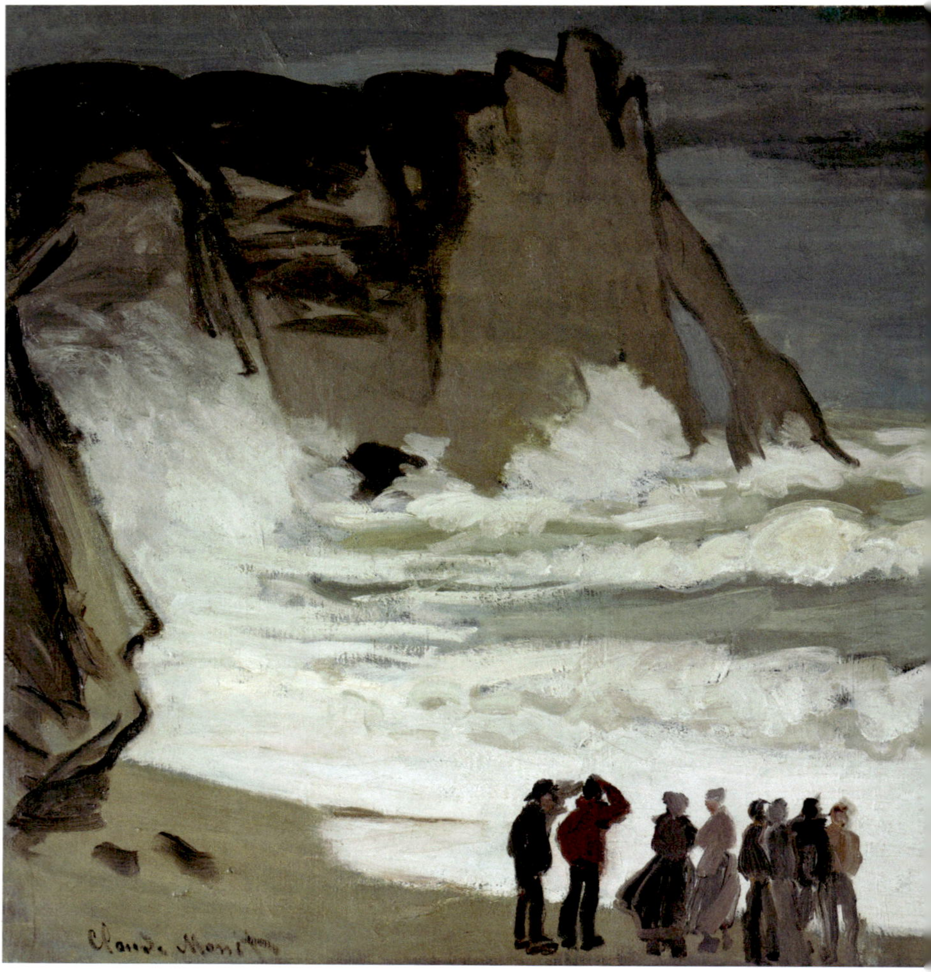

**Claude Monet**
*Stürmische See bei Étretat*,
1868–1869
Öl auf Leinwand,
66,2 x 130,5 cm
Musée d'Orsay, Paris

**Monet wählte für sein Gemälde das Querformat, um die Größe des Strandes und der unerbittlichen Wellen darzustellen.**

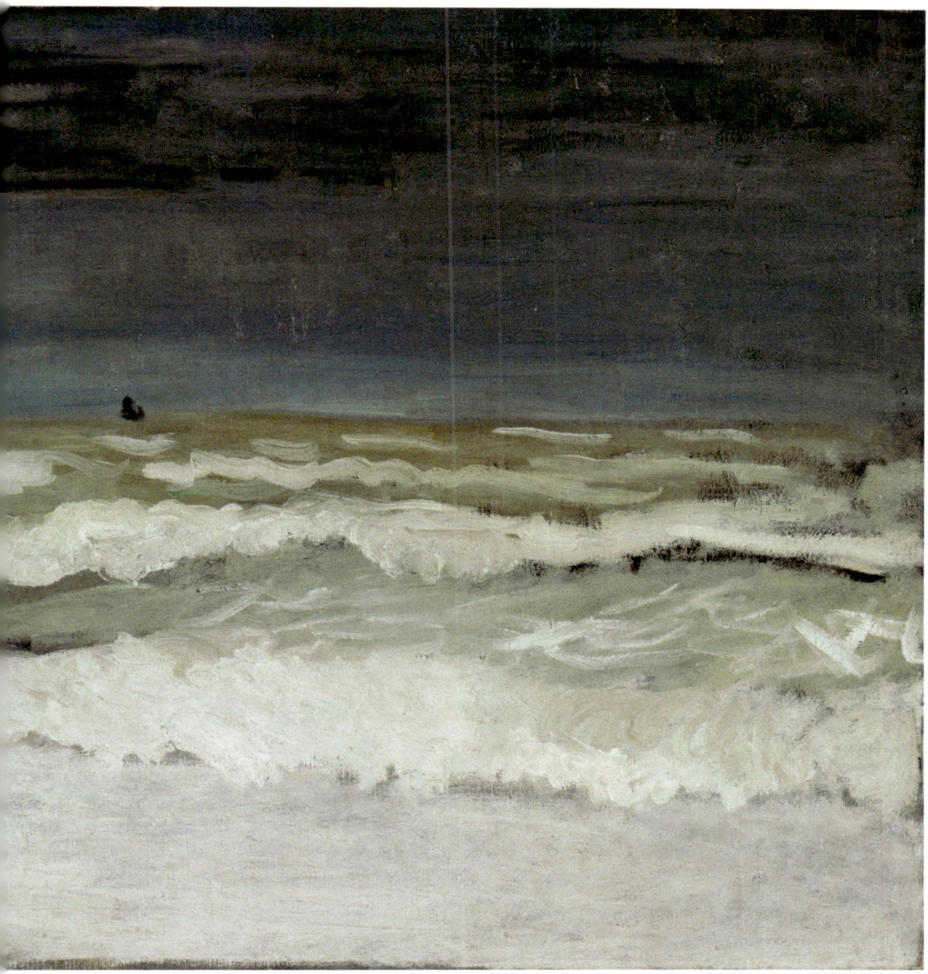

überein, das alltägliche Leben zu malen – doch während die Impressionisten ländliche und städtische Szenen malten, spezialisierte sich Courbet auf die Darstellung des ländlichen Lebens und Ansichten der ungebundenen Kräfte der Natur. Courbets Seestücke zeigen oft eine einzelne riesige Welle, die auf das Ufer kracht (S. 26–27). Einer von Courbets Lieblingsorten an der Küste war Étretat in der Normandie. Hier schuf Monet nur wenige Jahre später seine eigene dramatische Version der Nachwirkungen eines Sturms (oben). Bezeichnenderweise fügte er eine Reihe winziger Figuren hinzu, wodurch er nicht nur das riesige Ausmaß der Wellen, sondern auch die Verwundbarkeit der Menschen betont.

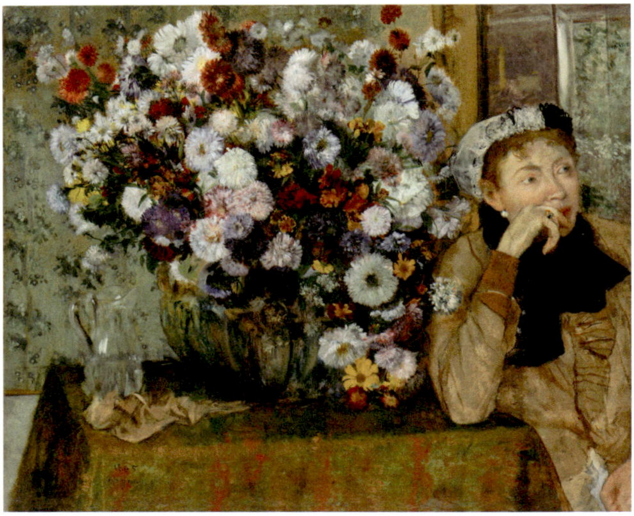

**Edgar Degas**
*Eine Frau sitzt neben einer Vase mit Blumen*, 1865
Öl auf Leinwand,
73,7 x 92,7 cm
Metropolitan Museum of Art, New York

**Degas' häuslicher Innenraum ist eine kreative Synthese aus einem floralen Stillleben und dem Porträt einer nachdenklichen Frau.**

**Friedliche Innenräume**

Die Impressionisten genossen aber nicht nur die Herausforderung wilder, offener Räume: Friedliche Innenräume, bewohnt von nachdenklichen Personen, boten vielen Künstlern faszinierende Motive. Edgar Degas (1834–1917) sah sich immer als Maler von Personen an öffentlichen und privaten Orten. Er war zwar ein sehr aktives Mitglied der Impressionisten, beschrieb sich aber lieber als »Realist«, als Maler von Menschen in alltäglichen Situationen.

**Es war die menschliche Figur, in Ruhe oder Bewegung, die Degas in Bilder stiller Intensität zu verwandeln versuchte.**

Obwohl es ihn nicht besonders interessierte, die flüchtigen Momente des Lichts im Freien einzufangen, schuf er doch immer wieder im Laufe seiner langen Karriere wunderbare pastellfarbene Landschaften und Seestücke. Es war jedoch die menschliche Figur, in Ruhe oder Bewegung, die er in Bilder stiller Intensität zu verwandeln versuchte. Eines dieser Gemälde ist die ausgesprochen originelle Komposition einer Frau, die neben einer großen Blumenvase sitzt (oben). Was ungewöhnlich ist: Das Stillleben, das in solchen Werken normalerweise eine Nebenrolle spielt, nimmt fast zwei Drittel des Porträts ein. Wie in einer Fotografie – eine Disziplin, die Degas bewunderte und später selbst ausübte – wurde die Figur der

**Berthe Morisot**
*Die Wiege*, 1872
Öl auf Leinwand,
56 x 46 cm
Musée d'Orsay, Paris

**Die Weiß- und Cremetöne verleihen dem Gemälde einen angemessen zarten Charakter.**

Frau kühn angeschnitten. Sie schaut aus der Bildebene heraus zur Seite und vermeidet den Blickkontakt zum Betrachter – und zum Künstler! Das Gemälde ist ein authentischer Ausschnitt aus einem ruhigen Innenraum.

Aufgrund ihres Bekenntnisses zur Freiluftmalerei erwarb sich Berthe Morisot einen besonderen Ruf für ihre Gartenszenen, in denen junge Frauen und Kinder die Ruhe vor dem Lärm und Dreck von Paris genießen. Dennoch zeigt ihr berühmtestes Bild mit einer Frau und einem kleinen Kind einen lichterfüllten Innenraum (unten).

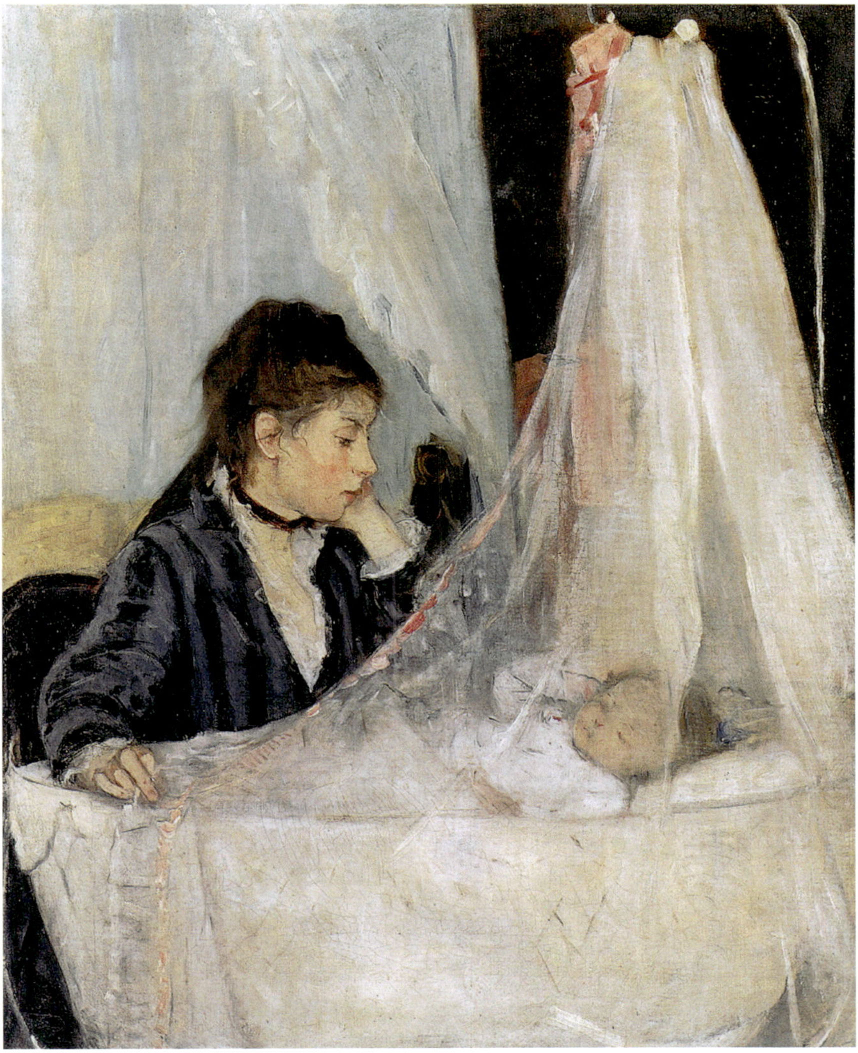

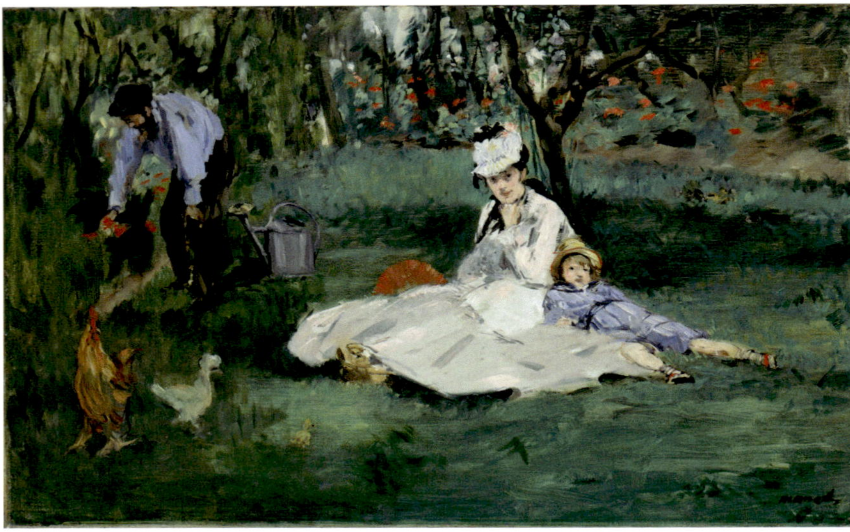

In dieser trügerisch einfache Komposition betrachtet Morisots Schwester Edma (1839–1921) ihre neugeborene Tochter Blanche (1871–1941). Morisot stellt gekonnt dar, wie das Licht durch den Raum und auf die verschleierte Wiege fällt. Das Gemälde ist eine Studie der stillen Kontemplation.

**Édouard Manet**
*Die Familie Monet in ihrem Garten*, 1874
Öl auf Leinwand,
61 x 99,7 cm
Metropolitan Museum of Art, New York

**Manets neues Interesse an der Freiluftmalerei wird an seinem gefeierten Bild von Monets Familiengarten offensichtlich. Manets spontane Pinselführung steht im Gegensatz zu seinen sorgfältig arrangierten Figuren.**

## Sonnenlicht im Garten

Die Impressionisten sind berühmt für ihre Gemälde von Vorstadtgärten. Diese privaten Orte gaben ihnen die Möglichkeit, Freiluftateliers einzurichten, geschützt von Bäumen und umgeben von farbenprächtigen Blumen. Obwohl sich einige aus der Gruppe, wie Degas, auf städtische Szenen spezialisiert hatten, sehnten sich andere, wie Monet, nach dem Komfort des bürgerlichen Gartens als eines Ortes zur Pflege der Pflanzen und zum Studium des Potenzials leuchtender Farben auf der Leinwand. Édouard Manet zögerte, seinen Freund Claude Monet zu imitieren und Ölskizzen im Freien zu zeichnen. Er malte seine sorgfältig arrangierten Kompositionen lieber im Atelier. Seine Schwägerin Berthe Morisot allerdings, eine große Verfechterin der *Plein-air*-Landschaftsmalerei, drängte ihn, diese Technik auszuprobieren. Manet interessierte sich zwar eher für Porträts statt für Landschaften, doch Gärten, die von seinen Freunden belebt wurden, faszinierten ihn ebenfalls. Manet war ein vielseitiger Maler mit großen technischen Fertigkeiten: In seinen Gartenbildern experimentierte er frei mit kurzen Pinselstrichen in verwandten Farbtönen. Diese Technik fing das Wesen des Lichts in impressionistischen Gemälden ein. Aufgrund seiner Fähigkeiten wurde er schon bald zu einem Meister im Malen von Gärten *en plein air*, wobei er ein Gefühl von Raum und Farbe vermittelte. Das berühmteste dieser zügig gemalten Werke zeigt die Familie Monet in ihrem Garten in Argenteuil (gegenüber).

Die Familie Monet lebte immer wieder auf Grundstücken, die einen großen Garten hatten. So entwickelte sich Monets Interesse an der Gartenarbeit, das schließlich seinen Höhepunkt in der Erschaffung des berühmten Gartens in Giverny fand. Während ihres Aufenthaltes in Argenteuil erwarb die Familie Monet aus den Verkäufen der Gemälde von Monet sowie Erbschaften einen gewissen Wohlstand. Das bequeme Leben und den abgeschiedenen Garten feierte Monet in seinem lebhaften Bild *Das Mittagessen* (unten). Das Sonnenlicht scheint alle Objekte in der Komposition zu liebkosen: den gedeckten Tisch, die Holzbank, die bunten Blumen, die zwei elegant gekleideten Frauen, den Kiesweg und die winzige Figur seines Sohnes Jean, der im Schatten spielt. Die reichen Farben und die Illusion von Licht machen aus einer einfachen Genreszene ein hochklassiges Werk erster Güte.

**Claude Monet**
*Das Mittagessen: dekorative Tafel*, 1873
Öl auf Leinwand,
160 x 201 cm
Musée d'Orsay, Paris

**Gesprenkelte Pinselstriche vermitteln den Eindruck von Licht und Schatten in dem Garten.**

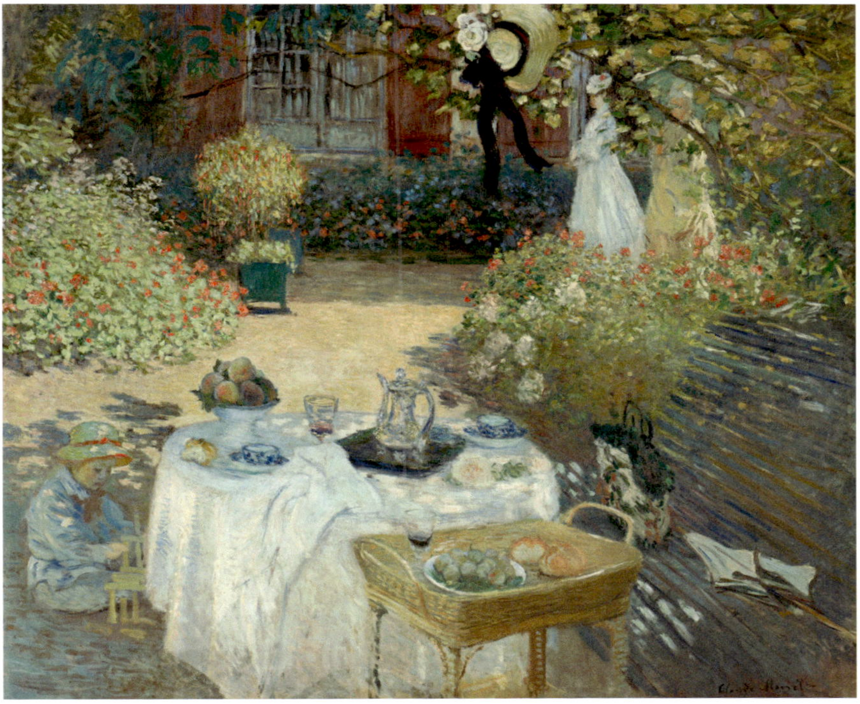

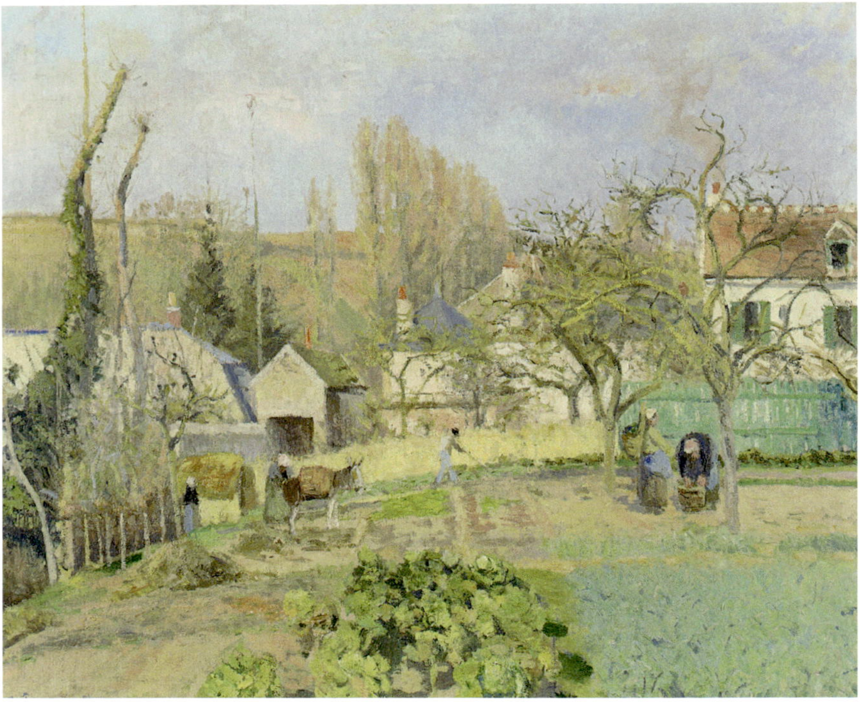

**Camille Pissarro**
*Küchengarten in L'Hermitage, Pontoise,*
1874
Öl auf Leinwand,
54 x 65,1 cm
National Gallery of Scotland, Edinburgh

**Das Gemälde zeigt die raffinierte Interaktion zwischen der Ansammlung von Gebäuden und den Baumgruppen.**

Aber auch einfache Gemüsegärten kann das Sonnenlicht in Orte der Schönheit verwandeln. Pissarro malte einen Küchengarten im Dorf L'Hermitage nordöstlich seines Wohnortes Pontoise. Anders als Monets Gemälde seines dekorativen Gartens stellt Pissarros Bild (oben) bescheidene Gemüsebeete dar, die der Versorgung der Familie dienten. In solchen Gärten wuchsen die Blumen oft neben dem Obst und Gemüse. Pissarro nutzt helle, ähnlich getönte Farben und vermittelt damit das Gefühl von Herbstlicht.

## In den Cafés

Die Impressionisten diskutierten die meisten ihrer gewagten und experimentierfreudigen Ideen, die wir heute mit ihnen verbinden, in den Cafés von Paris. 1866 war das winzige, laute Café Guerbois ihr bevorzugter Treffpunkt. Manet kümmerte sich um die Reservierung von Tischen für diese zwanglose Runde. Es fanden lebhafte, manchmal bissige Debatten statt, bei denen der charismatische Manet im Mittelpunkt der langwierigen Diskussionen über den Salon, den Realismus und das Potenzial der neuen Malstile stand. Auch wenn Manet nie ein Mitglied der Impressionistengruppe wurde, bewunderten sie seine kühnen Kompositionen und seine eleganten Maltechniken. Manets Hauptziel bestand jedoch in der Akzeptanz durch den Salon – die er am Ende seiner Karriere gewann. Seine jungen Freunde dagegen hatten bereits früh entschieden, auf diese Möglichkeit zur Präsentation ihrer progressiveren Werke zu verzichten.

**Die gesellschaftliche Moral diktierte, dass »respektable« Frauen nicht die Cafés oder Bars der Stadt besuchen durften.**

Berthe Morisot fühlte sich den neuen Ideen ihrer Freunde verpflichtet, konnte sich aber nicht direkt an den frühen Debatten der Gruppe beteiligen, da die gesellschaftliche Moral diktierte, dass »respektable« Frauen nicht die Cafés oder Bars der Stadt besuchen durften. Morisot musste sich deshalb darauf verlassen, dass ihre männlichen Freunde sie in ihrem Atelier aufsuchten, um ihre neuesten Gemälde und ihre Pläne für die Zukunft zu besprechen. Zum Glück konnte sie sie auf ihren Malexkursionen in die Umgebung begleiten, wo sie einige ihrer schönsten Landschaften erschuf. Auch Besuche im Louvre zum Lernen und Skizzieren galten für eine junge Dame ihrer Klasse als akzeptabel und erwiesen sich als ausgesprochen fruchtbar für ihre künstlerische Entwicklung.

Ab 1872 verlegten die Künstler ihre regelmäßigen Treffen in das Café de la Nouvelle Athènes, das mehr Platz bot. Hier formulierten die Wortführer der Gruppe – Monet, Pissarro und Degas – im Jahre 1873 ein Statut, in dem sie festhielten, wie ihre unabhängige Gruppe von Malern am besten organisiert werden kann. Ein wichtiges Ziel bestand darin, regelmäßige Ausstellungen ohne Jury durchzuführen, um eine Plattform für ihre Kunst zu bieten. Ende 1873 wurde schließlich die Gruppe offiziell als eine Société Anonyme gegründet – mit Mitgliedern, die Beiträge zahlten und sich Kosten sowie Gewinne aus Bildverkäufen teilten.

Manet, der durchaus einige der Werke seiner neuen Freunde bewunderte, spielte keine Rolle in der Organisation, die später als Impressionisten bekannt werden würde. Er wurde kein Mitglied der neuen Gesellschaft und lehnte die Teilnahme an einer der acht Ausstellungen der Gruppe ab. Umstritten zu sein, war Manet natürlich nicht neu und vielleicht hatte er das Gefühl, dass die neue Gruppe zu provokativ wirken und daher kaum Erfolg haben würde. Angesichts der auffallenden, kunstvollen Art einiger seiner im impressionistischen Stil gehaltenen Gemälde ist es jedoch schade, dass er nicht an den Ausstellungen teilnahm; er war kein völlig überzeugter, sondern mehr ein Gelegenheitsimpressionist.

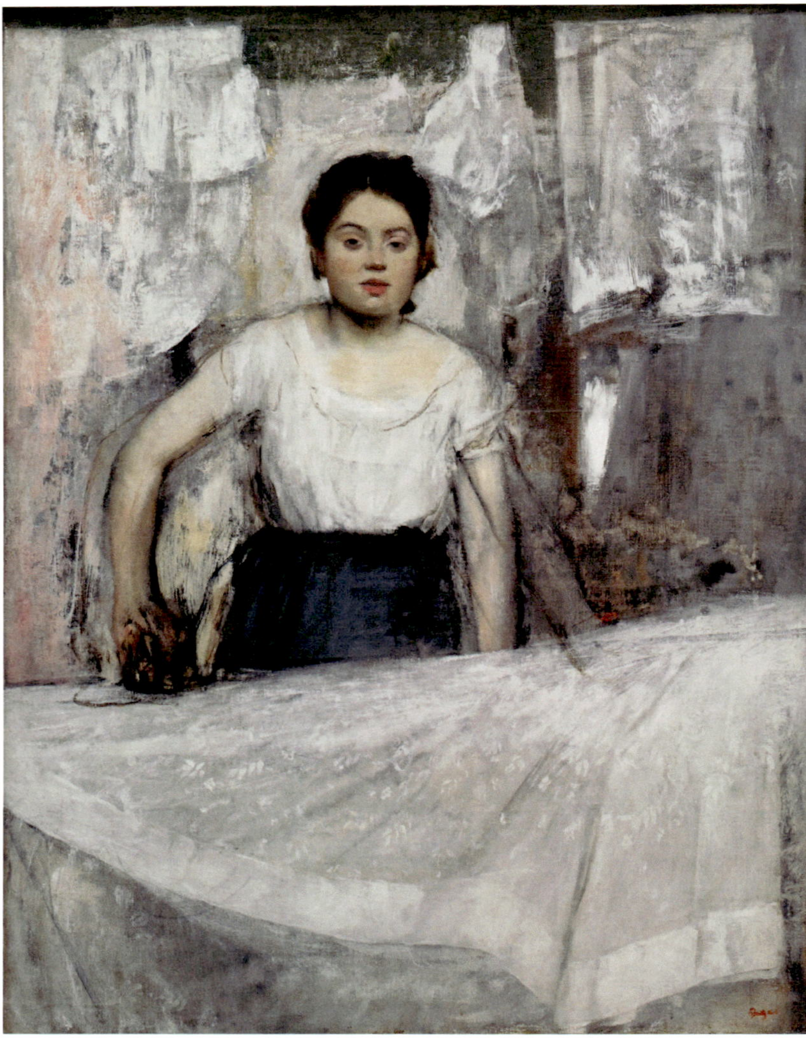

## Eine Geschichte zweier Klassen

Die Maler kamen in ihren Cáfehaus-Diskussionen überein, dass ihre Werke zwangsläufig Menschen aus unterschiedlichen Klassen zeigen würden – schließlich war die gesellschaftliche Struktur von Paris sehr facettenreich. Oft wird den Impressionisten allerdings vorgeworfen, dass sie sich vor allem den verschiedenen Lebensbereichen der Mittelklasse widmeten. Das bürgerliche Familienleben in wohlhabenden Wohngegenden gehörte zu den Lieblingsthemen der Künstler und war fast synonym mit dem Stil selbst. Degas war

**Edgar Degas**
*Die Wäscherin*, ca.1869
Öl auf Leinwand,
92,5 x 73,5 cm
Neue Pinakothek, München

**Da Degas' Bild unvollendet ist, bieten seine Korrekturen und Verbesserungen – bekannt als *pentimenti* – einen faszinierenden Einblick in seine Arbeitsmethoden.**

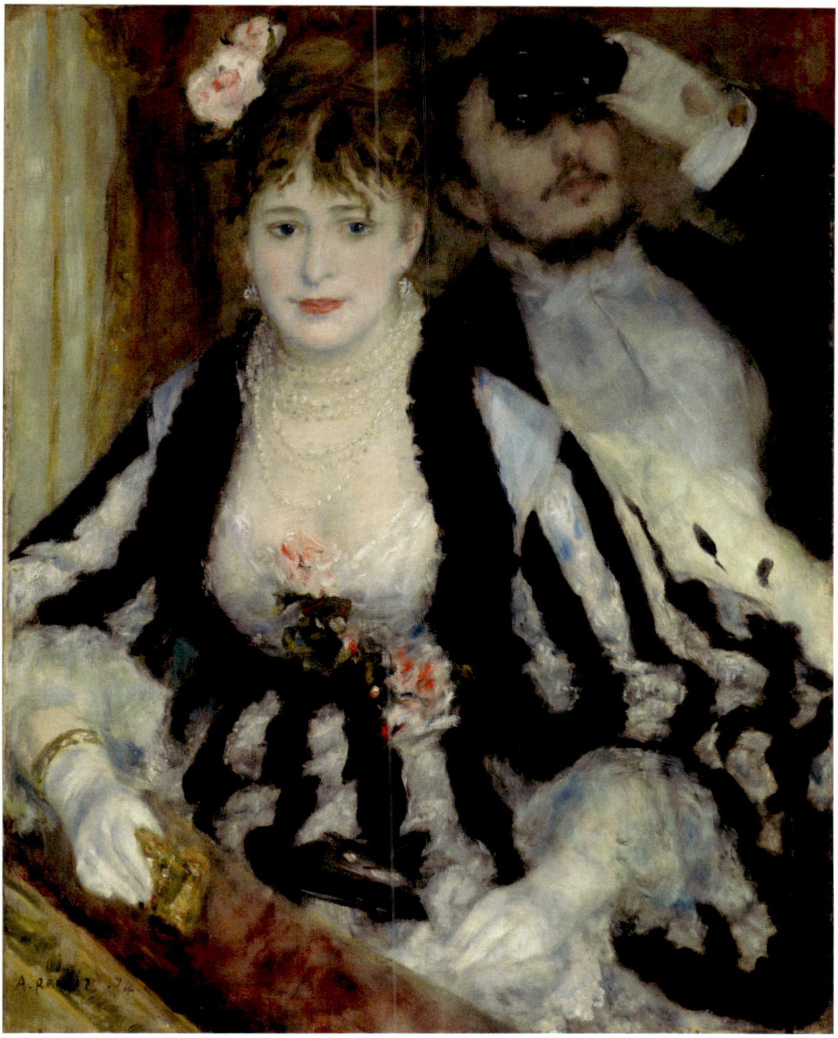

**Pierre-Auguste Renoir**
*Die Loge*, 1874
Öl auf Leinwand,
80 x 63,5 cm
Courtauld Institute
Galleries, London

**In diesem frühen impressionistischen Werk betont Renoir den Zauber des Theaterbesuchs in Paris.**

allerdings eine Ausnahme: Wegen seines Interesses am Realismus, wie ihn auch seine literarischen Freunde vertraten, begann er einige Serien – bestehend aus Gemälden, Pastellen, Drucken und Skulpturen –, in denen er die Nöte der arbeitenden Klassen in Paris untersuchte. So dokumentierte er in Pastellzeichnungen die Misere der jungen Prostituierten in den Bars und Bordellen der Stadt, die auf reiche Freier warteten. In seiner Serie mit Wäscherinnen stellte er die jungen Frauen bei ihrer schweren Arbeit für die wohlhabenderen Bürger dar. Die meisten dieser Gemälde haben eine melancholische, klaustrophobische Atmosphäre, wie man in dem Bild gegenüber sieht.

Für andere Impressionisten lieferten dagegen die lebhaften Unterhaltungsetablissements glamouröse Motive. Renoirs berühmtes Bild *Die Loge* (vorherige Seite) war auf der ersten Gruppenausstellung 1874 zu sehen. Es zeigt ein elegant gekleidetes Paar in einer Theaterloge. Die attraktive junge Frau in ihrer modischen Kleidung steht in starkem Kontrast zu den Frauen, die Degas in vielen seiner Figurenstudien abbildete. Renoir nutzt opulente Farben und zarte Pinselstriche und gibt damit die magische Wirkung des künstlichen Lichts im Theater wider. Angesichts der hohen Qualität dieses Gemäldes überrascht es nicht, dass Renoir eine erfolgreiche Karriere als Porträtmaler für reiche Pariser Kunden machte. Renoirs *Die Loge* und Degas' *Wäscherin* (S. 36) umfassten die sozialen Extreme der Stadt, als der Impressionismus sich als kulturelles Phänomen entwickelte.

**Armand Guillaumin**
*Hohlweg im Schnee*, 1869
Öl auf Leinwand,
66 x 55 cm
Musée d'Orsay, Paris

**Das Hochformat von Guillaumins Schneeszene wird noch durch den hohen, dunklen Baum betont, der sich deutlich von dem Winterlicht abhebt. Der gewundene Pfad mit der einsamen Figur führt das Auge in die kalte Ferne.**

### Bilder einer Ausstellung

1874 führte die neugegründete Société Anonyme der jungen Künstler ihre erste Gruppenausstellung durch. 30 Künstler, die alle den verlangten Mitgliedsbeitrag gezahlt hatten, reichten fast 200 Gemälde ein – ohne dass eine Jury über die Teilnahme entschied. Die Ausstellungsräume am Boulevard des Capucines 35 gehörten dem französischen Fotografen Félix Nadar (1820–1910). Die Ausstellung, die zur berühmtesten in der Geschichte der europäischen Kunst werden würde, war nur einen Monat lang geöffnet – vom 15. April bis zum 15. Mai 1874. Da dies nicht nur eine künstlerische, sondern auch eine kommerzielle Unternehmung war, wurde ein Eintritt von einem Franc erhoben; der Katalog kostete weitere 50 Centimes. Mehr als 4.000 Menschen besuchten die Ausstellung, die schon bald stadtbekannt und für viele Besucher ein Objekt des Spottes wurde.

**Atmosphärische Szenen zeigten verschiedene witterungs- und jahreszeitbedingte Lichtverhältnisse.**

Die meisten der jungen Künstler aus dem Café de la Nouvelles Athènes hatten bereits mit der Landschaftsmalerei im Freien experimentiert. Atmosphärische Szenen, die verschiedene witterungs- und jahreszeitbedingte Lichtverhältnisse zeigten, waren zu einem wichtigen Teil des künstlerischen Schaffens der neuen Gruppe geworden. Eine Schneeszene von Armand Guillaumin (1841–1927), der der am längsten lebende Vertreter der impressionistischen Gruppe werden

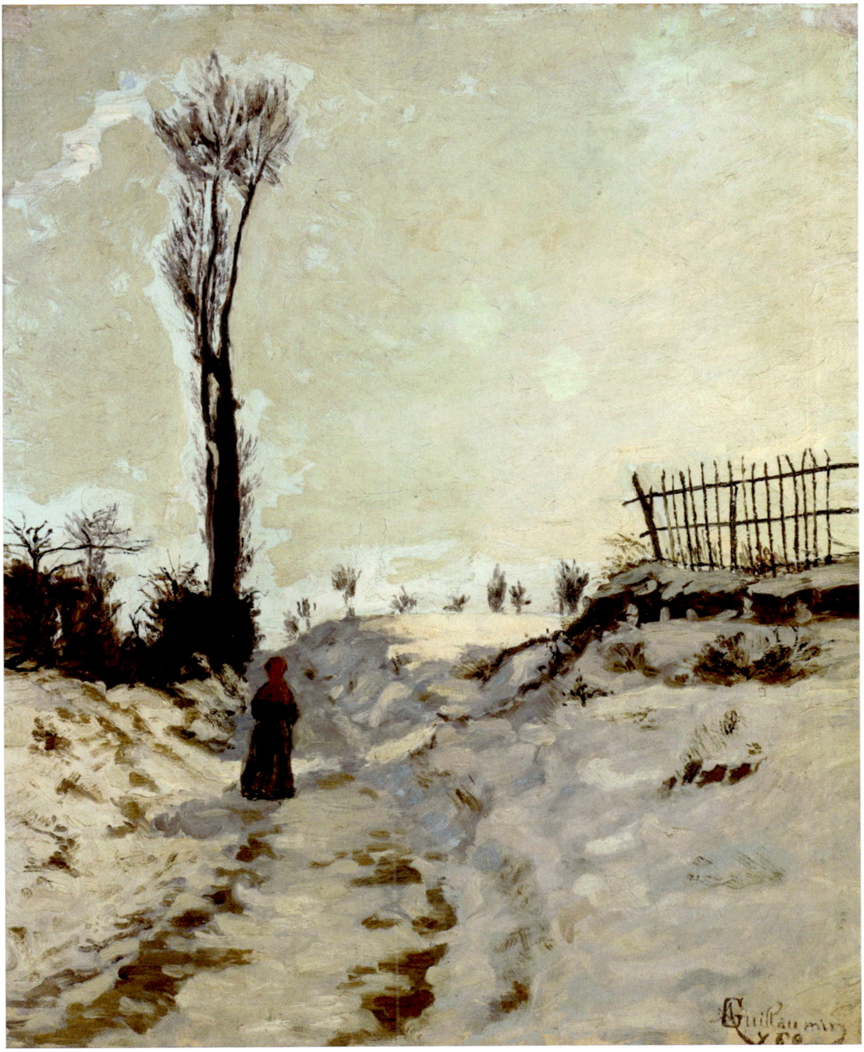

würde, zeigt beispielhaft die Fähigkeit dieser Maler, das kalte Licht einer schneebedeckten Landschaft abzubilden (vorherige Seite). Alfred Sisleys geheimnisvolles Bild eines Gemüsegartens, der in ätherischen Nebel gehüllt ist, und das als eines seiner originellsten Gemälde gelten kann (unten), löste in der Gruppenausstellung eine Kontroverse aus. Die Besucher, die es nicht als poetisches Heraufbeschwören einer frühmorgendlichen Szene wahrnahmen und solche ästhetischen Annäherungen – Impressionen – nicht gewöhnt waren, hielten es für unfertig und ungeeignet zur Ausstellung.

## »Mit jedem Farbeffekt, den man sich denken kann«

Dennoch würde van Gogh später die bemerkenswerten Fähigkeiten der impressionistischen Landschaftsmaler würdigen: »Kerle, die jede Landschaft malen können, zu jeder Stunde des Tages, mit jedem Farbeffekt, den man sich denken kann, auf der Stelle, ohne zu zögern.« Als er seine berühmten *Plein-air*-Landschaften in der Provence malte, versuchte er, die Impressionisten zu imitieren, wenn auch mit seiner eigenen typischen, expressiven Pinselführung.

**Alfred Sisley**
*Nebliger Morgen*, 1874
Öl auf Leinwand,
50,5 x 65 cm
Musée d'Orsay, Paris

**Die Landschaft ist in fahles Licht gehüllt, aus dem langsam Formen zu entsteigen scheinen.**

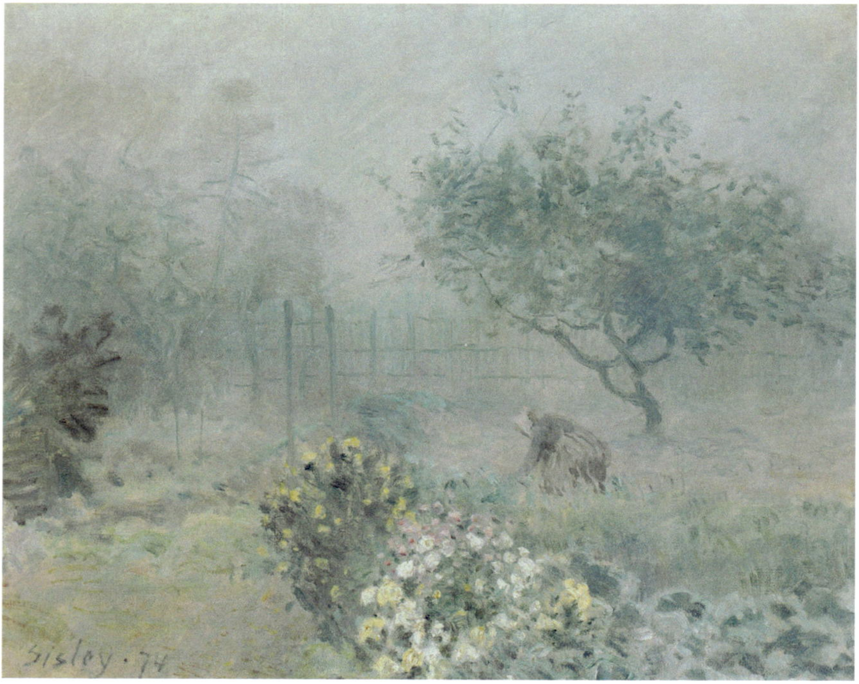

## Das impressionistische Bekenntnis, mit starken Farbeffekten Licht zu malen

Während seines zweijährigen Aufenthalts in Paris freundete sich van Gogh mit Guillaumin an und besuchte ihn manchmal in seinem Atelier. Hier bewunderte er die leuchtend farbigen Porträts und Landschaften des älteren Künstlerkollegen. Einige Zeit zuvor hatte Guillaumin bereits eine gleichermaßen intensive Landschaft für die Ausstellung von 1874 eingereicht: *Sonnenuntergang in Ivry* (S. 42–43). Dieses Gemälde stellte eine der ersten impressionistischen Landschaften dar, die als wichtiges Element Fabrikschornsteine enthielt und damit die sichtbaren Auswirkungen der Industrialisierung zeigte. Guillaumins dramatische Darstellung eines Sonnenuntergangs ist zwar in vielerlei Hinsicht das Gegenstück zu Monets berühmterer »Impression« eines Sonnenaufgangs (S. 49), dennoch demonstrierten beide Bilder das impressionistische Bekenntnis, mit starken Farbeffekten Licht zu malen.

Die erste Ausstellung der Société Anonyme erwies sich als finanziell abenteuerlich und künstlerisch provokativ. Sie entstand als Gemeinschaftsprojekt und bot Künstlern eine neue Basis zum Ausstellen und Verkaufen ihrer Werke. Leider hatte keines der Vorstandsmitglieder der Gesellschaft finanzielle oder geschäftliche Erfahrungen. Außerdem konnte niemand ahnen, welche boshaften Reaktionen die Ausstellung in der Öffentlichkeit hervorrufen würde. Entsprechend niedrig fielen die Verkäufe aus. Diese Faktoren führten schließlich zum frühen Ende des Unternehmens.

**MERKMALE**

- In Ablehnung der Lehren des Klassizismus entstand der Impressionismus aus einer Mischung etablierter Stile der Landschaftsmalerei im Frankreich des 19. Jahrhunderts.
- Die neuen Maler zeichneten – ermutigt durch bekannte Künstler – an Flussufern, in Wäldern und am Meeresstrand.
- Der Impressionismus als Stil basiert auf persönlichen Erfahrungen statt auf vorgefassten Klischees.
- Bevorzugte Themen sind das Stadtleben und Vorstadtgärten.
- Unterschiedliche Witterungsverhältnisse – wie etwa Schnee, Nebel und Sonnenlicht – boten besondere malerische Herausforderungen.
- Enttäuscht vom Salon und seinem strengen Jurysystem führte die neugegründete Gruppe gleichgesinnter Künstler im Jahre 1874 ihre erste unabhängige Ausstellung durch.

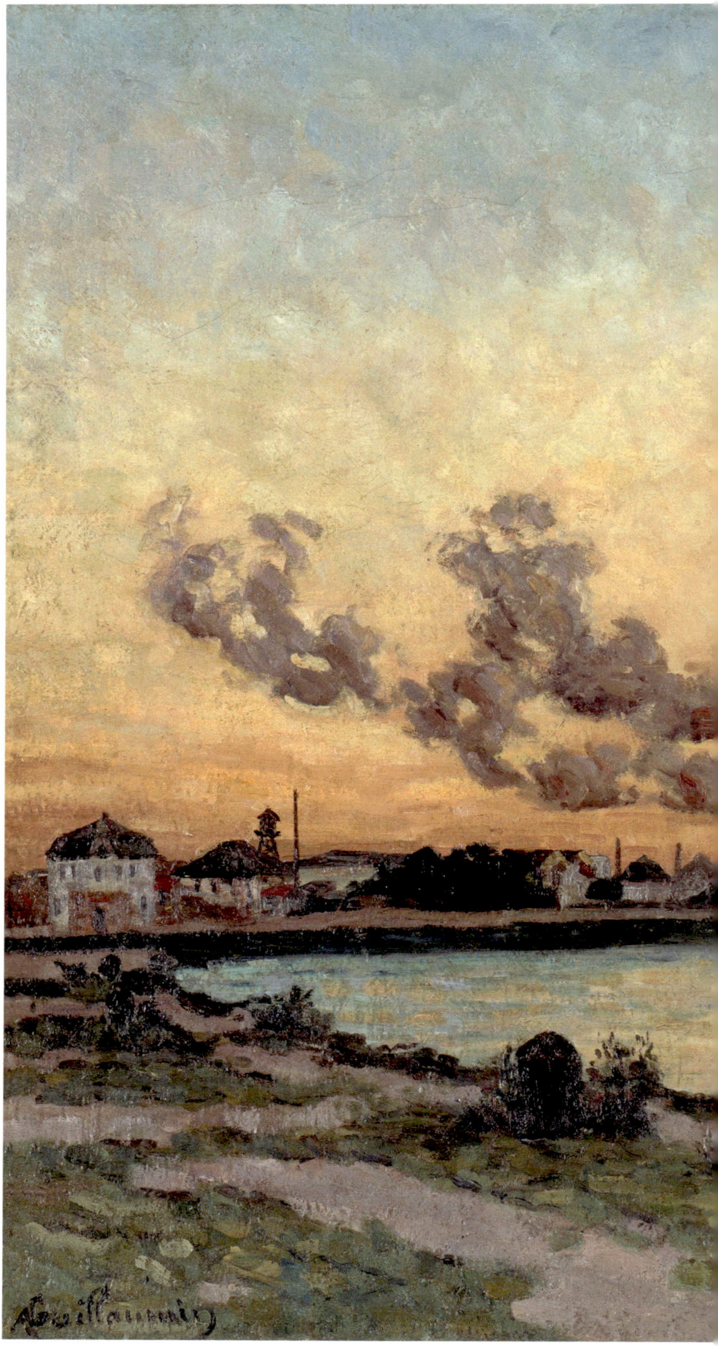


**Armand Guillaumin**
*Sonnenuntergang in Ivry*, 1873
Öl auf Leinwand,
65 x 81 cm
Musée d'Orsay, Paris

**Rauchschwaden dominieren wie Banner den Horizont dieses dramatischen Gemäldes.**

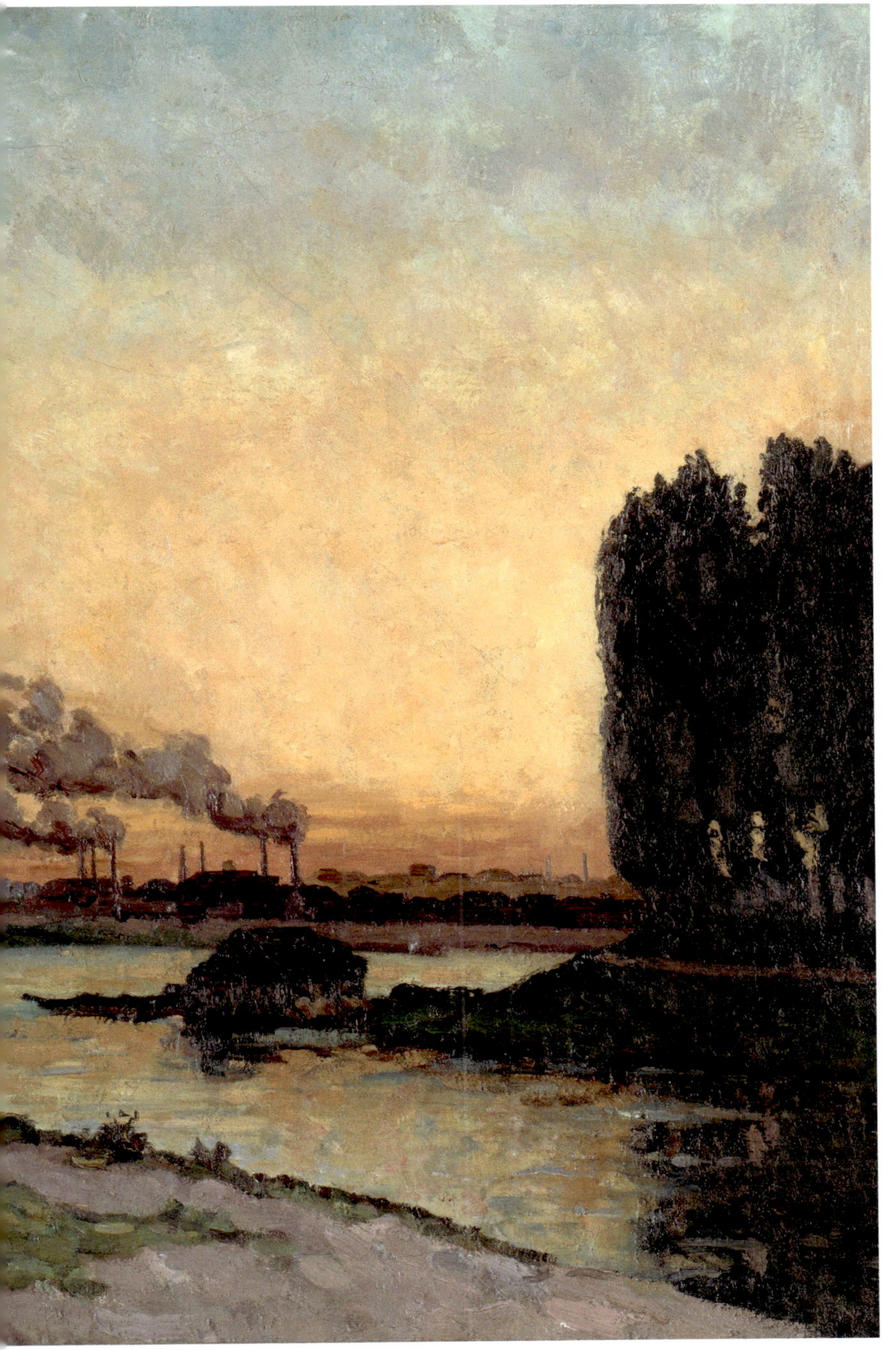

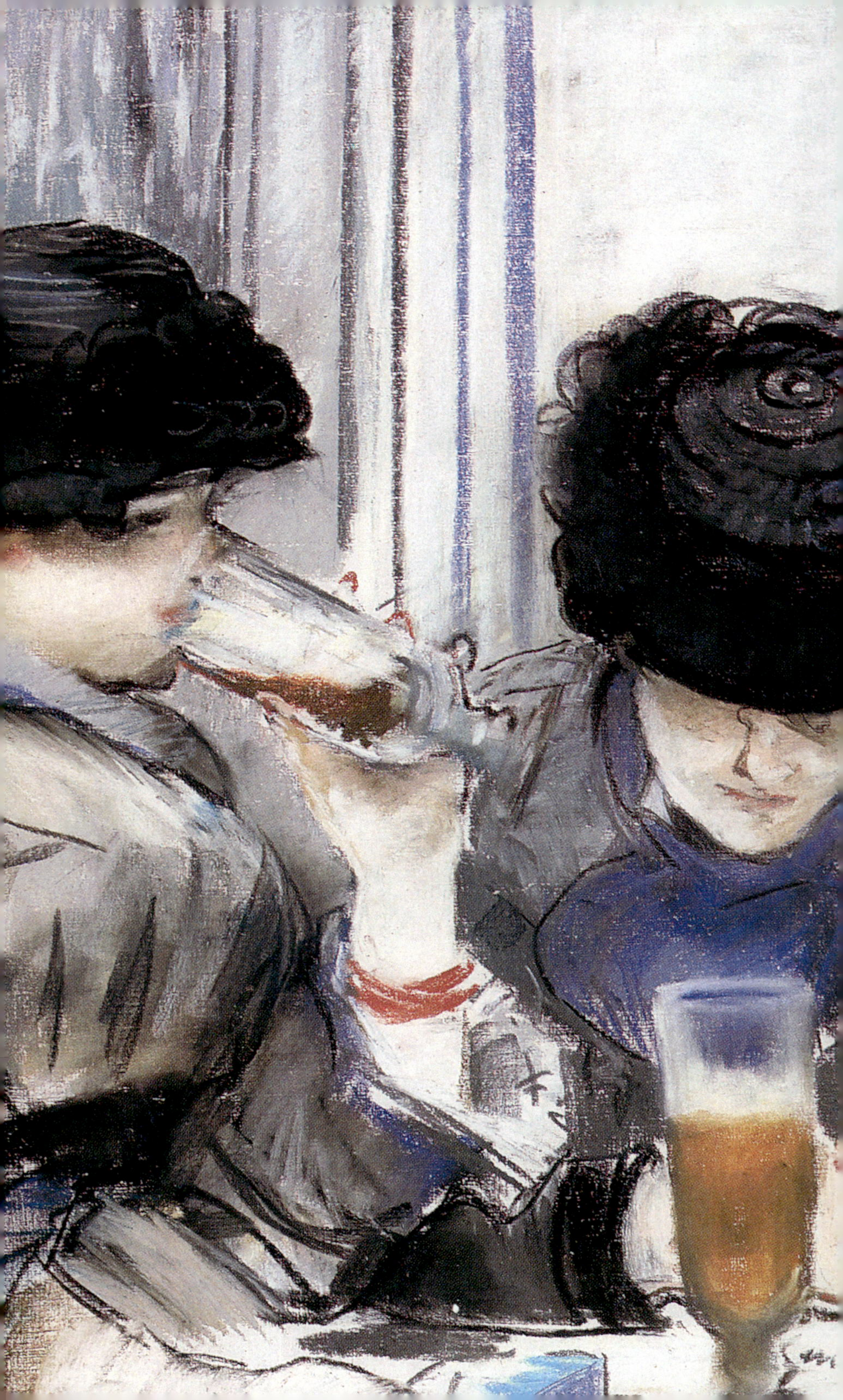

# DIE WEITERENTWICKLUNG DES IMPRESSIONISMUS
1875–1886

-

**Nun, es ist eine seltsame Impression!**

-

Louis Leroy

1874

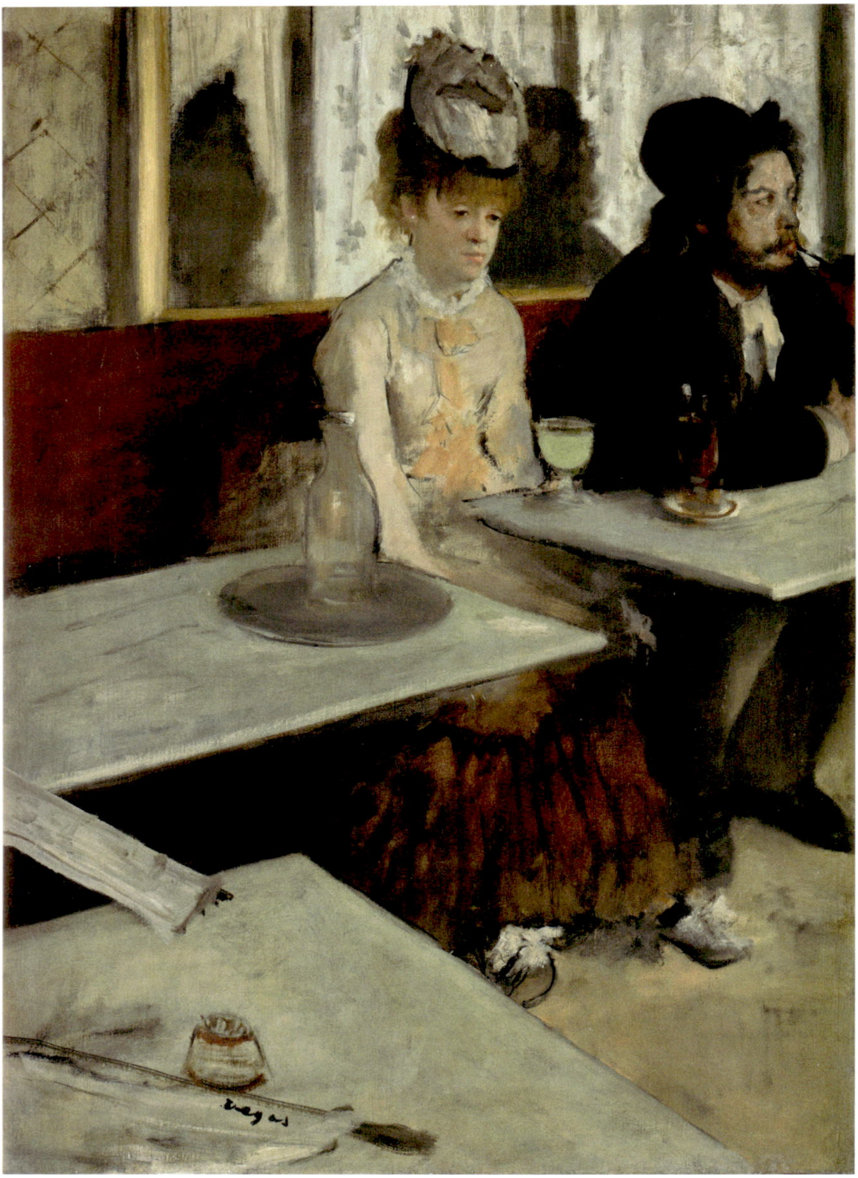

**Edgar Degas**
*In einem Café (Der Absinth)*, 1875–1876
Öl auf Leinwand,
92 x 68,5 cm
Musée d'Orsay, Paris

**Langeweile und Verzweiflung scheinen diese Café-Szene zu durchdringen. Die Komposition wurde auf schon beinahe fotografische Weise konstruiert, mit übertriebenen Verkürzungen und Beschneidungen.**

Van Gogh fasste in einem Schreiben an seine Schwester Wil (Willemien van Gogh) die heftigen Kritiken der meisten Pariser im Hinblick auf die Ausstellungen der impressionistischen Gruppe zusammen: »nachlässig, hässlich, schlecht gemalt, schlecht gezeichnet, schlechte Farben, alles, was erbärmlich ist«. Nach dem Besichtigen der ausgestellten Werke waren die meisten Besucher »bitter enttäuscht und empört«. Vincent bekannte gegenüber Wil, dass er eine ähnliche Meinung über ihre technischen Mängel und ihren Farbeinsatz gefasst hatte, nachdem er 1886 zum ersten Mal impressionistische Gemälde gesehen hatte. Er erklärte, dass diese radikalen französischen Gemälde ihn schockiert hätten, da er an die Eleganz und technische Raffinesse der Werke der Haager Schule gewöhnt gewesen sei, einer bekannten Künstlergruppe in den Niederlanden. Anders als die französischen akademischen Maler und unaufgeklärten Galeriebesucher jedoch erkannte Vincent schon bald die Vorzüge des neuen Malstils und seines ästhetischen Potenzials.

-

**Die ablehnende Reaktion lag im Prinzip an der Fremdartigkeit dieses neuen Stils.**

-

Man vergisst oft, wie provokativ und beunruhigend die Gemälde der Impressionisten auf Leute gewirkt haben müssen, die an die raffinierten, grandiosen Bilder des Salon gewöhnt waren. Im Vergleich dazu sahen die Werke in den unabhängigen impressionistischen Gruppenausstellungen unfertig aus, detailarm und ohne die traditionellen Kompositionsformen. Sie schienen schief zu sein und entsprachen nicht der normalen visuellen Balance und Symmetrie der klassizistischen Kunst. Die ablehnende Reaktion lag im Prinzip an der Fremdartigkeit dieses neuen Stils.

## Das moderne französische Leben malen

Van Gogh war beeindruckt vom Themenspektrum der Impressionisten und ihrem Versprechen, »alles zu malen, was sie sehen«. Er übernahm diese Methodik, die auf Erfahrung und Beobachtung basiert, für seine eigene Arbeit in Paris und später in Südfrankreich. Die Themen der Impressionisten waren in der Tat weit gefasst: das städtische und vorstädtische Leben, Szenen aus der Mittel- und Arbeiterklasse, Cafés, Bars und Unterhaltungsstätten, die *Demimonde*, die neuen Bahnhöfe und Boulevards, die gerade mitten in Paris entstanden, städtische Parks und private Gärten, Porträts und Stillleben, Spaziergänge am Fluss und Landschaften bei verschiedenen Wetter- und Lichtverhältnissen. Beeinflusst von den führenden Vertretern der französischen Literatur, setzten es sich die Impressionisten zum Ziel, einfühlsame Belege von Orten und Menschen zu malen, die sie als wichtige Komponenten des »modernen« Frankreich ansahen.

Das französische Bürgertum und die streitlustigen Kunstkritiker dagegen betrachteten diese Themen nicht als geschmackvoll oder der »schönen« Künste würdig. Es liegt jedoch in der Ironie des Schicksals, dass das, was die französische Öffentlichkeit und die Presse als radikale, inkohärente Kunstform betrachteten, inzwischen als der zugänglichste und beliebteste aller Malstile gilt.

**Die Bedeutung von Caillebotte**

Trotz der vielen zahlenden, jedoch auch spottenden Besucher der ersten Ausstellung von 1874 waren die Verkäufe schlecht und die Unkosten untragbar hoch. Daher beschloss man, das ambitionierte Gemeinschaftsunternehmen der Gruppe aufzulösen, dessen Ziel es eigentlich gewesen war, Verkäufe zu generieren. Jeder Künstler sollte einen Anteil an dem Fehlbetrag übernehmen. Es war daher eine Überraschung, dass die radikale Künstlergruppe sich entschied, 1876 erneut eine Ausstellung durchzuführen, wieder ohne Jury für die Auswahl der Teilnehmer. Man hoffte, dass diese zweite Ausstellung sich als Teil einer Reihe ambitionierter Foren für ihre Werke etablieren könnte.

**Caillebotte erwies sich nicht nur als wichtiger Wohltäter, sondern auch als äußerst origineller Maler.**

Ein wichtiger Faktor in diesem Plan war die Beteiligung eines neuen, außerordentlich wohlhabenden Mitglieds – Gustave Caillebotte (1848–1894). Caillebotte war so talentiert, dass er an fünf der acht berühmten impressionistischen Ausstellungen teilnahm. Da er diese teilweise finanzierte und zu ihrer Organisation beitrug, spielte er eine wichtige Rolle bei der Entwicklung von Identität und Reputation der impressionistischen Gruppe. Außerdem war er ein begeisterter Sammler impressionistischer Gemälde und half seinen verarmten Freunden, indem er hohe Preise dafür zahlte. Großzügig übernahm er die Ausgaben für eine Reihe von Künstlern und bezahlte sogar die Miete für Monets Atelier. Caillebotte erwies sich nicht nur als wichtiger Wohltäter, sondern auch als äußerst origineller Maler. Seine faszinierenden Bilder von Pariser Stadtszenen, die eine fast fotografische Klarheit zeigen, werden heute international anerkannt.

## Ein neuer Name wird geboren

Der Franzose Louis Leroy (1812–1885) war ein akademisch ausgebildeter Maler und einflussreicher Kunstkritiker. Beim Besuch der ersten Gruppenausstellung war er schockiert von den seiner Ansicht nach unprofessionellen Gemälden. Sein berüchtigter Bericht, veröffentlicht am 25. April 1874 in der satirischen Zeitung *Le Charivari*, trug den Titel »Ausstellung der Impressionisten«. Diese sarkastische Stichelei wurde ironischerweise zum berühmtesten Namen einer Kunstrichtung. Das Wort stammte von Monets Gemälde *Impression, Sonnenaufgang* (unten), das er für eine besondere Schmähung ausgewählt hatte. In Form eines Dialogs mit einem anderen akademischen Maler verspottete er dann die Bilder wegen ihrer angeblich lächerlichen »impressionistischen« Anmaßungen. Er hielt eine bloße Impression oder Wahrnehmung nicht für eine befriedigende Basis für ein Kunstwerk.

Der Name, den die Gruppe radikaler Künstler ursprünglich für ihre Aktivitäten gewählt hatte – Société Anonyme Coopérative des Artistes Peintres, Sculpteurs, Graveurs etc. –, war zwar anschaulich und allumfassend, aber auch schwerfällig und umständlich. Außerdem begannen einige Journalisten, unter dem Einfluss von Leroy

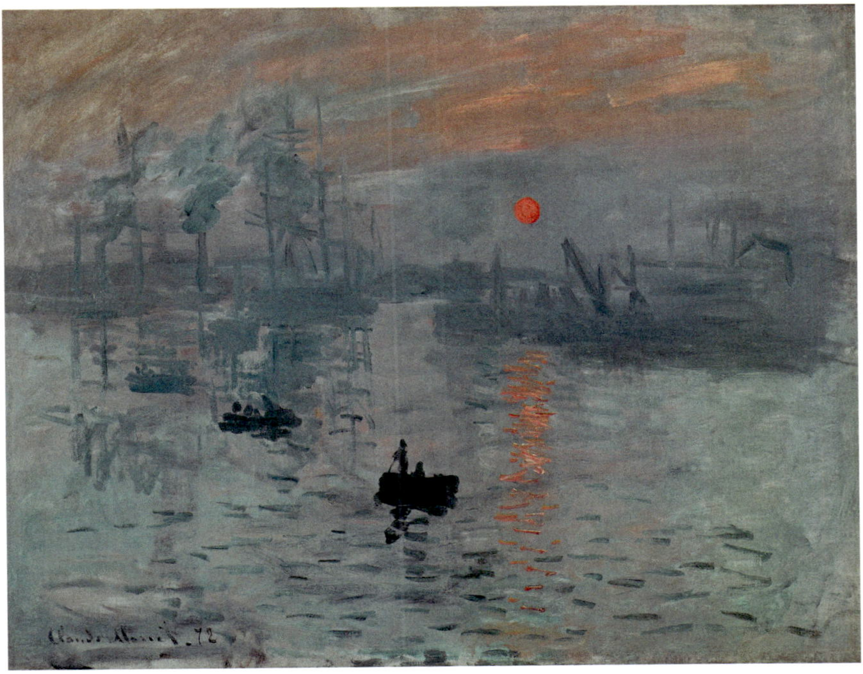

**Claude Monet**
*Impression, Sonnenaufgang*, 1872
Öl auf Leinwand,
48 x 63 cm
Musée Marmottan Monet, Paris

**Von Monets frühen Gemälden ist dies das flüchtigste, kaum mehr als eine schnelle Skizze. Mit seiner schicksalhaften Entscheidung, das Werk »Impression« zu nennen, wollte er einfach nur ausdrücken, dass das Bild eine Reaktion auf eine atmosphärische Szene war – früher Morgen im Hafen von Le Havre.**

den Spottnamen »Impressionist« in ihren Artikeln zu verwenden. Daher übernahmen die Künstler, Leroy zum Trotz, den Namen »Impressionismus«, da er im Prinzip ihre Ziele als Maler zusammenfasste, und nannten sich ab der dritten Ausstellung der Gruppe im Jahre 1877 in ihren Werbematerialien »Impressionisten«.

## Frühe Bewunderung

Zum Zeitpunkt der dritten und vierten impressionistischen Ausstellungen 1877 bzw. 1879 erfuhren die Künstler allmählich Ermutigung und günstige Besprechungen von einflussreichen Romanciers und Kritikern, die den Realismus und Naturalismus, also die Darstellung des zeitgenössischen Lebens in der Literatur – unterstützten. Die Autoren sahen offensichtliche Verbindungen zwischen den Motiven der Impressionisten und ihren eigenen literarischen Themen. Die prominentesten dieser Autoren waren Émile Zola (1840–1902) und Edmond Duranty (1833–1880) – beide Freunde der Maler.

Duranty war 1876 der erste Kunstkritiker, der eine ausführliche Analyse der Vorzüge des Impressionismus veröffentlichte, den er als »Die neue Malerei« bezeichnete – Leroys Begriff für die Bewegung galt immer noch als abwertend. Zolas berühmtes Diktum, wonach ein Kunstwerk ein Stück Natur sei, gesehen durch ein Temperament,

**Claude Monet**
*Bahnhof Saint-Lazare*,
1877
Öl auf Leinwand,
75 x 104 cm
Musée d'Orsay, Paris

**Kein Künstler des Salon hätte ein solches Motiv gemalt. Für Monet jedoch war dieses neue Wahrzeichen ein faszinierendes Symbol der dynamischen Stadt. In seiner Komposition steht die Stahl- und Glaskonstruktion dem vergänglichen Phänomen von Qualm, Rauch und Licht gegenüber.**

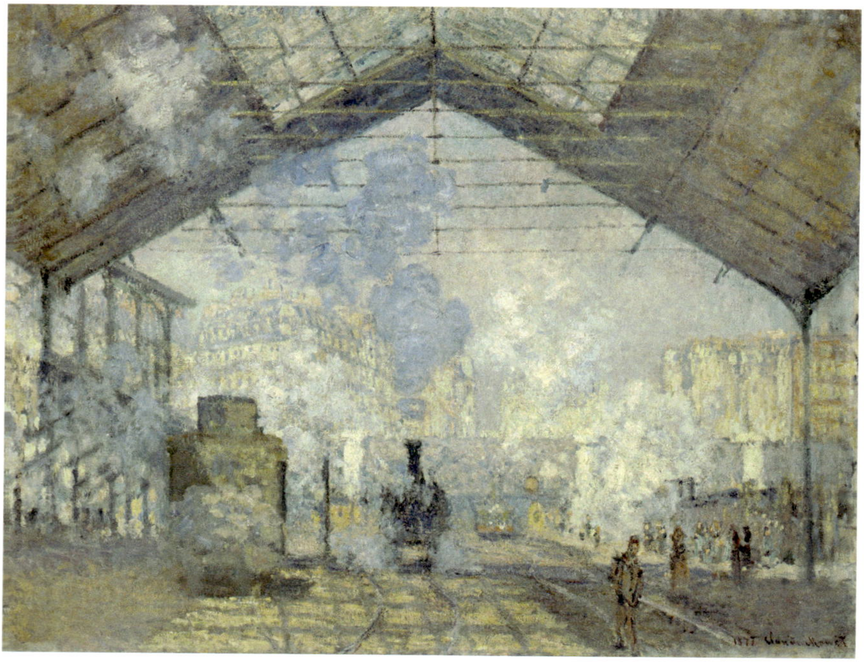

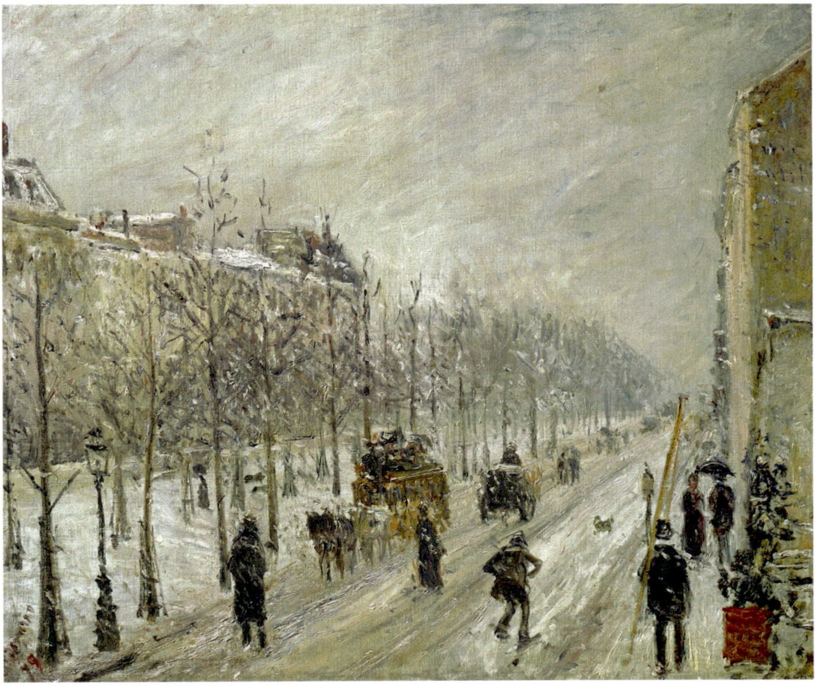

**Camille Pissarro**
*Die äußeren Boulevards, Schnee*, 1879
Öl auf Leinwand, 54 x 65 cm
Musée Marmottan Monet, Paris

**Der Boulevard hat sich durch den heftigen Schneefall verwandelt. Gekonnt eingesetzte blasse Farben deuten die kaum sichtbaren Wohnhäuser und die von Bäumen gesäumte Straße an. Dunkle Figuren und Kutschen, gemalt mit einem Minimum an Details, bilden einen Kontrast zu dem gedämpften Licht.**

schien die Basis der impressionistischen Malerei zu bilden. Beide Autoren bewunderten die Gemälde der Impressionisten für ihre Wahrhaftigkeit und ihre lebendigen Darstellungen »moderner« Milieus.

Schließlich begann der bekannte Pariser Kunsthändler Paul Durand-Ruel (1831–1922), impressionistische Gemälde in Europa und den USA zu vertreiben. Seine regelmäßigen Ausstellungen halfen, den Ruf des Impressionismus unter Malern, Kritikern und anspruchsvollen Sammlern zu festigen.

## Neue Wahrzeichen in den Städten

Monet und Pissarro gelten zwar weithin als zwei der größten Landschaftsmaler des 19. Jahrhunderts, doch beide haben auch denkwürdige Bilder urbaner Szenen gemalt, vor allem der neuen Pariser Wahrzeichen. Zum Zeitpunkt der ersten impressionistischen Ausstellung 1874 hatte die Stadt Paris eine Reihe großer Programme zur Neuentwicklung erfahren. Dazu zählen vor allem der Ausbau des Eisenbahnnetzes und – von 1853 bis 1870 – einige riesige Projekte zur Anlage neuer Boulevards und damit verbundener Wohnblöcke. Sowohl das Eisenbahnsystem als auch die Verkehrswege veränderten das Aussehen des Stadtzentrums ganz beträchtlich. Monet und Pissarro hatten die visuellen Eigenschaften der neuen Bahnhöfe und der einheitlichen Boulevards als Symbole des »modernen« Stadtlebens erkannt und begannen damit, Ansichten der neuen Umgebung zu malen. Sie fertigten Serien an, um das Wechselspiel zwischen dem permanenten Wesen der städtischen Formen und den sich ändernden Jahreszeiten, Wetter- und Lichtverhältnissen darzustellen, wie in Monets *Bahnhof St. Lazare* (S. 50) und Pissarros *Die äußeren Boulevards, Schnee* (vorherige Seite).

**Impressionen des Stadtlebens**

Nach der Kontroverse der ersten impressionistischen Ausstellung entwickelte die Künstlergruppe ihre Ideen und Techniken in den folgenden sieben Ausstellungen weiter. Diese fanden an unterschiedlichen Orten in Paris und in relativ regelmäßigen Abständen statt: 1876, 1877, 1879, 1880, 1881, 1882 und 1886. Der Kreis der Teilnehmer an diesen Ausstellungen schwankte, lediglich Pissarro stellte jedes Mal Werke aus. Das ist wichtig, da er so viele der impressionistischen Prinzipien der Malerei formuliert und verbreitet hat.

**Degas und Manet stellten oft schäbige, irgendwie verrufene Cafés dar, in denen sich Menschen der Arbeiterklasse trafen.**

Monet, Sisley und Pissarro konzentrierten sich vor allem auf das Malen von Landschaften und zeigten diese Werke im Rahmen der Gruppenausstellungen. Andere Künstler dagegen, wie etwa Degas und Manet, ließen sich von der Vielfalt des Pariser Stadtlebens inspirieren. Ungeachtet der Qualität seiner quasi-impressionistischen Werke verzichtete Manet darauf, sie gemeinsam mit seinen Freunden auszustellen. Sowohl er als auch Degas malten oft schäbige, irgendwie verrufene Cafés, in denen sich Menschen der Arbeiterklasse trafen. Degas' berühmtes Bild *In einem Café* – oder *Der Absinth* – zeigt eine trübe Stimmung mit zwei melancholischen Figuren, die einsam ihren Gedanken nachhängen (S. 46).

Manets großartige Pastellzeichnung eines Cafés dagegen, die einen ganz anderen Ton anschlägt, war von zwei jungen, Bier trinkenden Frauen inspiriert (gegenüber). Pariser Bürger des 19. Jahrhunderts hätten diese zwei still dasitzenden Frauen misstrauisch betrachtet – vermutlich sind es Prostituierte, die auf Kunden warten. Für Degas und Manet waren diese kleinen Cafés typische Elemente des Stadtlebens und daher passende Motive für ihre Art

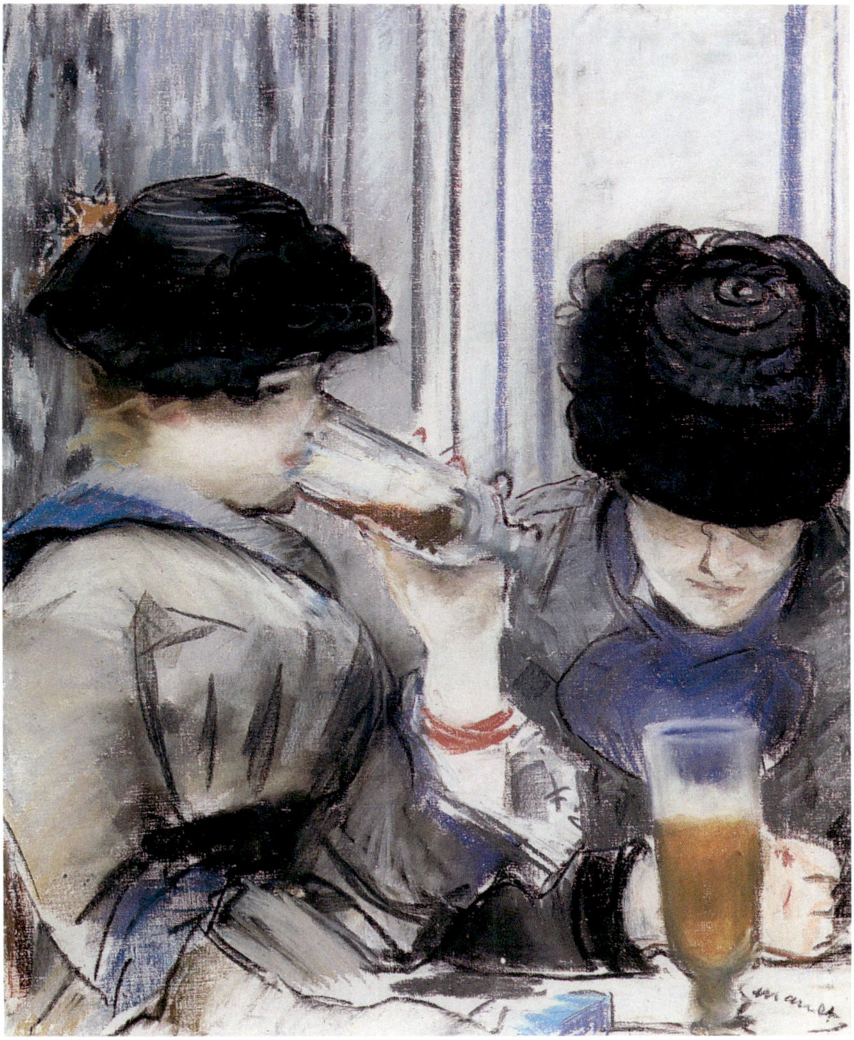

**Édouard Manet**
*Frauen trinken Bier*, 1878
Pastell auf Leinen,
61 x 50,8 cm
Burrell Collection,
Glasgow Museums and
Art Galleries, Glasgow

**Auf typisch impressionistische Weise werden Formen nur angedeutet, statt deutlich gemalt. Manets Zeichnung bietet einen einfühlsamen Blick auf das Pariser Stadtleben.**

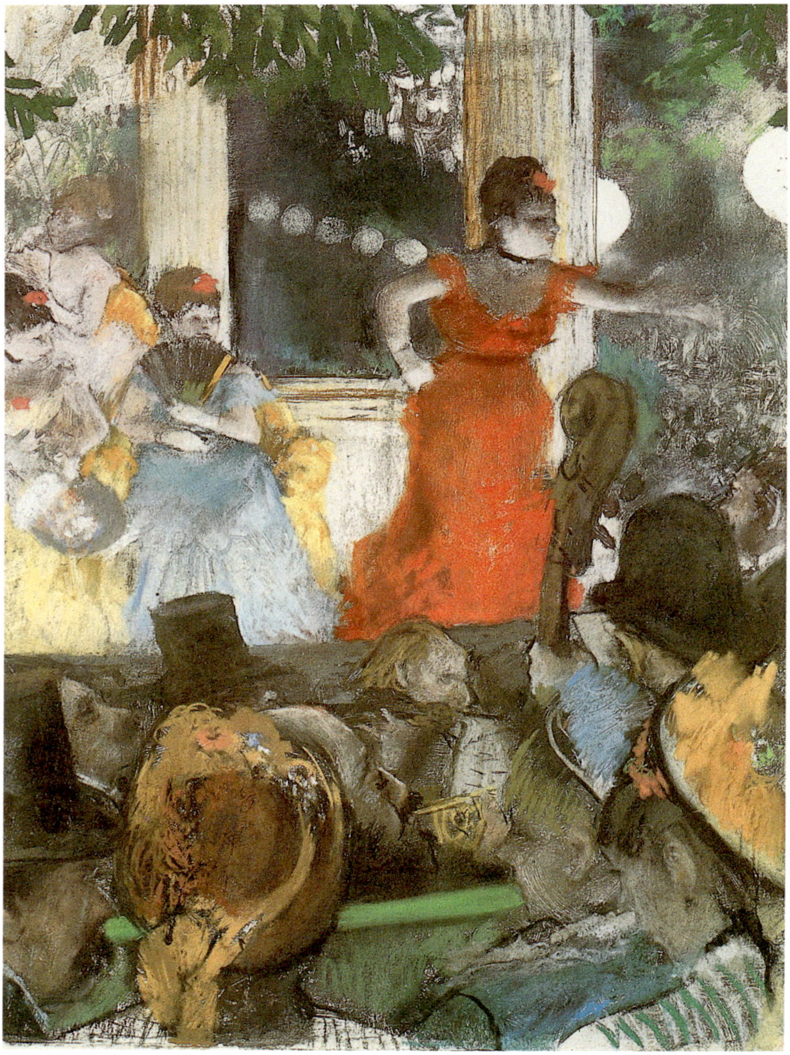

**Edgar Degas**
*Café-Konzert im Les Ambassadeurs*, 1876–1877
Pastell über Monotypie, 37 x 26 cm
Musée des Beaux-Arts, Lyon

**Degas war fasziniert von der lebhaften Atmosphäre der Cabarets. In diesem Pastell wird das Publikum einfallsreich durch ein dunkles Vordergrundmuster aus Hüten und Gesichtern im Profil dargestellt.**

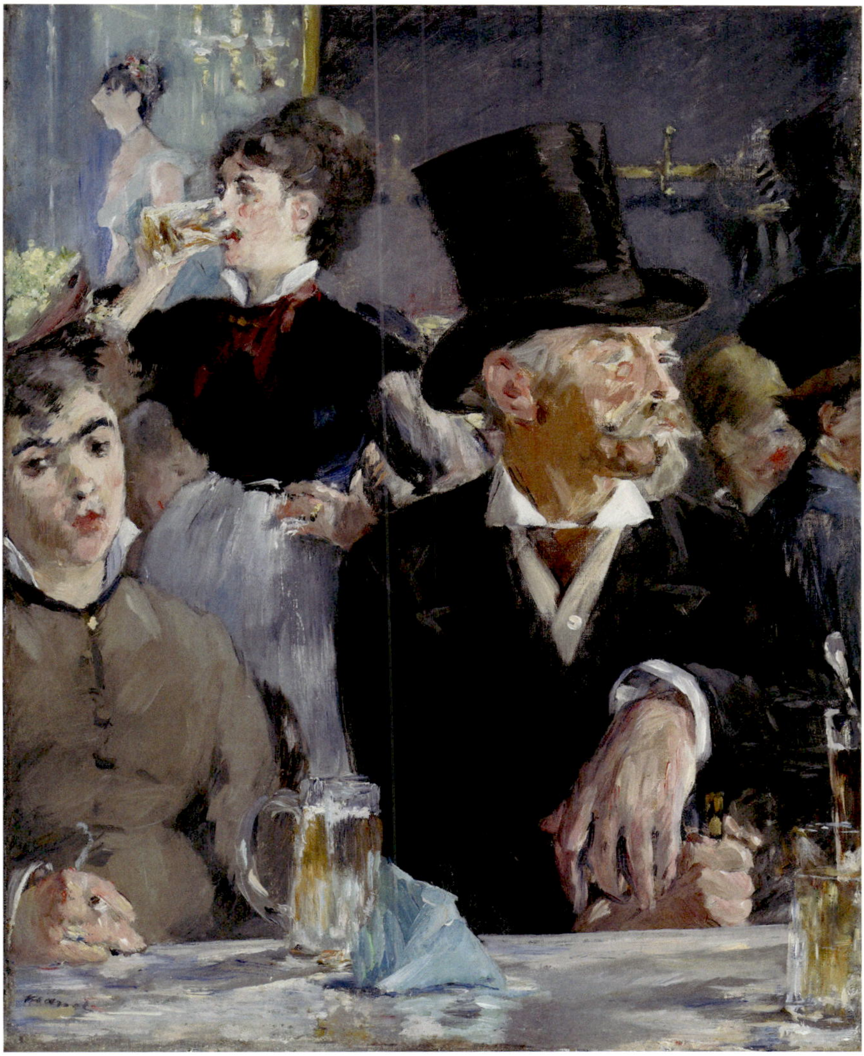

**Édouard Manet**
*Das Café-Konzert*, ca. 1879
Öl auf Leinwand,
47,3 x 39,1 cm
The Walters Art Gallery,
Baltimore

**Dies ist eines von Manets »impressionistischsten« Werken mit den beschnittenen Figuren und seinem großzügigen Farbauftrag, der ein Gefühl der Direktheit vermittelt.**

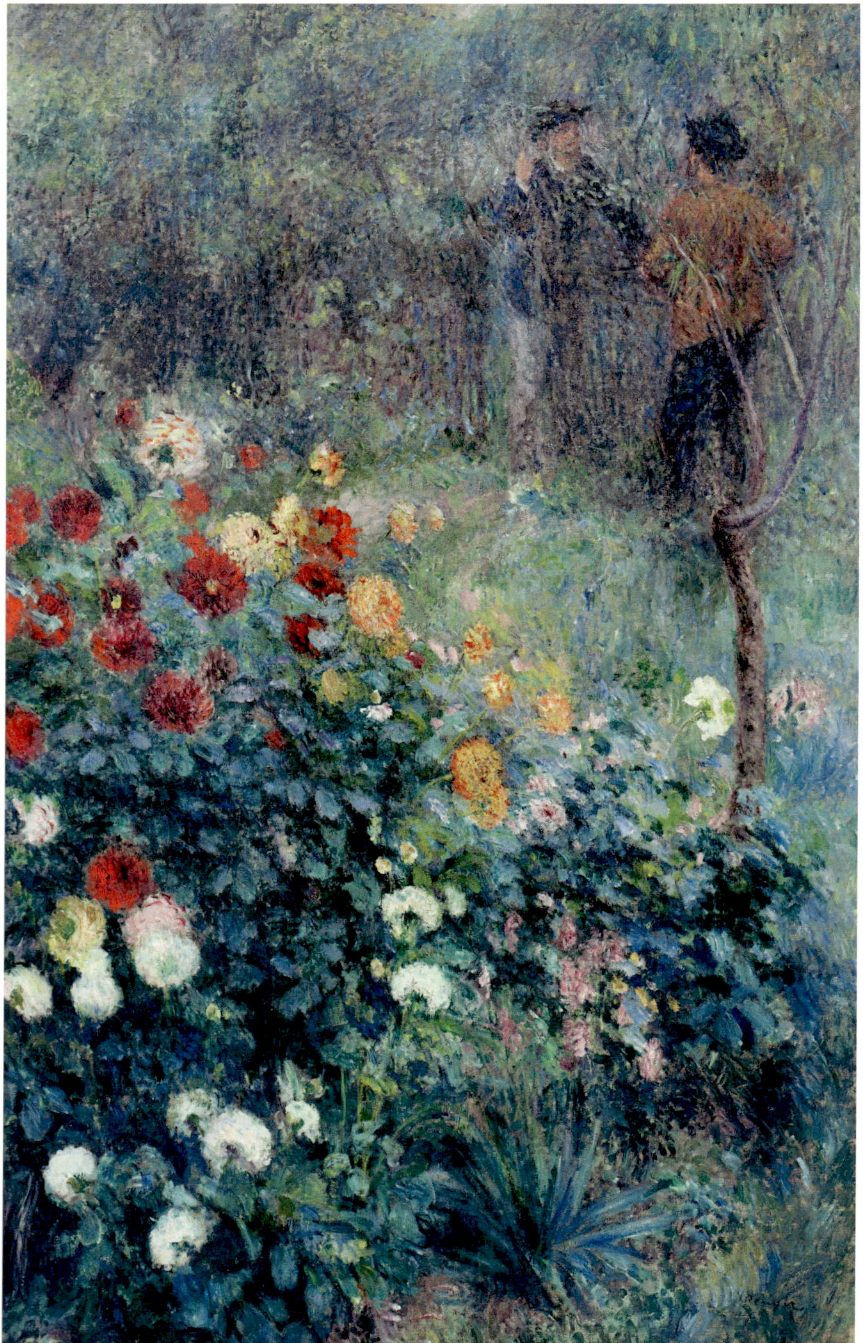

**Pierre-Auguste Renoir**
*Garten in der Rue Cortot, Montmartre*, 1876
Öl auf Leinwand, 154,3 x 88,9 cm
Carnegie Institute, Pittsburgh Museum of Art, Pittsburgh

**Renoirs zwei Freunde, die im Schatten miteinander plaudern, geben dem Raum im Gemälde eine Andeutung von Tiefe.**

**Edgar Degas**
*Die Probe*, ca. 1874
Öl auf Leinwand, 58,4 x 83,8 cm
Burrell Collection, Glasgow Museums and Art Galleries, Glasgow

**Die Figuren sind im Hintergrund und an den Seiten des Bildes platziert, sodass die Mitte frei bleibt.**

des Realismus. Heute haben viele dieser Café-Szenen nicht mehr die offensichtlichen sexuellen Untertöne, die sie früher besaßen.

Degas und Manet wurden außerdem von den lebhaften Café-Konzerten angezogen, bei denen während der Gesangs- und Tanzdarbietungen auch getrunken und laut gesprochen wurde. Die impressionistische Technik des Skizzierens der groben Elemente einer Szene erwies sich als ideal, um das Wesen dieser bunten Café-Bars schnell zu erfassen, in denen Spiegel und Trinkgläser das Licht reflektierten (siehe S. 54 und 55).

Damals gab es im Zentrum von Paris noch einige ruhige Gegenden, in denen weniger reiche Maler relativ billig wohnen und arbeiten konnten. In Montmartre, einem Viertel, das fast schon dörflich war, mietete Renoir ein kleines Häuschen mit einem eigenen, abgeschlossenen Garten, in dem es wild wachsende Blumen gab, die Renoir besonders gefielen. Dieser intime Ort erlaubte es ihm, im Freien zu malen, wo er in den Farben und Strukturen der Pflanzen schwelgte (gegenüber). Er reichte seine Darstellung des üppigen Durcheinanders an Blumen für die dritte impressionistische Ausstellung im Jahre 1877 ein und konzentrierte sich danach auf den Salon, kommerzielle Händler und private Sammler, um seine Werke zu verkaufen.

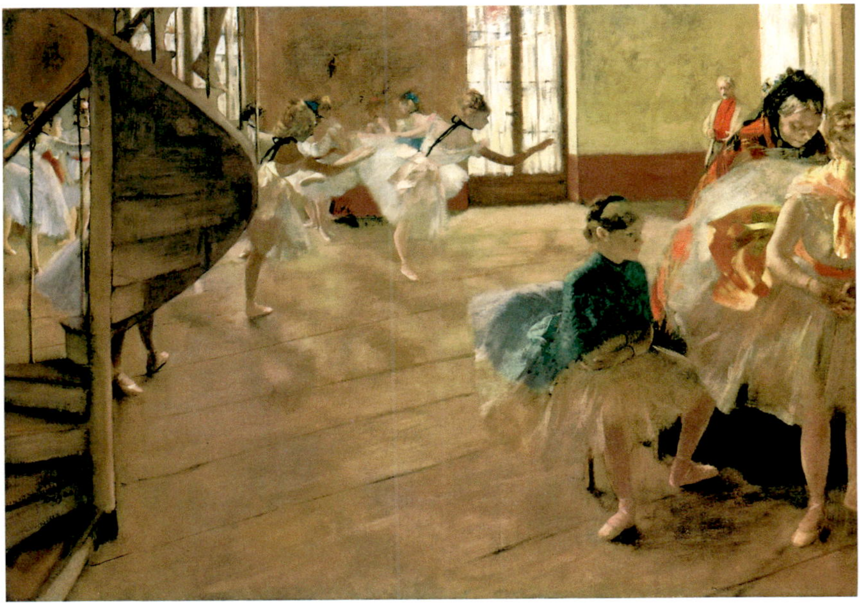

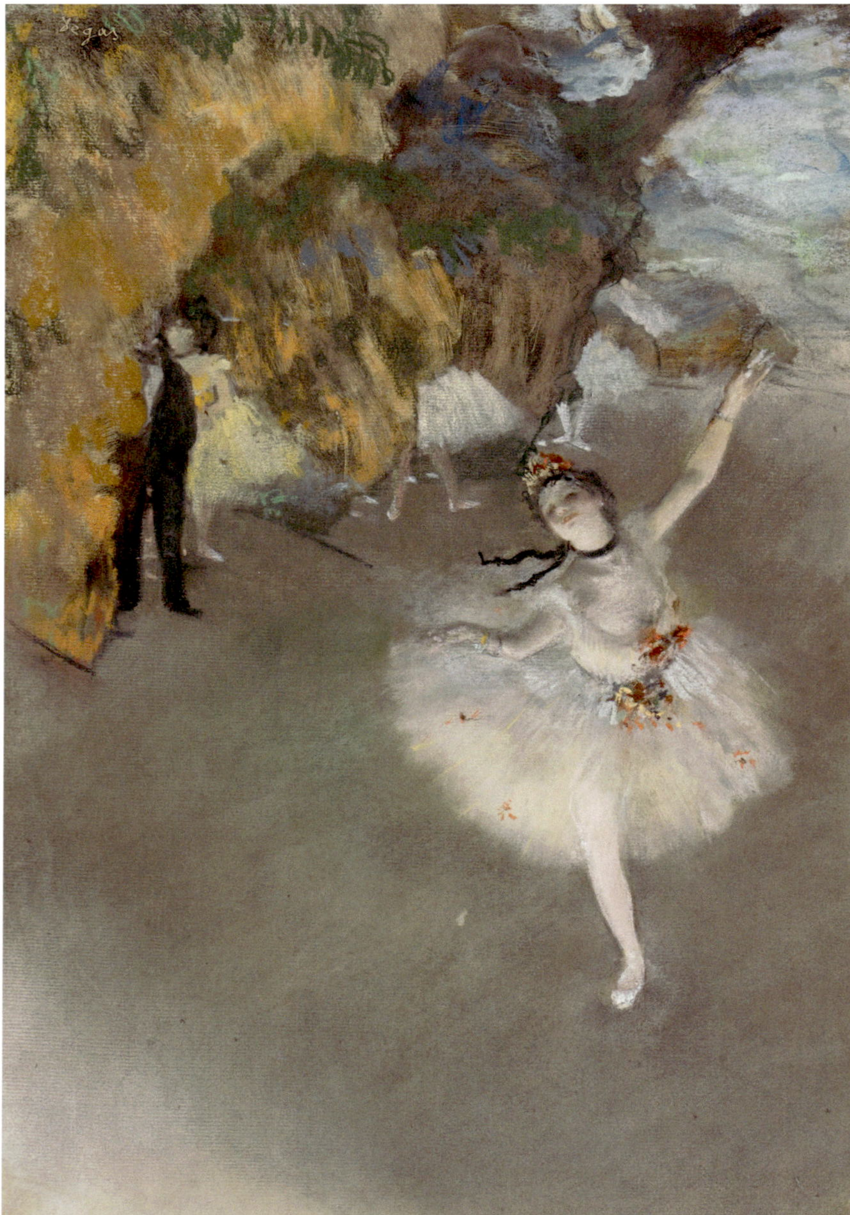


**Edgar Degas**
*L'Etoile*, ca. 1876
Pastell über Monotypie,
58,4 x 42 cm
Musée d'Orsay, Paris

**Aus einer der exklusiven Logen präsentiert Degas einen schwindelerregenden Blick auf die Startänzerin auf der Bühne.**

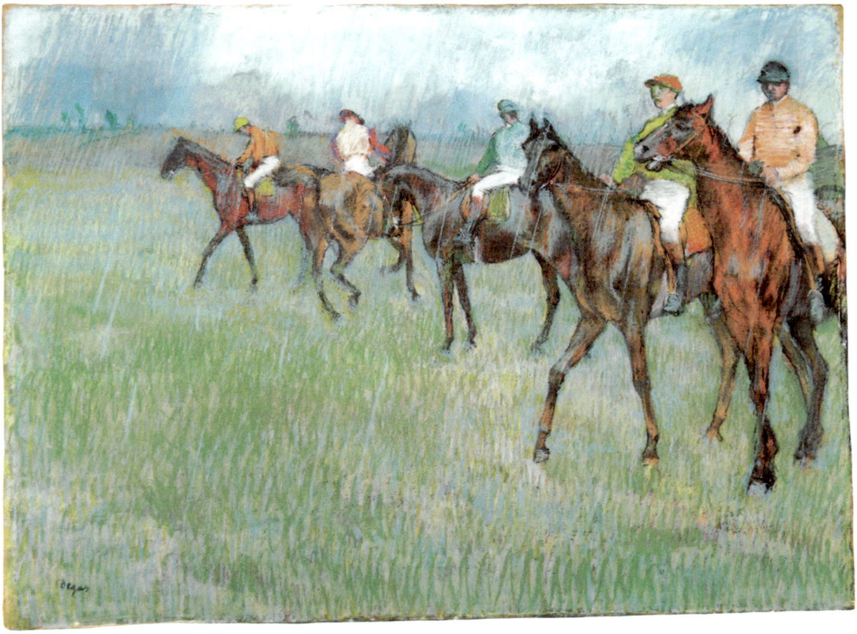

**Edgar Degas**
*Jockeys im Regen*, ca. 1883–1886
Pastell auf Papier, auf Karton aufgezogen, 46,9 x 63,5 cm
Burrell Collection, Glasgow Museums and Art Galleries, Glasgow

**Japanische Holzschnitte beeinflussten diese grafische Darstellung des Regens.**

Degas malte nicht nur Café-Konzerte, sondern war auch fasziniert von der formellen Schönheit des Balletts. In diesen Ölgemälden und Pastellen zeigt sich sein Wunsch, die Feinheiten der weiblichen Form in Bewegung festzuhalten. Sowohl Degas' *L'Etoile* (Der Star; gegenüber) als auch *Die Probe* (S. 57) verraten in der Art der Platzierung der Figuren (an den Seiten und hinten, sodass eine Menge Platz frei bleibt) den Einfluss der Fotografie. Das Bild vermittelt so das Gefühl von Direktheit und Spontaneität. Angesichts der Vertrautheit dieser Bilder vergisst man leicht, wie originell ihre Komposition wirklich ist, die oft nur ein Fragment einer größeren Szene andeutet.

Impressionistische Maler fanden nicht nur in den städtischen Aktivitäten Motive zum Malen und Zeichnen. Degas war auch von den außerhalb von Paris gelegenen Rennbahnen fasziniert, wie seine Pastellzeichnung *Jockeys im Regen* (oben) beweist. Er kehrte immer wieder zu diesem Thema zurück, angezogen von den bunt gekleideten Jockeys und der dynamischen Kraft der Rennpferde. Noch weiter vom Stadtzentrum entfernt malte Morisot eine vorstädtische Wäschereiszene (umseitig). Ihr Bild vermittelt ein Gefühl von Licht und Leichtigkeit, ganz anders als die düsteren, städtischen Wäschereibilder von Degas (S. 36).

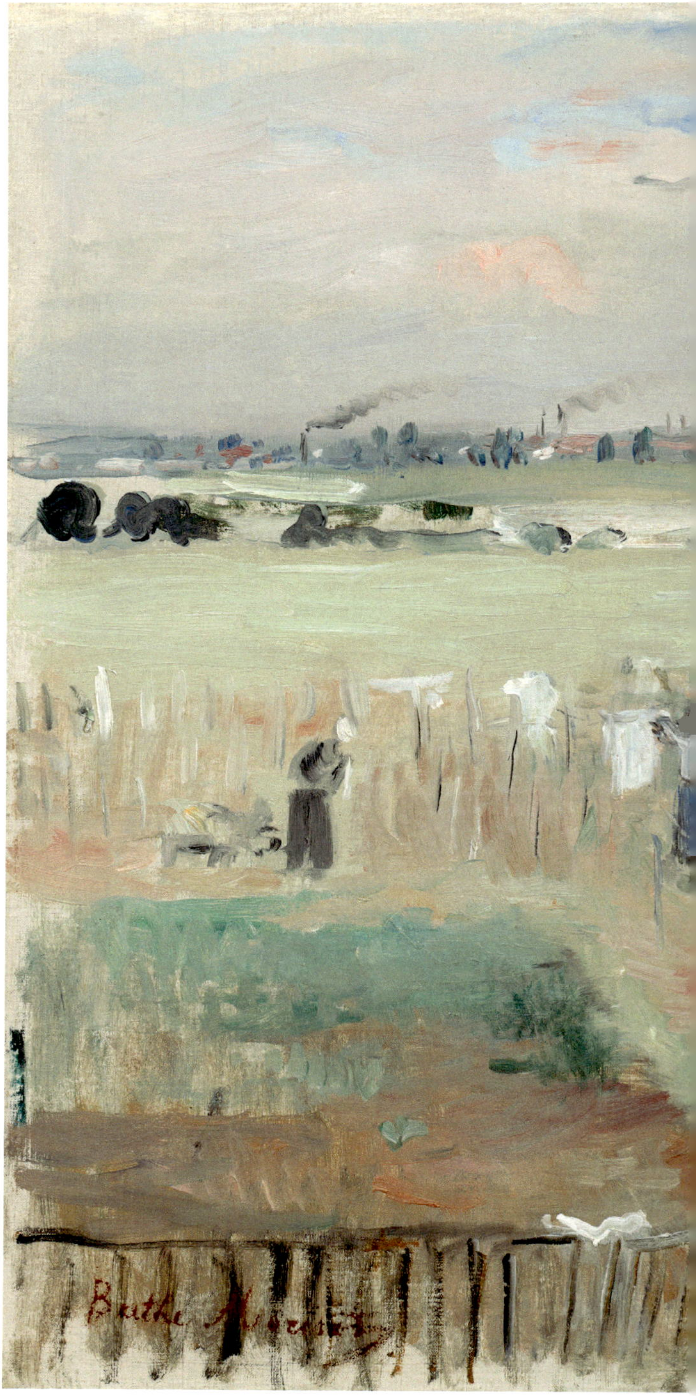


**Berthe Morisot**
*Aufhängen der Wäsche zum Trocknen*, 1875
Öl auf Leinwand,
33 x 40,6 cm
National Gallery of Art,
Washington, DC

**Gemalt aus einem Fenster in der oberen Etage, setzte Morisot hier auf die für sie typische lockere Pinselführung, um die Szene unter sich zügig festzuhalten.**

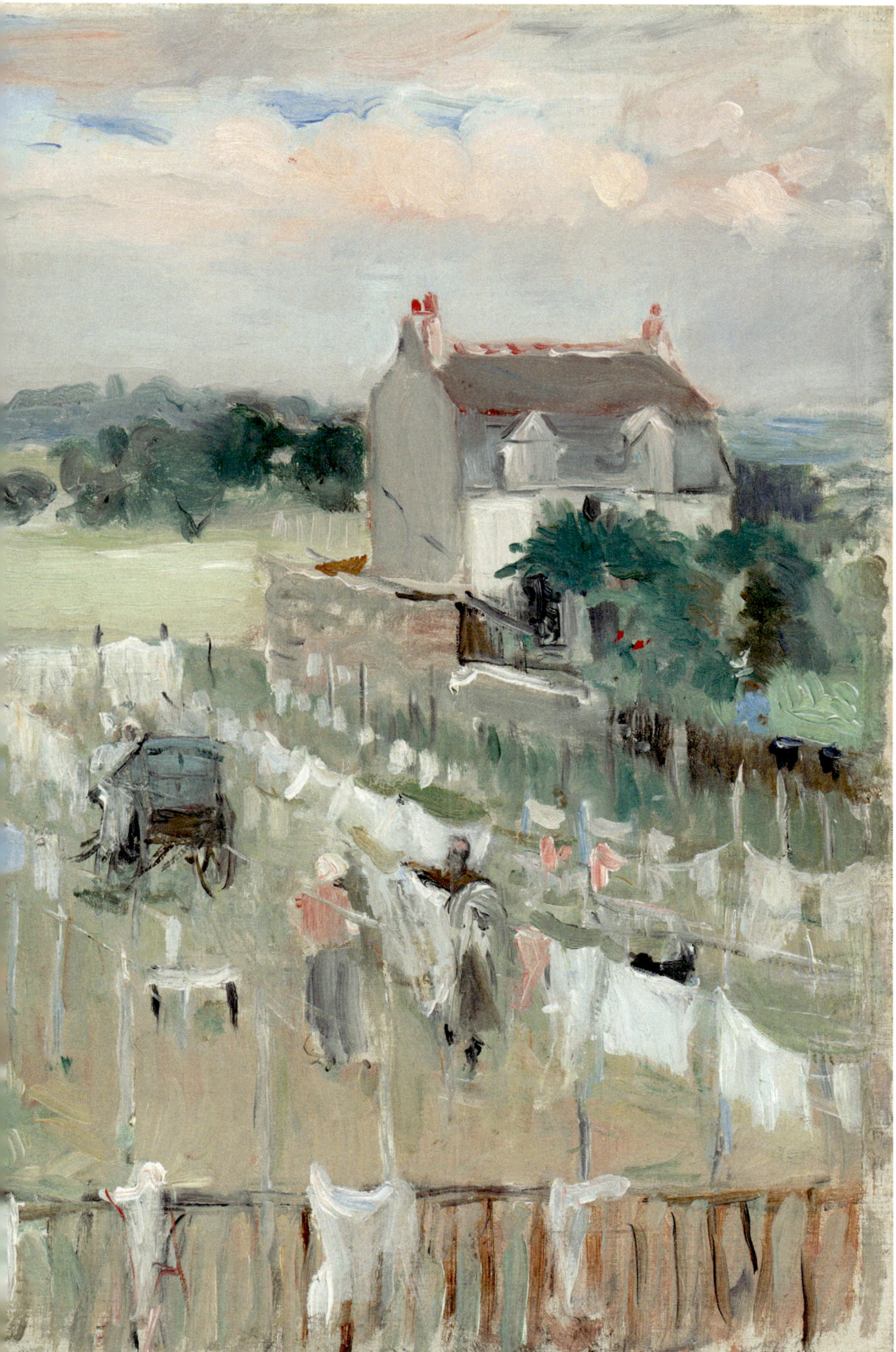

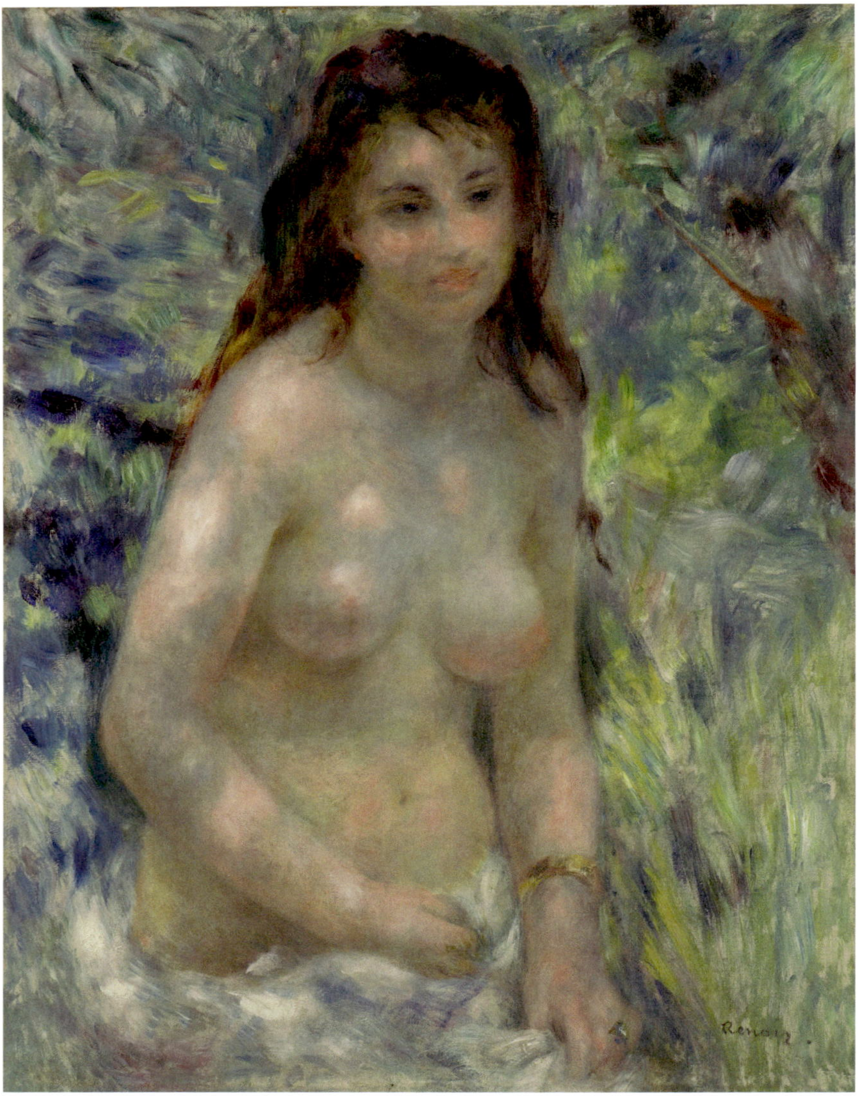

**Impressionistische Porträts**

Die impressionistischen Künstler sind zwar besonders berühmt für ihre lichterfüllten Landschaften, malten aber auch viele hochwertige Porträts. Als Modelle wählten sie häufig Familienmitglieder und Freunde, aber auch Personen, die uns heute unbekannt sind, wenn sie auch unglaublich real aussehen. Renoirs Aktstudien junger Frauen sind Beispiele dafür. Studien des menschlichen Körpers – das Zeichnen und Malen des nackten oder teilweise bekleideten Modells – waren die Grundlagen der akademi-

**Pierre-Auguste Renoir**
*Studie: Torso, Effekt des Sonnenlichts*, 1875
Öl auf Leinwand,
81 x 65 cm
Musée d'Orsay, Paris

**Typisch für viele impressionistische Porträts ist, dass die Figur und der Hintergrund durch den Einsatz kleiner Pinselstriche miteinander verbunden wurden, sodass ein geschlossenes Muster entsteht. Bezeichnenderweise ist die junge Frau als eine zeitgenössische Person porträtiert und nicht als mystisches Wesen.**

schen Lehre, als die Impressionisten mit ihrer Ausbildung begannen. Inspiriert von griechischen und römischen Skulpturen wurden die Aktstudien in den Kontext der klassischen Literatur gesetzt, enthielten aber immer unweigerlich einen Beiklang der Sexualität.

## Der gesprenkelte Lichteffekt auf dem Körper der jungen Frau

Bereits als Student hatte Renoir sich als ausgezeichneter Maler des nackten menschlichen Körpers erwiesen. Und auch später schuf er sinnenfreudige Akte – meist von jungen Frauen. Bezeichnenderweise trug die Aktstudie, die er auf der zweiten impressionistischen Ausstellung von 1876 zeigte, den Titel *Studie: Torso, Effekt des Sonnenlichts* (gegenüber). Er erreichte den gesprenkelten Lichteffekt auf dem Körper der jungen Frau mithilfe zarter Flecken mehrfarbiger Pigmente – eine Technik, die von den Kunstkritikern verspottet wurde.

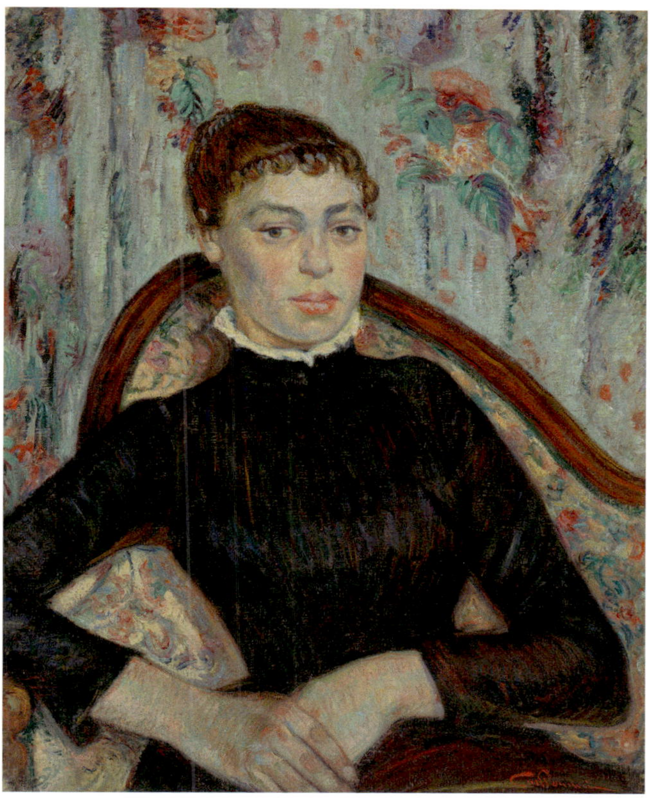

**Armand Guillaumin**
*Porträt einer jungen Frau*, 1886
Öl auf Leinwand,
65 x 54 cm
Van Gogh Museum, Amsterdam

**Das hübsche Kleid und die Frisur demonstrieren Guillaumins Bestreben, ein überzeugendes Bild einer »modernen« Pariserin zu schaffen.**

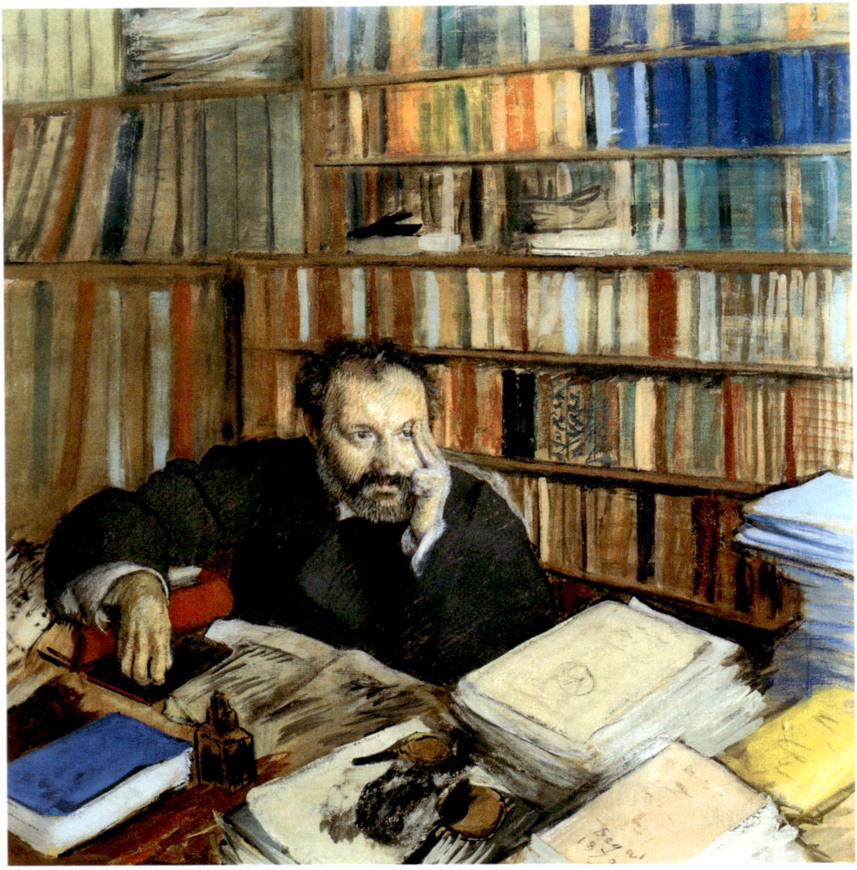

**Edgar Degas**
*Porträt von Edmond Duranty*, 1879
Gouache mit Pastell-Highlights auf Leinen, 100 x 100,4 cm
Burrell Collection, Glasgow Museums and Art Galleries, Glasgow

**Die vollgestopften Bücherregale und der überhäufte Schreibtisch bieten eine starke Struktur für Degas' Porträt seines Literatenfreundes.**

Guillaumin malte das vielfarbige Porträt einer unbekannten jungen Frau, die in einem modisch dekorierten Raum sitzt (S. 63). Zufrieden mit seinem Gemälde, reichte er es 1886 auf der letzten impressionistischen Ausstellung ein. Van Gogh bewunderte das Porträt so sehr, dass er seinen Bruder Theo überredete, es für die persönliche Sammlung der Brüder zu erwerben. (Es hängt heute im Van-Gogh-Museum in Amsterdam.) Van Gogh glaubte, dass Guillaumin großes Talent habe: »Er hat viel Stil und eine ganz eigene Malweise.« Vincents eigene leuchtend bunte und stark strukturierte Porträts, die er in seiner Pariser Zeit malte, sind möglicherweise von seiner Bewunderung für Guillaumins faszinierendes Bild beeinflusst.

-

**Duranty wird in seinem Arbeitszimmer gezeigt, umgeben von Büchern.**

-

Die Impressionisten malten auch denkwürdige Porträts von männlichen Freunden und Verwandten. Edmond Duranty verteidigte den Impressionismus weiterhin in seinen wichtigen Publikationen und warb für ihn. Als enger Freund von Degas ermutigte er ihn, zeitgenössische Themen auf originelle Weise zu erkunden. Degas' Porträt von Duranty aus dem Jahre 1879 zeigt ihn in seinem Arbeitszimmer, umgeben von Büchern (gegenüber). Um eine authentische Stimmung zu erzeugen, glaubte Duranty, dass ein Künstler ein Porträt am Arbeits- oder Wohnort seines Modells malen müsse und nicht im Atelier des Künstlers.

-

**Sisley, Renoir, Morisot, Pissarro und Monet nutzten ihre künstlerischen Fähigkeiten für ergreifende Porträts.**

-

Berthe Morisots Porträt ihres Ehemannes Eugène Manet (1833–1892), ebenfalls Maler, ist ein faszinierendes Gemälde, das Elemente aus einem Innenraum und dem Freien kombiniert (umseitig). Eugène, Édouard Manets jüngerer Bruder, ist im Profil zu sehen, als Silhouette im Gegenlicht (*contre-jour*) vor dem hellen Fenster. Das Porträt, das entstand, als Berthe und Eugène kurz nach ihrer Hochzeit im Urlaub auf der Isle of Wight waren, ist ein berührendes Zeugnis eines Ortes, einer Zeit und einer vielgeliebten Person.

Eine Reihe von Impressionisten malte zärtliche Porträts ihrer Kinder, in denen sie deren Entwicklung vom Baby über die Kindheit bis hin zum Erwachsenen verfolgten. Dies gibt uns einen Einblick in

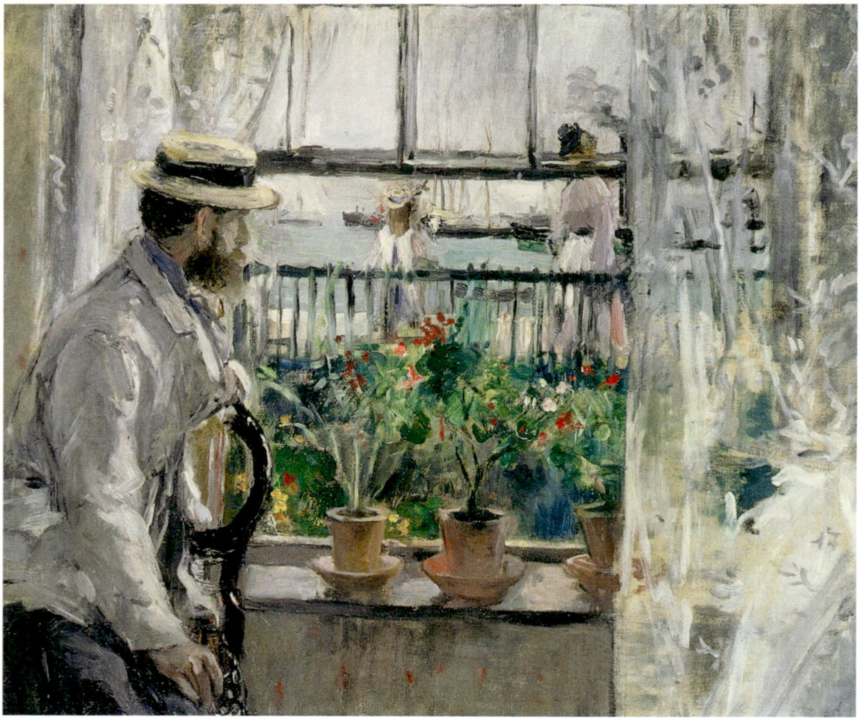

**Berthe Morisot**
*Eugène Manet auf der Isle of Wight*, 1875
Öl auf Leinwand,
38 x 46 cm
Musée Marmottan
Monet, Paris

**Die Raster aus Fensterrahmen und Zaun verleihen dem Bild eine starke geometrische Struktur. Diese wird durch die zarten Vorhänge, die das Tageslicht einlassen, wieder gemildert.**

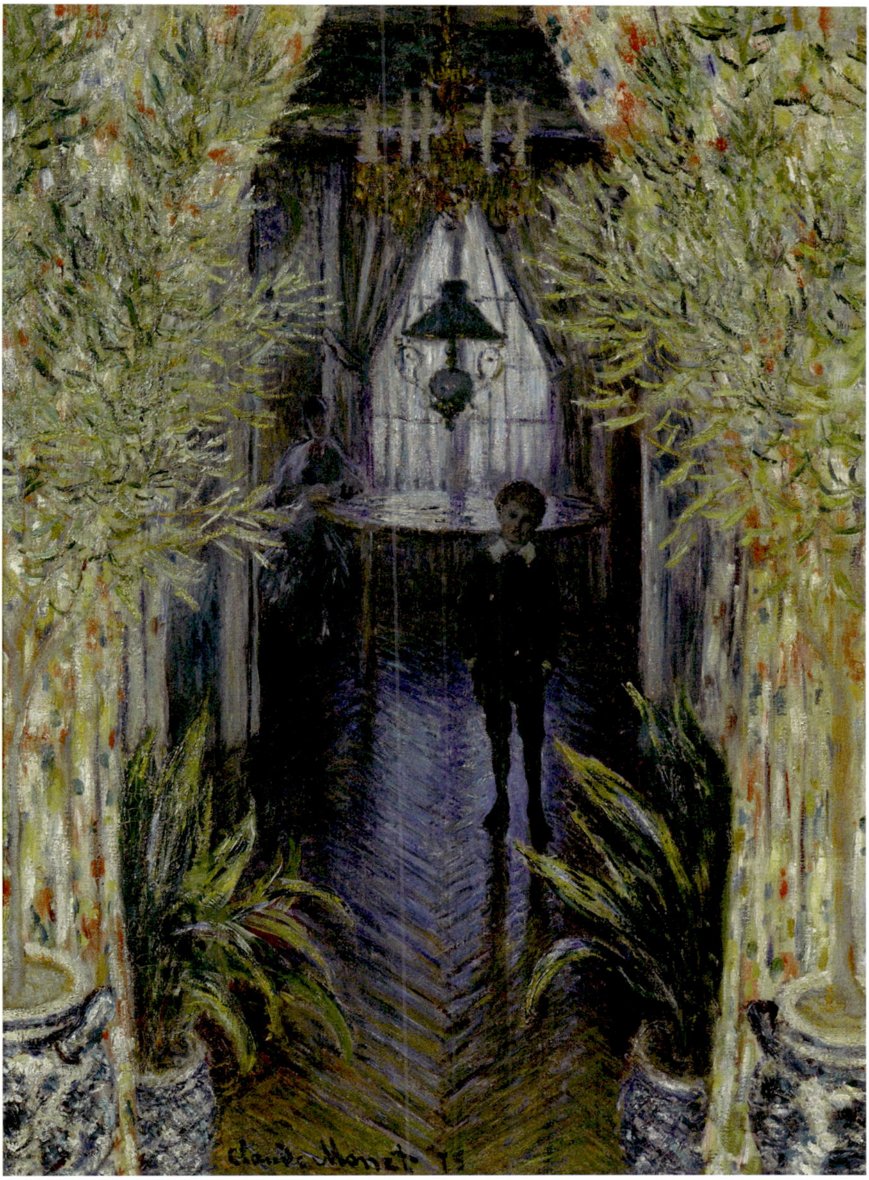

**Claude Monet**
*Eine Ecke der Wohnung*,
1875
Öl auf Leinwand,
81,5 x 60,5 cm
Musée d'Orsay, Paris

**Monet liefert einen liebenswerten Blick auf seinen kleinen Sohn, der in dem abgedunkelten Raum steht.**

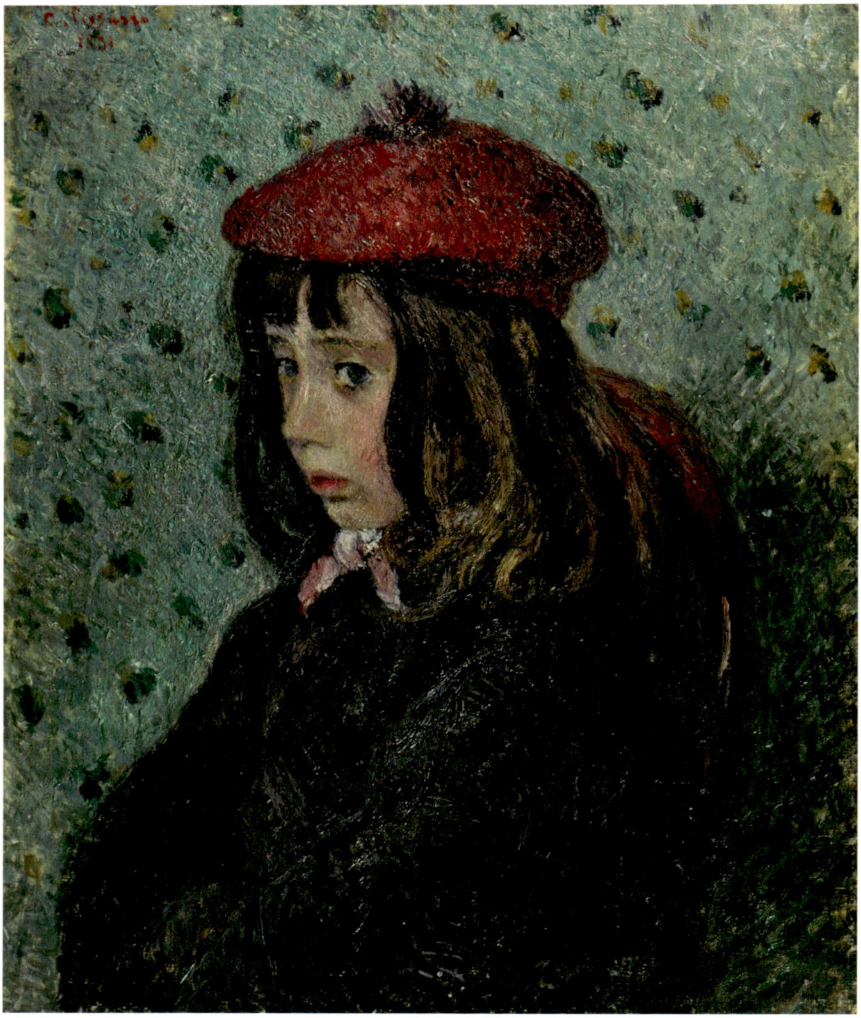

ihr häusliches Leben und zeigt uns rührende Bilder vom Aussehen ihrer Kinder. Sisley, Renoir, Morisot, Pissarro und Monet nutzten ihre künstlerischen Fähigkeiten für denkwürdige Porträts ihrer oft widerstrebenden und rastlosen Modelle.

Als Monet seinen Sohn Jean (1867–1914) malte, dachte er sich eine ausgesprochen originelle Komposition für das Werk aus. Der gut gekleidete kleine Junge steht ziemlich weit hinten in einem dunklen Innenraum – dem Heim der Familie – und blickt geheimnisvoll auf seinen Vater (vorherige Seite). Pissarros siebenjähriger

**Camille Pissarro**
*Porträt von Félix Pissarro*, 1881
Öl auf Leinwand,
55,2 x 46,4 cm
National Gallery, London,
Leihgabe der Tate

**Pissarro hat es geschafft, seinen Sohn als reale Person zu porträtieren, statt als Stereotyp: Der Junge erscheint scheu und verletzlich.**

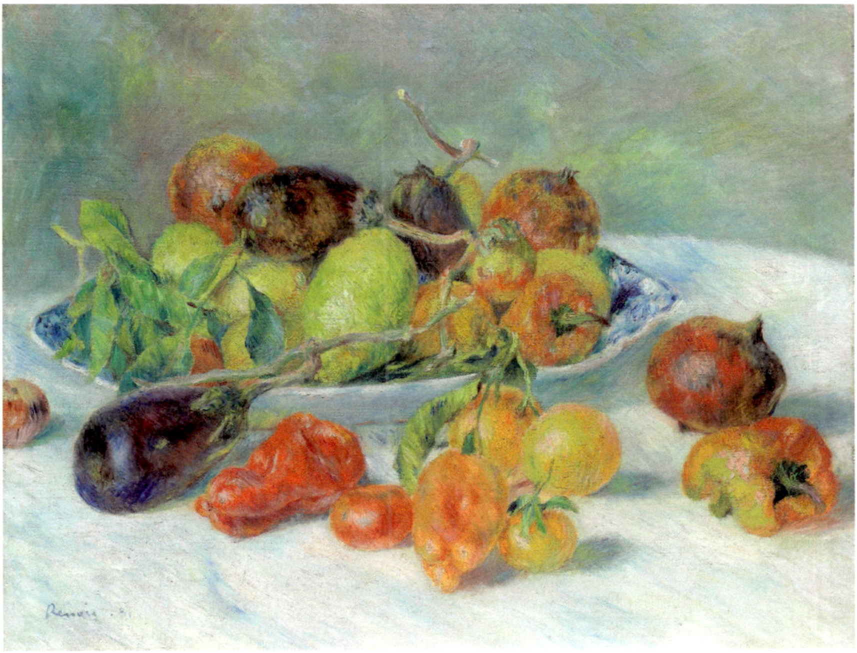

**Pierre-Auguste Renoir**
*Früchte des Südens*, 1881
Öl auf Leinwand,
51 x 65 cm
Art Institute of Chicago,
Chicago

**Renoir erreicht einen Weichzeichnereffekt, indem er die wichtigsten Komponenten der Komposition miteinander verschmilzt, anstatt die Formen durch scharfe Umrisse zu trennen.**

Sohn Félix (1874–1897; oben) nimmt in seinem Bild eine konventionellere Pose ein, ohne jede Sentimentalität.

### Impressionistische Stillleben

In der europäischen Kunst gibt es eine lange Tradition, gefällig arrangierte unbelebte Objekte – Keramik, Glaswaren, Blumen und Obst – zu malen. Stillleben boten den Malern die Gelegenheit, die feinen Effekte von Farbe, Struktur, Licht und Schatten auf statischen Formen zu studieren. Manche schufen Stillleben von außerordentlicher Originalität. Renoir ist das beste Beispiel eines impressionistischen Malers, der das Strahlen des Sonnenlichts auf einer Obstschale einfängt, wie in *Früchte des Südens* (oben). Harmonische, warme Farben, mit zarten Pinselstrichen aufgebracht, halten die Komposition zusammen. Solche Werke waren bei den frühen Sammlern impressionistischer Werke sehr beliebt.

**»Er mag meines lieber.«**

Es ist relativ unbekannt, dass auch Monet ein großartiges Sonnenblumen-Stillleben gemalt hat (umseitig). Dieses Stillleben, das in der

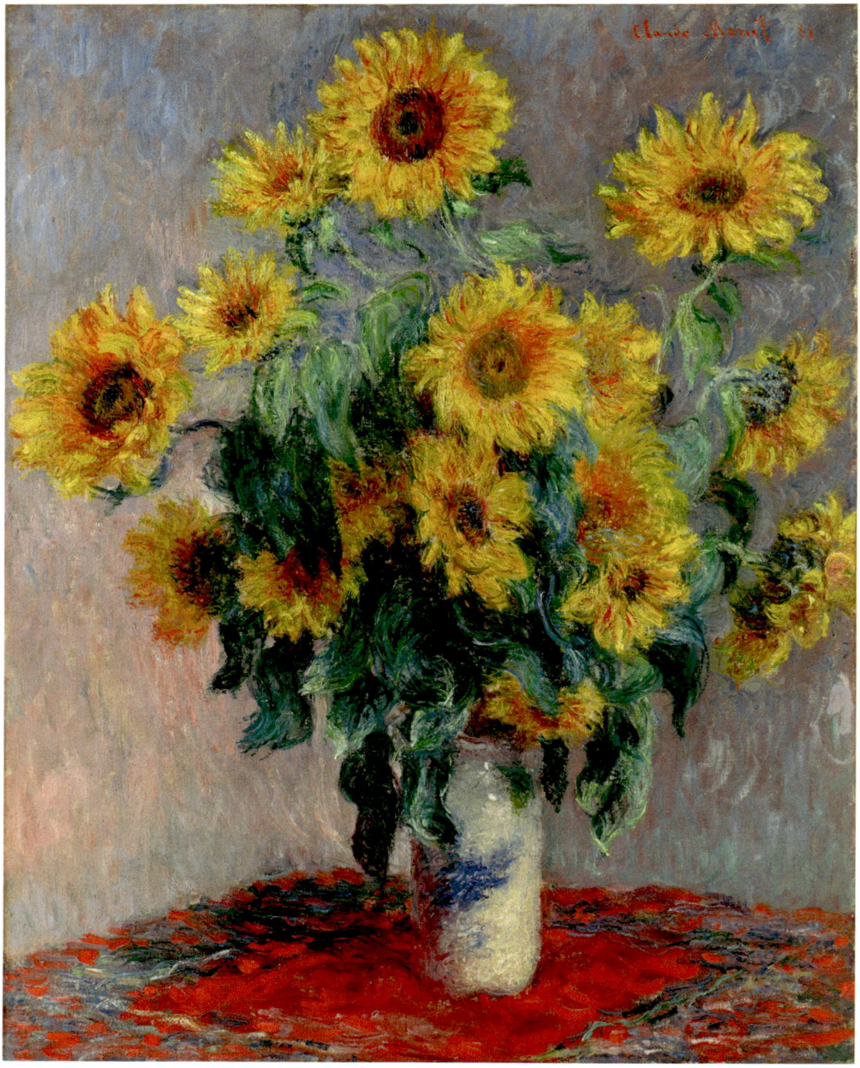

**Claude Monet**
*Sonnenblumen*, 1881
Öl auf Leinwand,
101 x 81,3 cm
Metropolitan Museum
of Art, New York

**Mithilfe eines Durcheinanders aus farbigen Pinselstrichen schuf Monet ein Bild, das lichtdurchflutet zu sein scheint.**

Kunstgeschichte von van Goghs Sonnenblumenbildern übertroffen wurde, weist einen völlig anderen Charakter auf. Van Goghs Sonnenblumen sind auf kräftige, grafische Weise gemalt. Dies hat Monet vermieden und stattdessen auf üppige Netze aus winzigen Pinselstrichen gesetzt, die einen Wirbeleffekt erzielen – wie eine strahlende Sonne. Monet präsentierte sein Sonnenblumen-Stillleben auf der impressionistischen Ausstellung von 1882, was bewies, dass er mit dem Gemälde zufrieden war. Interessanterweise hatte Gauguin das Werk in Paris gesehen, bevor er van Goghs frühestes Sonnenblumengemälde in Arles kennenlernte. Er versicherte van Gogh, dass Monets Stillleben außerordentlich gut sei. Van Gogh dagegen war überrascht von Gauguins Gesamteinschätzung der beiden Werke: »Aber – er mag meines lieber. Ich bin nicht dieser Meinung.«

**Pierre-Auguste Renoir**
*Das Frühstück der Ruderer*,
1880–1881
Öl auf Leinwand,
130 x 173 cm
Phillips Collection,
Washington, DC

**Renoir, der dieses Bild im Atelier anhand von Skizzen malte, die er vor Ort angefertigt hatte, modernisierte die herkömmliche Figurenanordnung des Salon, indem er sich auf einen bekannten Ort – das beliebte Uferrestaurant Fournaise – und eine Gruppe von Leuten konzentrierte, mit denen er sehr vertraut war.**

### Ein lebhaftes Zusammentreffen im Freien

Als der Impressionismus sich entwickelte, entwarfen akademisch ausgebildete Maler immer noch komplexe Figurenkompositionen, die fast immer auf historischen oder mythologischen Quellen beruhten. Die gemalten Männer und Frauen trugen daher antike Kleidung und befanden sich in einer imaginären Umgebung. Renoirs berühmte Figurenkomposition von 1880–1881, *Das Frühstück der*

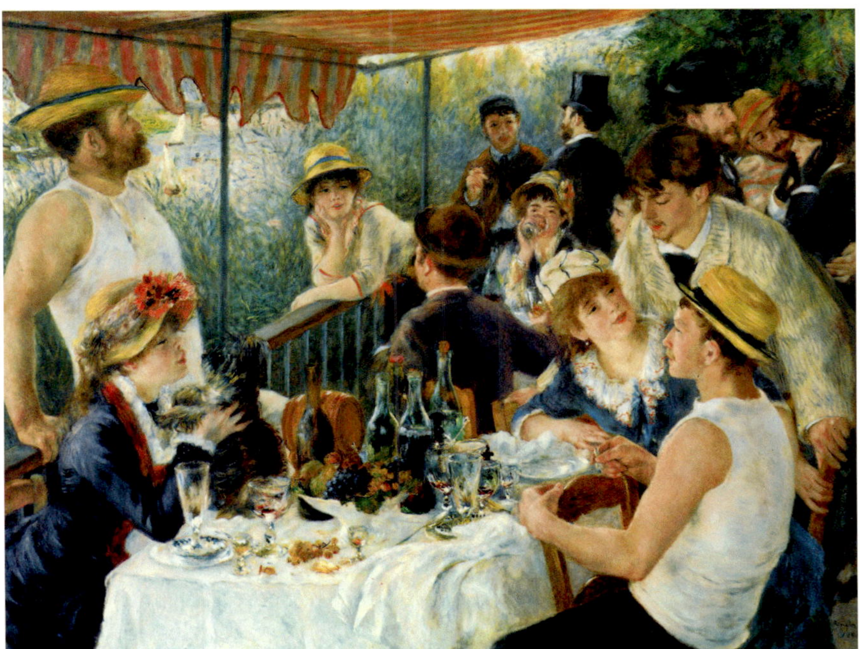

*Ruderer* (vorherige Seite), dagegen schafft die Atmosphäre eines lebhaften, zeitgenössischen Treffpunktes. Die jungen Leute in dem Bild zeigen keine mythologischen Anklänge – es handelt sich einfach um enge Freunde des Künstlers, die entspannte Gespräche genießen.

## Impressionen des Lichts

Trotz ihres anhaltenden Interesses an unterschiedlichen Facetten des alltäglichen Lebens beschäftigten sich viele Impressionisten damit, welche Reaktionen die Wirkungen des Lichts auf Land und Wasser in ihnen hervorriefen. Ihre Fähigkeit, zügig ausdrucksstarke Landschaften ohne unnötige Details zu schaffen, erlaubte es ihnen, Dinge zu betonen, die Künstler vor ihnen ignoriert hatten. Obwohl sie frei und scheinbar spontan malten, besaßen diese Freiluftstudien raffinierte kompositorische Rahmen. Überlegungen hinsichtlich der visuellen Balance und Proportionen hielten sich die Waage mit den für die impressionistische Ästhetik typischen verschwommenen Formen. Aber Renoir, der genug von solchen Weichzeichnereffekten auf seine Akt- und Figurenkompositionen hatte, begann Anfang der 1880er mit klareren Formen zu experimentieren. Angesichts des Lichts, des

**Pierre-Auguste Renoir**
*Landschaft an der Küste in der Nähe von Menton*, 1883
Öl auf Leinwand,
65,7 x 81,3 cm
Museum of Fine Arts, Boston

**Renoir setzte komplexe Netzwerke aus zarten Pinseltupfern ein, um die alten Olivenbäume darzustellen.**

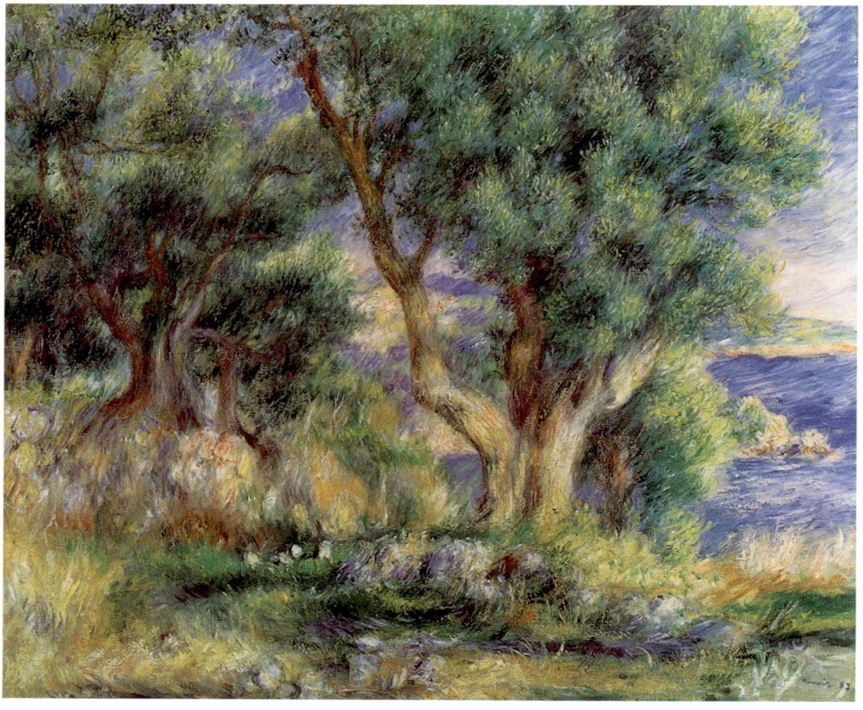

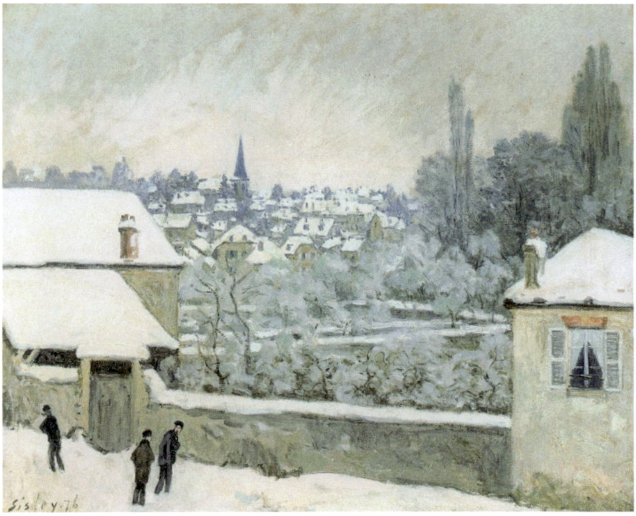


**Alfred Sisley**
*Winter in Louveciennes*, 1876
Öl auf Leinwand, 59,2 x 73 cm
Staatsgalerie, Stuttgart

**In dieser winterlichen Stadtszene schaffen schneebedeckte Dächer und diagonale Gartenmauern eine starke Bildstruktur.**

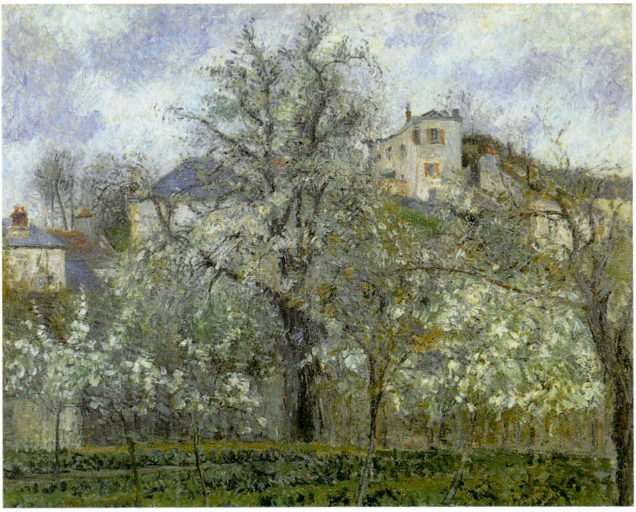

**Camille Pissarro**
*Küchengarten mit blühenden Bäumen, Frühling, Pontoise*, 1877
Öl auf Leinwand, 65,5 x 81 cm
Musée d'Orsay, Paris

**Mit dem verwendeten dicken Impasto ließ Pissarro die Blüten der Bäume reliefartig von der Oberfläche der Leinwand abstehen.**

Meeres und der Olivenbäume der französischen Mittelmeerküste setzte er jedoch mit großem Erfolg wieder seine wohlabgestimmte impressionistische Technik ein (gegenüber). Sonnenlicht und Form wurden eins in diesen umwerfenden Bildern Südfrankreichs.

Allerdings war es das je nach Jahreszeit gedämpftere Licht des nördlichen Frankreichs, das die Impressionisten in ihren scheinbar improvisierten Bildern wirklichkeitsgetreu darzustellen versuchten. Die kontrastierenden Effekte des Lichts auf Häusern und Bäumen – etwa im Winter und Frühling – waren beliebte Themen für diese gefühl-

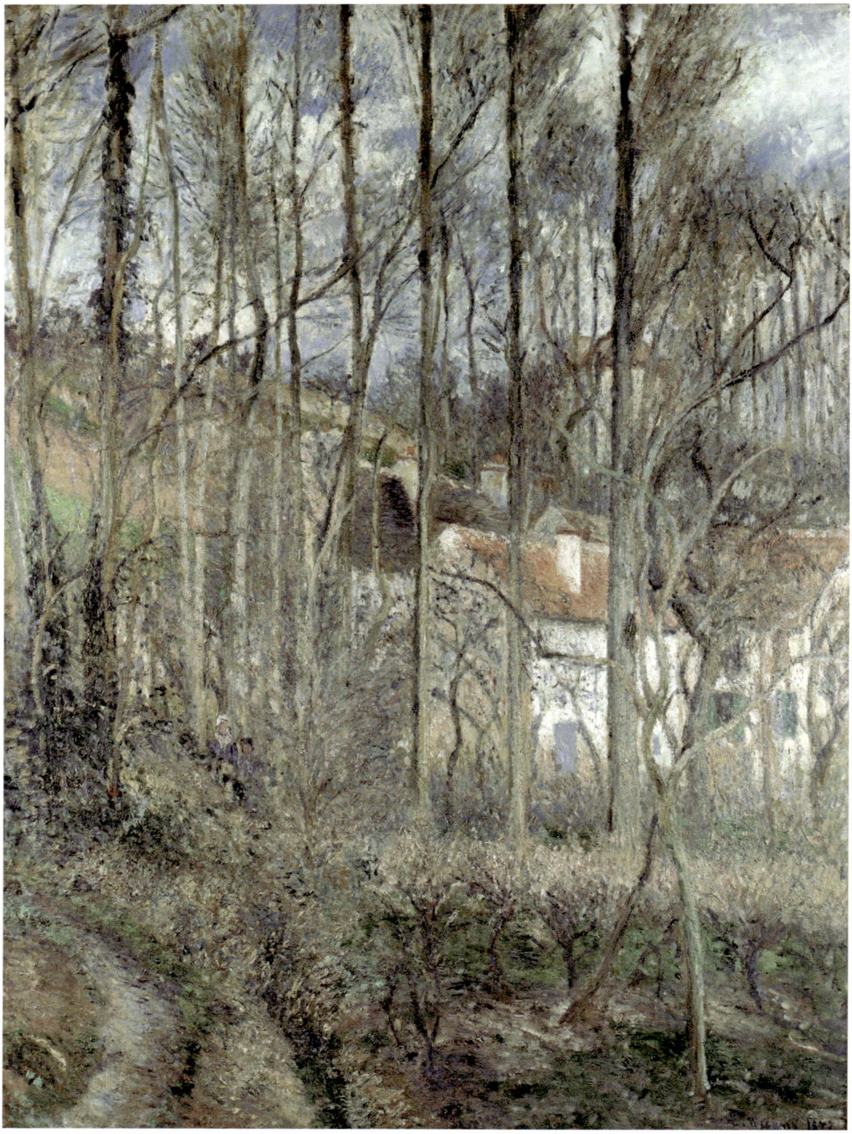

**Camille Pissarro**
*Die Côte des Boeufs in L'Hermitage*, 1877
Öl auf Leinwand,
114,9 x 87,6 cm
National Gallery, London

**Ein Vorhang aus Baumstämmen liefert eine rhythmische Struktur für das Bild, das gleichzeitig geordnet und stimmungsvoll ist.**

vollen Gemälde (siehe S. 73). Verschieden dick aufgetragene, reine Farben halfen, das Gefühl des Künstlers für Strukturen, Raum und klimatische Bedingungen zu vermitteln. Allerdings wurden die impressionistischen Landschaftsgemälde in den Gruppenausstellungen ausnahmslos für ihren angeblichen Mangel an kohärenten kompositorischen Eigenarten kritisiert. Den Künstlern selbst war bewusst, dass es tatsächlich einen potenziellen Konflikt zwischen einer übereifrigen ersten »Impression« und dem fertigen harmonischen, ausgeglichenen Bild gab. Die Kunst der Impressionisten bestand darin, dieses Dilemma aufzulösen. Dazu orchestrierten sie ihre Reaktionen auf die Landschaft in einer Vielzahl von Bildstrukturen, von denen einige durch die Fotografie beeinflusst waren, wie Pissarros *Die Côte des Boeufs in L'Hermitage*, gemalt in Pontoise nahe Paris (gegenüber).

**Alfred Sisley**
*Überschwemmung in Port-Marly*, 1876
Öl auf Leinwand,
60 x 81 cm
Musée d'Orsay, Paris

**Diese trostlosen Szenen der überfluteten Straßen besitzen trotz ihrer aussichtslosen Erscheinung eine formelle Eleganz, die in der Geometrie der Fassaden und der Linien der im Wasser stehenden Bäume begründet ist.**

## Die Herausforderung, Reflexionen auf Wasser zu malen

Eine der größten technischen Herausforderungen für einen Maler ist es, die Glitzereffekte von Licht auf Wasser überzeugend zu malen. Die Impressionisten, allen voran Monet, perfektionierten ein ganzes

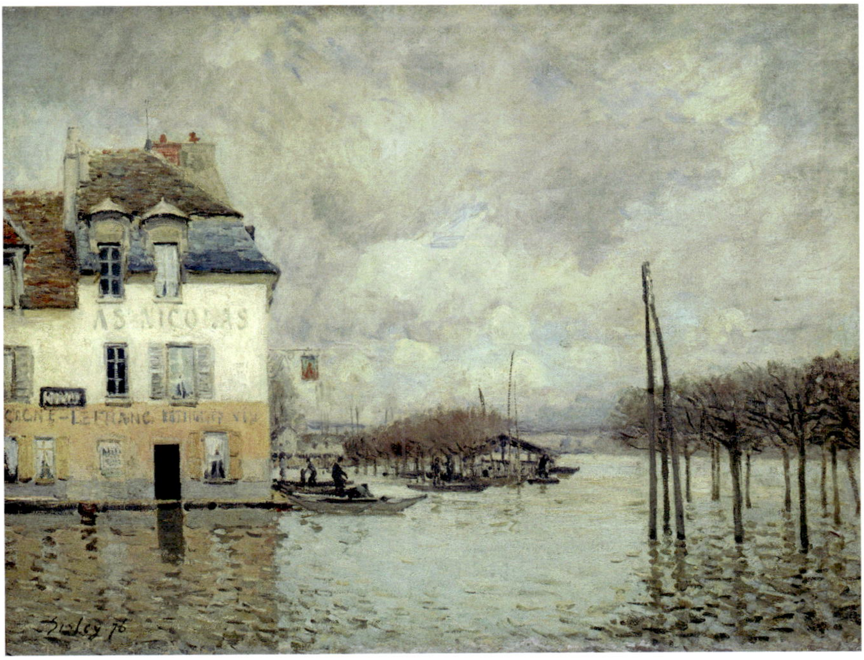

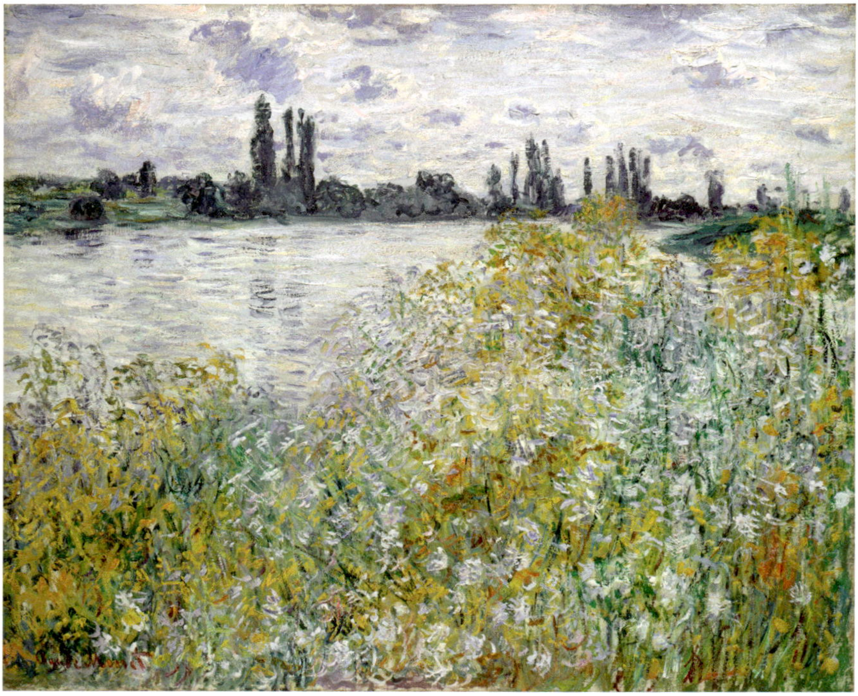

**Claude Monet**
*Île aux Fleurs in der Nähe von Vétheuil*, 1880
Öl auf Leinwand,
66 x 81,3 cm
Metropolitan Museum of Art, New York

**Gras und Blumen dominieren den Vordergrund, in dem Licht, Form und Struktur einander gekonnt ergänzen.**

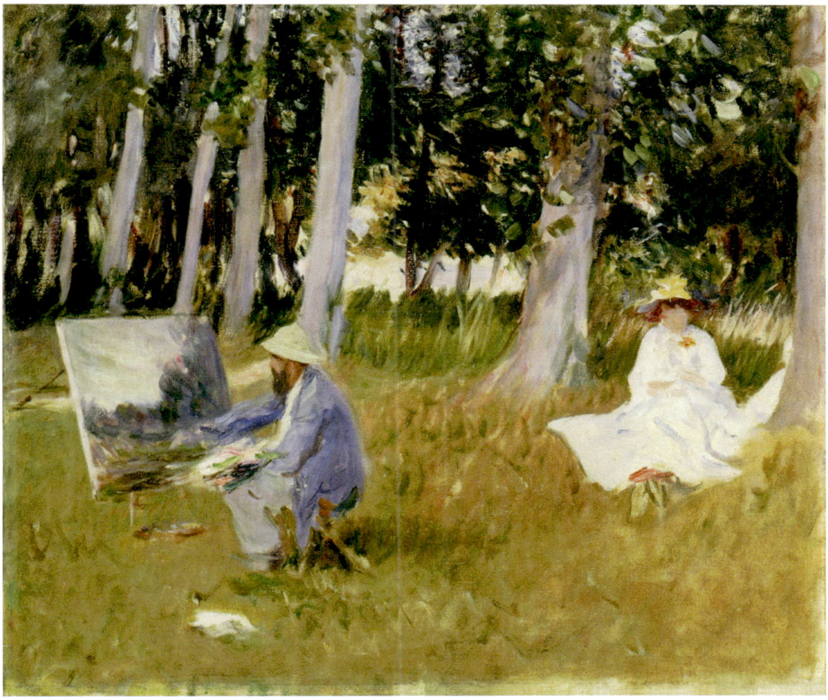

**John Singer Sargent**
*Claude Monet, der am Waldrand malt*, ca. 1885
Öl auf Leinwand,
54 x 64,8 cm
Tate, London

**Sargent simulierte Monets frisches Vorgehen beim Malen intimer Freiluftszenen. Er behielt diese Ölskizze als Erinnerungsstück für den Rest seines Lebens.**

Arsenal an Methoden, um den Lichtschimmer auf Flüssen und Meeren einzufangen. Und einige von Sisleys berühmtesten Werken waren von dem trüben Licht inspiriert, das sich auf Wasser spiegelt, wie in *Überschwemmung in Port-Marly* (S. 75). Auch Manet genoss die Herausforderung der Reflexionen. Im Urlaub in Venedig schuf er ein lebendiges Bild des Canale Grande im Sommersonnenlicht (gegenüber).

Die berühmte Ölskizze (vorherige Seite) des Amerikaners John Singer Sargent (1856–1925) von etwa 1885 bietet einen faszinierenden Einblick in die *Plein-air*-Methoden seines Freundes Monet und ist daher in den Annalen der impressionistischen Malerei von großer Bedeutung. Monet schaffte es, in seinen Landschaften, vor allem von Flüssen und Flussufern, das jeweils spezielle Licht der Himmel in den verschiedenen Jahreszeiten wachzurufen. Besonders gern malte er die Muster der Reflexionen auf fließendem Wasser, wie in *Île aux Fleurs in der Nähe von Vétheuil* (S. 76). Manet bewunderte das Können seines Freundes ganz ungemein und nannte ihn im Scherz den »Raffael des Wassers«! Seine ungewöhnlichen Blickwinkel machen Monets Bilder von Flussufern so originell.

Die achte und letzte impressionistische Ausstellung fand 1886 statt. Für die meisten der Künstler waren die Ausstellungen entscheidend, um die Legitimität ihres Malstils zu begründen. Zudem schätzten inzwischen Händler und Sammler die inhärente Qualität ihrer Arbeiten. Auch nach 1886 stagnierte die impressionistische Malerei nicht; in vielerlei Hinsicht musste ihr Potenzial noch von jüngeren französischen Künstlern und ausländischen Künstlern, die Frankreich besuchten, entdeckt werden.

**MERKMALE**

- Die Künstler strebten danach, Facetten des zeitgenössischen französischen Lebens zu malen.
- Trotz des Misserfolgs ihrer ersten Gruppenausstellung entschieden die Maler, weitere Ausstellungen durchzuführen.
- Gustave Caillebotte bot unschätzbare finanzielle und organisatorische Hilfen.
- Der Begriff »Impressionist« wurde 1877 als offizieller Name der Gruppe übernommen.
- Sympathisierende Schriftsteller, Kritiker und Händler unterstützten die Weiterentwicklung des Impressionismus.
- Das Stadtleben in Paris lieferte eine Vielzahl von Genremotiven.
- Porträts und Stillleben entstanden vor lichtdurchfluteten Kulissen.
- Die Impressionisten perfektionierten das Malen von Landschaften *en plein air* (im Freien).

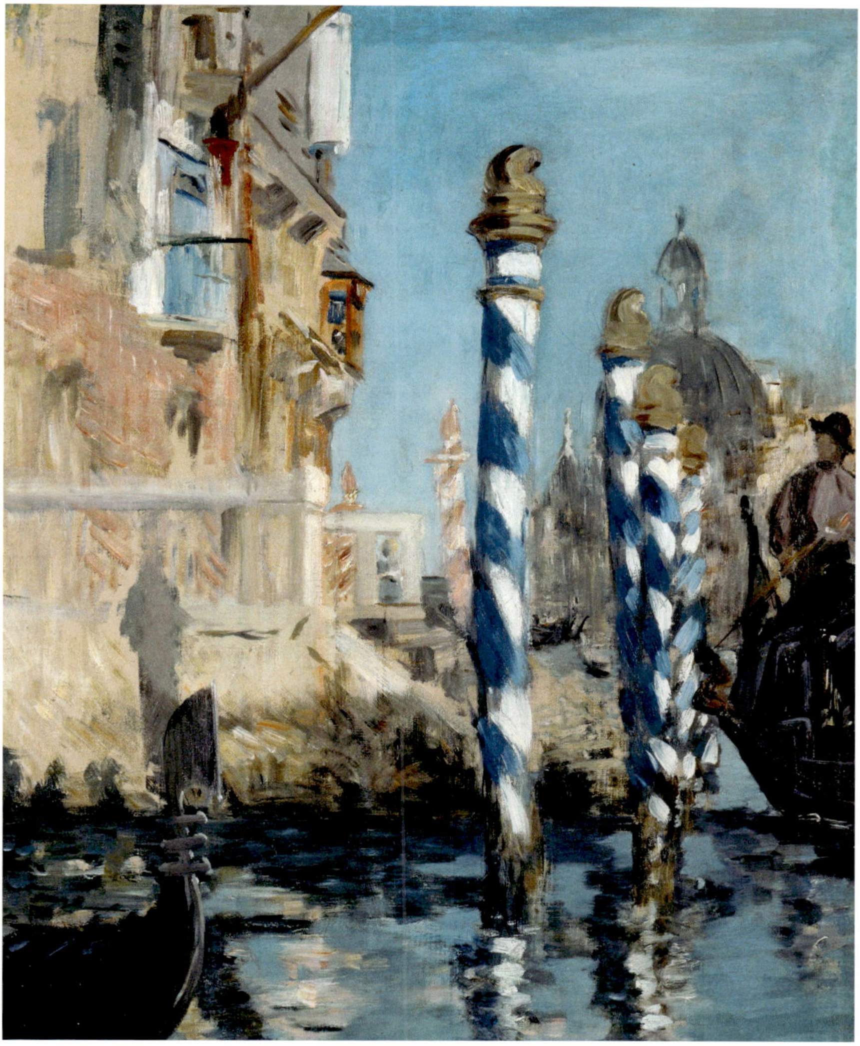

**Édouard Manet**
*Der Canale Grande, Venedig*, 1875
Öl auf Leinwand,
57 x 48 cm
Privatsammlung

**In einer *Tour-de-Force* impressionistischer Techniken – skizzierte Formen, Nass-in-Nass-Malerei, unterschiedliche Pinselführung – schaffte es Manet, seine Erfahrung eines visuell stimulierenden Ortes nachzubilden.**

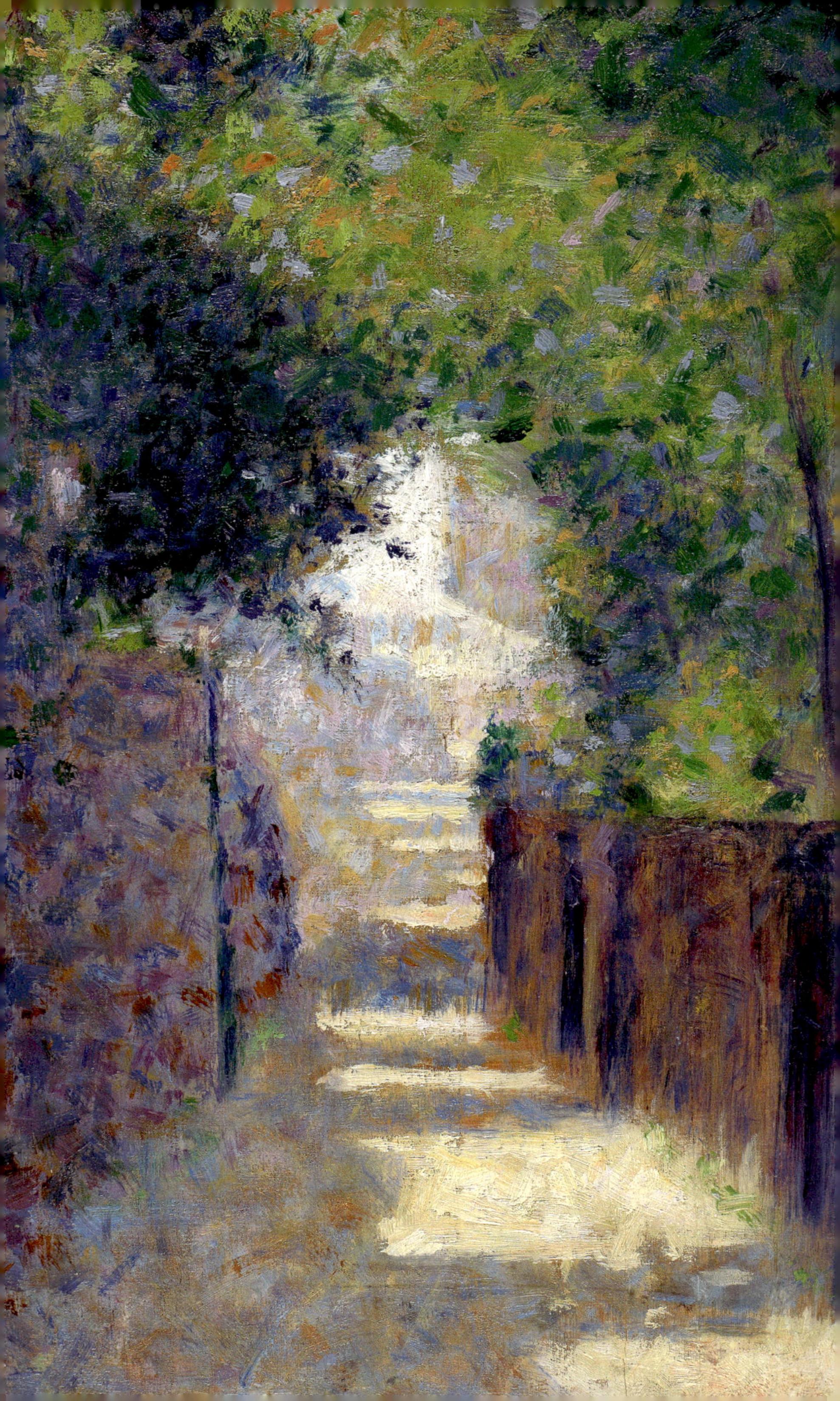

# DER EINFLUSS AUF JÜNGERE KÜNSTLER

-

**Ich habe gemerkt, dass Pissarro recht hatte.**

-

Vincent van Gogh

1888

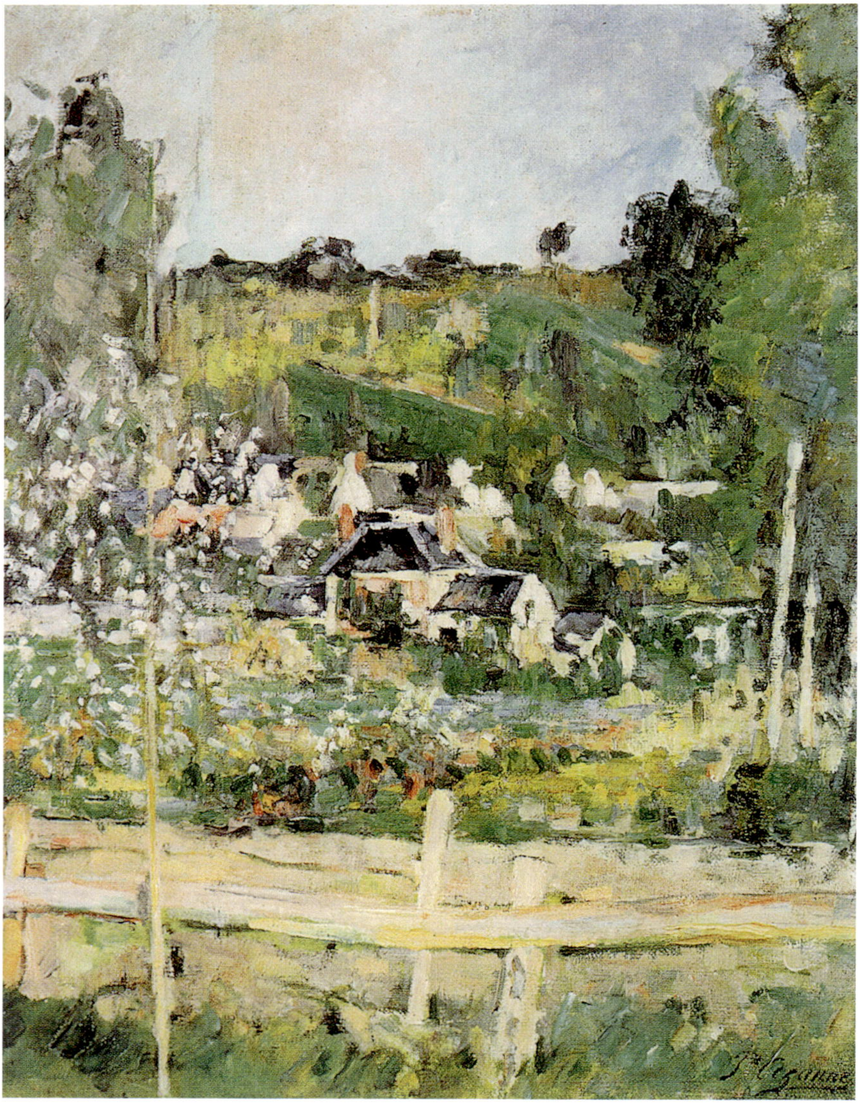

**Paul Cézanne**
*Blick auf Auvers-sur-Oise – Der Zaun*, 1873
Öl auf Leinwand,
44,5 x 34,5 cm
Privatsammlung

**Unter der fachkundigen Anleitung von Pissarro entwickelten Cézannes Gemälde einen deutlich helleren Farbbereich. Seine Maltechnik befreite sich vom schweren Impasto, was lebendigere Bildoberflächen zur Folge hatte. Der Impressionismus war für Cézanne eine Offenbarung, die es ihm erlaubte, Orte und Licht zum ersten Mal überzeugend abzubilden.**

Manche Kunststudenten spürten beim Anblick impressionistischer Gemälde den Drang, die eigenen Methoden neu zu bewerten. Der neue Malstil galt in den Ateliers zwar immer noch als umstritten, bot aber zunehmend wertvolles Stimulus für junge Maler. Viele waren sich ihrer Fähigkeiten nicht sicher und oft fehlte das nötige Selbstvertrauen, um frei mit Farbe und Pinselführung zu experimentieren. Van Gogh merkte im Jahre 1888 an, dass junge, ambitionierte Maler den Impressionismus als eine Form des Trainings betrachten sollten: »Durchlauft den Impressionismus wie eine Schule.« Der Impressionismus war für ihn nicht nur ein fertiger Stil, sondern eine Art des Beobachtens und Gestaltens, die man lernen könne: »Es ist nun genauso notwendig, sich intensiv mit dem Impressionismus auseinanderzusetzen, wie man früher in Paris ein Atelier besucht hat.«

## Der Impressionismus als ästhetisches Sprungbrett für junge Künstler

Einige Studenten, die sich von den akademischen Lehrmethoden eingeschränkt fühlten, suchten erfahrene Impressionisten auf, um sich in dem neuen, radikalen Stil unterrichten zu lassen. Die Impressionisten vertraten eine Malschule, die Künstler ermutigte, Bilder anhand ihrer eigenen intuitiven Einsichten und Gefühle zu erschaffen. Die neuen Anhänger des Impressionismus fühlten sich befreit, da ihre Lehrer darauf bestanden, Landschaften und Stadtszenen im Freien zu malen, um das Wechselspiel des Lichts festzuhalten.

Einfallsreiche Künstler ließen sich von der radikalen Ideologie des Impressionismus beeinflussen. Für diese enthusiastischen jungen Maler war der Impressionismus das ästhetische Sprungbrett für ihre eigene, unverwechselbare Art. Dennoch findet man in den meisten ihrer reifen Werke Spuren der impressionistischen Farbtheorie und Maltechniken, wenn auch in abgewandelter Form. Der Impressionismus hatte also einen grundlegenden Einfluss auf nachfolgende Malstile wie Pointillismus, Fauvismus, Expressionismus und Symbolismus.

### Anziehung und Ablehnung

Als er Paul Cézanne (1839–1906) und Paul Gauguin (1848–1903) in den Impressionismus einführte, enthüllte Pissarro ihnen die Bedeutung der direkten Beobachtung von Naturphänomenen und der Macht der primären Pigmentfarben – Blau, Gelb und Rot – sowie ihrer Zwischenstufen zum Andeuten von Licht und Raum in ihren Kompositionen. Sein geduldiger und intelligenter Unterricht brachte diese beiden Novizen auf ihren Weg zur Reife – eine Reife, die sie veranlassen würde, mit Blick auf ihre eigenen ästhetischen Prioritären schließlich viele der impressionistischen Ideen abzulehnen. Beide waren von den impressionistischen Methoden angezogen worden, fanden sie aber letztendlich aus verschiedenen Gründen hemmend.

**Die nutzbringenden Effekte**

Entsprechend den Wünschen seines Vaters studierte Cézanne für kurze Zeit Jura an der Universität Aix-Marseille. Sein Vater, ein wohlhabender Bankier, erlaubte seinem Sohn schließlich das Kunststudium in Paris und gewährte ihm großzügige finanzielle Unterstützung. 1861 und 1862–1863 schrieb sich Cézanne an der Académie Suisse ein, einer unabhängigen Kunstschule, an der bereits viele bekannte Künstler gelernt hatten. Diese Einrichtung bot jungen, enthusiastischen Künstlern viele Vorteile: Es gab keine Aufnahmeprüfung und keine vorgeschriebenen Kurse, die Gebühren waren minimal und dienten nur der Bezahlung der Modelle. Nachteilig war, dass es keinen Unterricht gab und die Studenten voneinander lernen mussten, für Cézanne, einen schüchternen, wortkargen jungen Mann alles andere als ideal. Anders als seine Mitstudenten hielt er sich nicht für besonders begabt. Unterstrichen wurde diese negative Denkweise, als 1863 seine Bewerbung für die École des Beaux-Arts abgelehnt wurde.

Seine Gemälde aus dieser Zeit waren sehr dunkel, die Farben mit einem übermäßigen Impasto aufgetragen. 1861 traf Pissarro in Paris den trostlosen Cézanne. Ungeachtet der überaus pessimistischen Meinung des jungen Mannes hinsichtlich seiner studentischen Zeichnungen und Gemälde konnte Pissarro erkennen, dass Cézanne großes Potenzial besaß. Er erteilte ihm Ratschläge und ermutigte ihn, wofür Cézanne immer dankbar sein würde.

**Malen mit Pissarro**

Während der 1870er begann Cézanne, unter der Anleitung von Pissarro auf dem Land bei Auvers-sur-Oise und Pontoise zu malen (S. 82). Als erfahrener, talentierter Maler hatte sein Mentor bereits den impressionistischen Gebrauch von Farbe mittels kurzer, flinker Pinselstriche perfektioniert. Innerhalb kurzer Zeit entwickelten Cézannes Gemälde daher eine Strahlkraft und Raffinesse, die vorher gefehlt hatte.

**Paul Cézanne**
*Der Steinbruch Bibémus,*
ca. 1895
Öl auf Leinwand,
65 x 81 cm
Museum Folkwang, Essen

**Die impressionistischen Methoden hatte Cézanne zwar schon in Nordfrankreich gemeistert, doch erst in der heimatlichen Provence malte er Landschaften mit starker visueller Ordnung. Die skulpturenartigen Felsformationen im Steinbruch Bibémus, die durch Licht und Schatten besonders hervortraten, weckten seinen Sinn für geometrische Präzision und ausgewogene Kompositionen.**

## Ausstellen mit den Impressionisten

Cézannes Hinwendung zum Impressionismus führte dazu, dass er an der ersten und dritten impressionistischen Ausstellung 1874 bzw. 1877 teilnahm. Während er 1874 nur vier Gemälde einreichte, waren es 1877 schon 16, was seine zunehmende Bindung an die impressionistische Gruppe bewies. Dennoch war er später nie wieder auf den Gruppenausstellungen zu sehen, sondern bewarb sich überraschenderweise wiederholt beim Salon – wenn auch nur einmal erfolgreich. Vielleicht glaubte er, seinem Vater gegenüber – der ihn sowohl kontrollierte als auch finanziell unterstützte – demonstrieren zu müssen, dass er offiziell Erfolg haben könne. Oder Cézanne, dem es immer noch an Selbstvertrauen mangelte, hoffte ganz einfach auf Anerkennung durch den Kunstbetrieb.

## Cézanne entwickelt seinen eigenen Stil

Aufgrund seiner Persönlichkeit und ästhetischen Vorlieben war Cézanne trotz seines Vorbilds Pissarro nie daran interessiert gewesen, spontan die atmosphärischen Effekte des Wetters abzubilden. Daher war er bei seiner Rückkehr in die heimatliche Provence im

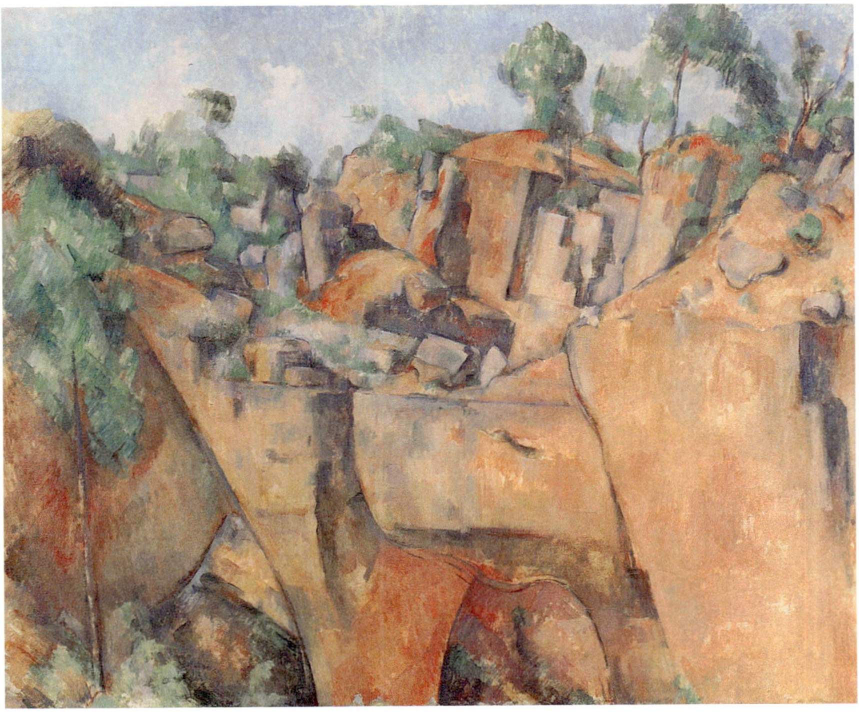

Jahre 1887 berührt von der Klarheit und Beständigkeit des Lichts und der Geometrie, die sich in der sonnenverbrannten Landschaft zeigte. Diese Dinge verstärkten seinen Wunsch, Gemälde mit einer formalen Schönheit zu erschaffen, die auf Ausgewogenheit und Präzision basierten. Als Bewunderer des französischen Künstlers Nicolas Poussin (1594–1665), berühmt für seine klassizistischen Szenen, versuchte Cézanne, seinen provençalischen Landschaften ähnliche Pracht und Beständigkeit zu verleihen, wie in *Der Steinbruch Bibémus* (vorherige Seite). In seiner Praxis als Maler bewahrte Cézanne sich bestimmte Methoden, die er dem Impressionismus entlehnt hatte: das Malen von Landschaften *en plein air*, das Analysieren von Formen mittels Farbflächen, das harmonische Zusammenstellen eines Bildes aus getrennten Komponenten und vor allem das Zugrundelegen seiner subjektiven Reaktionen – die er nicht als »Impressionen«, sondern als seine »*petites sensations*« bezeichnete.

**Gauguin malt wie Pissarro**

Als er Pissarro in Paris kennenlernte, war Gauguin ein eifriger Amateurmaler und Kunstsammler. Nach dem Ende seiner Karriere als Börsenmakler aufgrund eines Börsenkrachs beschloss er, der Malerei noch mehr Zeit zu widmen. 1879 war er Pissarros inoffizieller Schüler und arbeitete mit dem impressionistischen Meister an der Verfeinerung seiner *Plein-air*-Maltechnik. Ebenso wie Cézanne lernte er, auf harte Umrisse zu verzichten und mit leuchtenderen Farben zu malen. Sein feinerer Farbauftrag erlaubte es ihm, Licht nuanciert in seinen Bildern darzustellen. Am Anfang seiner Zeit mit Pissarro malte Gauguin eine Reihe vorzüglicher Winterszenen von Gärten, die sich durch frisch gefallenen Schnee völlig verwandelt hatten, wie etwa *Garten unter Schnee* (gegenüber).

**Gauguin spielte eine entscheidende Rolle bei der Weiterentwicklung des Impressionismus.**

Seine frühen Werke waren so gut, dass Pissarro ihn 1879 zur vierten Gruppenausstellung der Impressionisten einlud. Seine Gemälde, Skulpturen und Keramiken waren schließlich sogar bei den vier noch folgenden Impressionistenausstellungen zu sehen. Insgesamt nahm er an fünf der acht berühmten Veranstaltungen teil, öfter als Cézanne, Renoir, Sisley, Seurat oder Signac. Der Künstler, der oft nur als Randfigur in der frühen Geschichte des Impressionismus betrachtet wird, spielte also in Wahrheit eine entscheidende Rolle

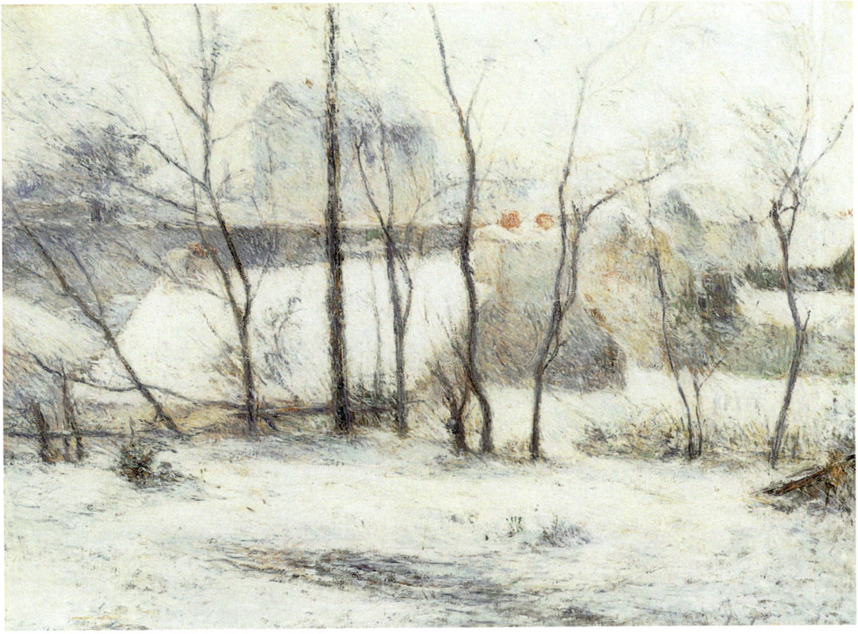

**Paul Gauguin**
*Garten unter Schnee*, 1879
Öl auf Leinwand,
60,5 x 81 cm
Museum der Schönen
Künste, Budapest

**Pissarro bewunderte, wie schnell Gauguin das Malen von Landschaften *en plein air* perfektioniert hatte. Sein Schüler, so glaubte er, besaß außerordentliche Fähigkeiten. Diese impressionistische Schneeszene demonstriert Gauguins Geschick beim Herstellen einer bemerkenswerten Komposition aus nur wenigen visuellen Elementen.**

bei seiner Weiterentwicklung – und half sogar bei der Organisation einer der Veranstaltungen. Seine impressionistischen Gemälde und organisatorischen Fähigkeiten sind vor allem deshalb in Vergessenheit geraten, weil er schließlich fast alles ablehnte, was Pissarro ihn gelehrt hatte.

## Gauguins Vorliebe für den Symbolismus

Berühmt wurde Gauguin für seine einzigartig symbolischen Bilder, von denen einige nur zwei Jahre nach seiner letzten Teilnahme an der Gemeinschaftsausstellung entstanden, statt für die atmosphärischen Gemälde, die er zwischen 1875 und 1887 geschaffen hatte. Der Hauptgrund für die Änderung seines Malstils war seine Erkenntnis, dass Impressionismus im Prinzip eine Form des »Naturalismus« sei, das heißt, visuelle Ähnlichkeiten auf Kosten des Intellekts eines Malers repräsentiere. Kunst, so glaubte Gauguin, sollte direkt aus der Vorstellungskraft eines Künstlers kommen, nicht nur aus Beobachtungen des alltäglichen Umfelds.

Gauguin hatte das Gefühl, dass der Impressionismus zu viel Wert auf die Darstellung von Naturereignissen legte und nicht genug auf die poetische Interpretation von Gedanken und Gefühlen. Obwohl die Impressionisten betonten, wie wichtig es sei, subjektiv auf ein natürliches Motiv zu reagieren, deutete Gauguin an, dass Gemälde

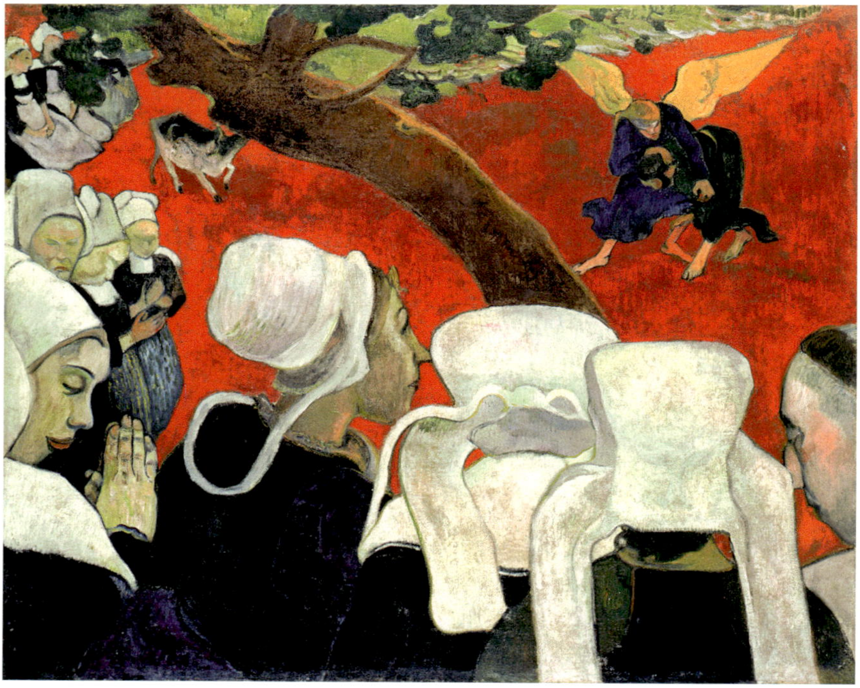

für ihn eher wie synthetisierte Erinnerungen sein sollten. Diese Philosophie setzte er während eines Aufenthalts in der Bretagne in die Praxis um, wo er unter dem Eindruck der Volkskultur in dieser Gegend Bilder mit großer allegorischer Macht malte, darunter *Vision nach der Predigt (Jakob ringt mit dem Engel*; oben).

**Er distanzierte sich von der impressionistischen Ästhetik.**

Gauguin hörte auf, naturalistische Farben zu verwenden und vermied kurze Pinselstriche; stattdessen setzte er auf dekorative, stilisierte Formen, um die Bereiche in seinen Kompositionen zu definieren, was seine Bewunderung für japanische Holzschnitte zeigt. Für den Rest seiner Laufbahn distanzierte er sich von der impressionistischen Ästhetik, die er zuvor so gekonnt praktiziert hatte. Sein Freund van Gogh bemerkte scharfsinnig, dass viele Sammler und Händler vermutlich Gauguins neue Vorliebe für den Symbolismus bedauern würden: »Du wirst merken, dass bestimmte Leute G. dafür tadeln werden, dass er keinen Impressionismus mehr betreibt.«

**Paul Gauguin**
*Vision nach der Predigt (Jakob ringt mit dem Engel)*, 1888
Öl auf Leinwand, 72,2 x 91 cm
National Gallery of Scotland, Edinburgh

**1886 malte Gauguin schon keine impressionistischen Genre-Szenen mehr. Seinem Temperament entsprachen eher allegorische Gemälde aus symbolischen Elementen. In diesem, seinem berühmtesten, Gemälde ist das Thema vordergründig religiös, aber eigentlich sehr rätselhaft. Die Komposition ist schematisch und die Farben sind dekorativ wie in einer Wandmalerei. Bestimmte Elemente wurden aus Émile Bernards *Bretonische Frauen auf einer Wiese* (1888) entlehnt, das Gauguin im Tausch von dem Künstler bekommen hatte.**

### Gauguins Kritik

Auch wenn die impressionistischen Maler sich den visuellen »Impressionen« ihrer Motive verpflichtet fühlten, behaupteten sie nie, wie Gauguin unterstellte, dass Gedanken und Gefühle aus ihrem Malprozess ausgeschlossen wären. Gauguin verstand einfach nicht, dass der Vorgang der Beobachtung und Wahrnehmung, den die Impressionisten so betonten, kein Weg zu fadem »Naturalismus« war, wie er behauptete. Alle impressionistischen Prinzipien waren ebenso verstandesbasiert und daher »intellektuell« wie diejenigen, die die Grundlage seiner geheimnisvollen Bilder darstellten.

### Von Cormon zum Impressionismus

Im Frühjahr 1886 traf sich eine Gruppe talentierter junger Maler, die am Atelier von Fernand Cormon (1845–1924) studierten. Die berühmtesten dieser Künstler, die später gemeinsam in Paris ausstellen würden, sind heute Émile Bernard (1868–1941), Vincent van Gogh, von seinen Freunden einfach Vincent genannt, und Henri de Toulouse-Lautrec (1864–1901). Cormon hatte im alljährlichen Salon mit seinen großen biblischen Szenen professionellen Erfolg geerntet, von denen *Cain* (1880) sich in der Sammlung des Musée d'Orsay befindet. Es gab für seine Kunstschule – ein *Atelier Libre* – keine Aufnahmeprüfungen und die Schüler bemühten sich, ihre Mal- und Zeichenfähigkeiten zu verbessern, indem sie Gipsabdrücke klassischer Skulpturen kopierten und Aktmodelle zeichneten. Cormon arbeitete in einem separaten Atelier und kam nur einmal in der Woche in die Schule, um seine Schüler individuell anzuleiten. Aus verschiedenen Gründen verloren Bernard, van Gogh und Toulouse-Lautrec jedoch ihre Illusionen in Bezug auf ihre Studien bei Cormon.

**Bernard hatte begonnen, sich für die neuen Farbtheorien von Seurat und Signac zu interessieren.**

Bernard hatte seine Studien 1884 mit nur 16 Jahren begonnen und erwies sich schnell als eine Art Wunderkind. Seine Intelligenz und sein natürliches Talent brachten ihm die Bewunderung seines Lehrers ein, der ihn schon bald als seinen Musterschüler betrachtete. Allerdings hatte Bernard die impressionistischen Ausstellungen besucht und begonnen, sich für die neuen Farbtheorien von Seurat und Signac zu interessieren. Als er anfing, mit diesen Methoden im Atelier zu experimentieren, stieß er auf heftige Ablehnung durch Cormon. Es kam zu längeren Streitigkeiten zwischen dem zunehmend halsstarrigen Schüler und dem frustrierten Lehrer. Bernard war zwar noch jung, glaubte aber bereits fest an künstlerische Freiheit und Selbstdarstellung. Er wollte nicht von Regeln eingeschränkt werden, die er für überholt hielt – und wurde daher der Schule verwiesen.

**Bernard war ein selbstsicheres Wunderkind, Vincent ein reizbares Genie.**

Van Gogh traf am 28. Februar 1886 in Paris ein und wohnte bei seinem Bruder Theo, einem Kunsthändler, am Montmartre. Anfang März trat er in Cormons Atelier ein, wo er seine künstlerischen Fähigkeiten zu verbessern hoffte. Noch bevor Bernard der Schule verwiesen wurde, hatten sich die beiden angefreundet; diese feste Freundschaft hielt bis zum Ende seines kurzen Lebens. Trotz des Altersunterschiedes – Bernard war erst 18, als sie sich kennenlernten, van Gogh 33 – hatten die beiden viel gemeinsam. Beide interessierten sich sehr für Literatur und Kunstgeschichte und fühlten sich dem persönlichen Ausdruck in der darstellenden Kunst verpflichtet. Und da Vincent fließend französisch sprach, konnte er mit Bernard komplizierte ästhetische und intellektuelle Probleme diskutieren. Van Gogh war von seinem jungen Freund, seinen Ideen und seinem ausgesprochen originellen Werk beeindruckt. Im Prinzip war Bernard ein selbstsicheres Wunderkind, Vincent ein reizbares Genie – und dies bildete die Basis für ihre gegenseitige Bewunderung.

Van Gogh blieb nur drei Monate in Cormons Atelier – er fand es dort erdrückend und die Lehrmethoden übermäßig akademisch. Er hatte sich einer intuitiven Annäherung an das Zeichnen und Malen verschrieben und kam zu dem Schluss, dass seine Zukunft als Künstler nicht im Umfeld einer Kunstschule lag. Stattdessen wollte er im eigenen Atelier und im Freien malen. Nach dem Weggang aus Cormons Atelier fühlte er sich befreit – »Ich spüre wieder mein eigenes Selbst« –, auch wenn er dort gute Freunde gefunden hatte, von denen einige, wie Bernard und Toulouse-Lautrec, nun ebenfalls mit impressionistischen Techniken experimentierten.

### Die Maler des Petit Boulevard

Als Bernard, Toulouse-Lautrec und van Gogh Cormons Atelier verlassen hatten, trafen sie sich regelmäßig in den vielen Cafés am Montmartre. Die achte und letzte Impressionistenausstellung fand im Mai und Juni 1886 statt. Einige ihrer Werke waren auch auf anderen größeren Gemeinschaftsausstellungen in Paris zu sehen –

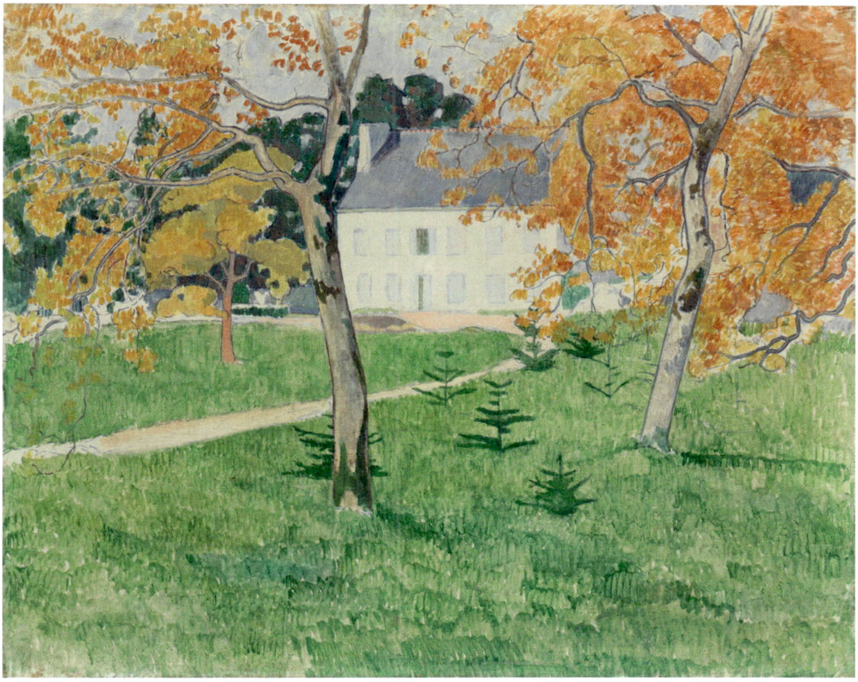

**Émile Bernard**
*Haus unter Bäumen, Pont-Aven*, 1888
Öl auf Leinwand, 73 x 92,5 cm
Van Gogh Museum, Amsterdam

**In dieser eleganten Komposition wird ein weißes Landhaus von zwei statuenhaften Bäumen umrahmt. Der diagonale Weg verbindet Vordergrund und Hintergrund miteinander und schafft damit ein Gefühl von tiefem Raum.**

für die ehemaligen Cormon-Schüler ideal, um sich mit den typischen Eigenschaften der impressionistischen Malerei zu befassen.

Van Gogh vermerkte seine neue Wertschätzung für den Stil in einem Brief an den englischen Maler Horace Mann Livens (1862–1936), den er vor seiner Abreise nach Paris an der Akademie in Antwerpen kennengelernt hatte: »In Antwerpen wusste ich noch nicht einmal, was die Impressionisten waren, nun habe ich sie gesehen und obwohl ich *nicht* zu dem Club gehöre, habe ich gewisse impressionistische Bilder sehr bewundert – DEGAS, nackte Figuren – Claude Monet, Landschaften.«

Der »Club«, auf den van Gogh anspielte, war die Gruppe der etablierten impressionistischen Maler, die dem neuen Stil den Weg bereitet hatten. Er bezeichnete sie als die »Impressionisten des Grand Boulevard«, Maler, deren Werke in exklusiven Galerien rund um die Place de l'Opéra ausgestellt wurden. Er sann darüber nach, ob er und seine Cormon-Freunde eine Gruppe jüngerer Künstler bilden könnten, die er Maler des Petit Boulevard nennen würde. Der ironische Name bezog sich auf den unmodischen Boulevard de Clichy am Montmartre, an dem viele junge Künstler ihre Ateliers hatten.
Ende 1887 organisierte van Gogh eine Ausstellung mit Werken

seines eigenen Clubs im Speisesaal des vor allem von Arbeitern besuchten Grand Bouillon-Restaurant du Chalet in der Avenue de Clichy 43. Neben Studien von Bernard, Toulouse-Lautrec und ihm selbst zeigte die Ausstellung Gemälde von zwei weiteren ehemaligen Cormon-Schülern: Louis Anquetin (1861–1932) und Arnold Koning (1860–1945). Der Inhaber des Cafés war zwar von den gezeigten Arbeiten schockiert, dennoch verkauften Bernard und Anquetin hier ihre ersten Bilder. Nach Ende der Ausstellung experimentierten Bernard, van Gogh und Toulouse-Lautrec frei mit impressionistischen Techniken, bevor sie ihre eigenen Stile entwickelten, für die sie heute berühmt sind.

**Émile Bernard**
*Selbstporträt*, 1890
Öl auf Leinwand,
53 x 45 cm
Musée des Beaux-Arts,
Brest

**Nachdem Bernard seine Experimente mit impressionistischen, skizzenartigen Techniken aufgegeben hatte, besteht dieses durchdringende Selbstporträt Bernards nun aus einem Muster vereinfachter Formen. Der Seitenblick des Malers ist verstörend – so etwas sieht man in impressionistischen Selbstporträts normalerweise nicht.**

## »Ein Sucher, der alles probiert«

Als Antwort auf die Frage seiner Schwester Wil nach Bernards Charakter betonte Vincent den jugendlichen Enthusiasmus seines Freundes. Er berichtete ihr, dass Bernard ein breites Spektrum an Motiven in vielen verschiedenen Stilen malte, aber immer seine Anfangsvision im Blick behielt: »ein Sucher, der alles probiert«. Er war ein vielseitiger und origineller Künstler. 1888 wurden seine Bilder etwas stilisierter und zeigten sein zunehmendes Interesse, Formen stärker zu umreißen. In seiner Gartenszene *Haus unter Bäumen, Pont-Aven* (vorherige Seite) verband Bernard impressionistische Pinselführung mit der Darstellung von Ästen in der Art eines japanischen Druckes.

## Flache, ineinander greifende Formen gesättigter Farbe für ein kühnes Bild, das seine starke Persönlichkeit ausdrückt

Bernards Selbstporträt von 1890 (gegenüber) demonstriert die komplette Abkehr von den verschiedenartigen Pinselstrichen und gesprenkelten Bereichen aus komplementären Farben des Impressionismus. Verschwunden ist die Zartheit seiner früheren Landschaften. Er nutzt hier flache, ineinander greifende Formen gesättigter Farben für ein kühnes Bild, das seine starke Persönlichkeit ausdrückt. Solche Gemälde bestätigten van Gogh darin dass die Bilder seines Freundes »einen Charme durch kühne Farben« besaßen. Zusammen mit Anquetin erfand Bernard einen Malstil, der als Cloisonismus bekannt werden würde. Starke, dekorative Farben wurden wie in japanischen Holzschnitten und Cloisonné-Emaille aufgetra-

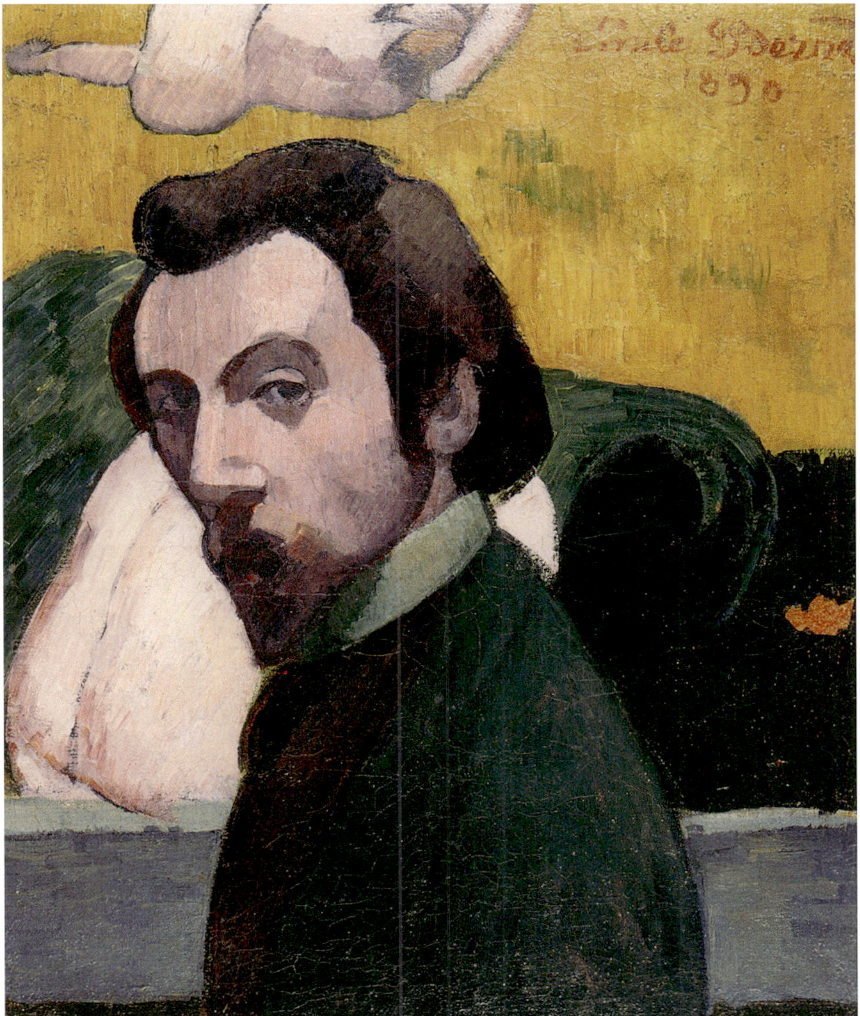

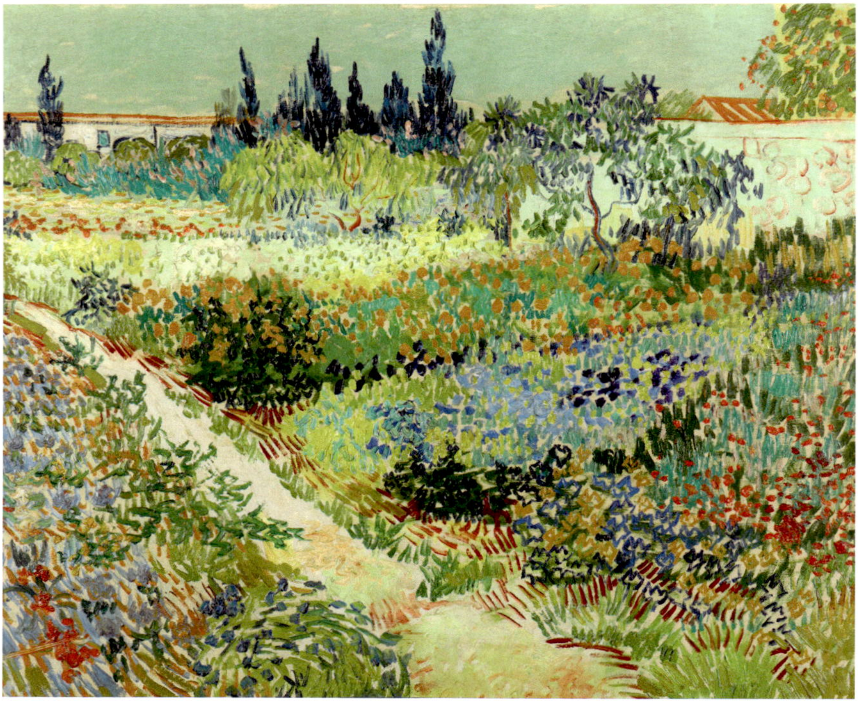

gen, so dass man keine dreidimensionalen Effekte schaffen musste. Sowohl Gauguin als auch van Gogh experimentierten mit diesem Stil und brachten so eine grafische Komponente in ihre Arbeiten.

Vincent prophezeite, dass seine Freunde vom Petit Boulevard, angeregt durch den impressionistischen Umgang mit Farbe, vermutlich sogar noch feinere Farbharmonien in ihren Gemälden erreichen könnten. Er bemerkte, dass die Impressionisten bereits stärkere Farben benutzten als Manet; nun müssten die jüngeren Künstler noch mutiger sein. Van Gogh selbst war beispielhaft: »ein Kolorist, wie es ihn noch nie gab«. Er nutzte seine erstaunlichen Farben nicht nur in seinem Pariser Werk, sondern auch in den leuchtenden Bildern, die er in der Provence schuf.

Während seines zweijährigen Aufenthalts in Paris experimentierte er mit impressionistischen, lockeren Pinselstrichen und einem viel helleren Spektrum an Farben und Tönungen als in den Niederlanden. Er malte viele farbenprächtige städtische Szenen von Montmartre, wo er lebte, sowie *Plein-air*-Landschaften im vorstädtischen Asnières. Vincents Besuche im Pariser Atelier von Armand Guillaumin erlaubten ihm außerdem wertvolle Einblicke in die Arbeitsmethoden eines erfahrenen Impressionisten.

**Vincent van Gogh**
*Der Garten bei Arles*, 1888
Öl auf Leinwand,
73 x 92 cm
Gemeentemuseum,
Den Haag

**Van Gogh war fasziniert von den lebhaften Farben, die er in dem zwanglosen Bauerngarten entdeckte. Im Freien malend, nutzte er in wahrem impressionistischem Stil Komplementärfarben, um das Licht und die Hitze der Provence anzudeuten.**

Als er am 19. Februar 1888 Paris verließ und nach Arles reiste, nutzte er noch die impressionistische Technik der kurzen, sich überlagernden Pinselstriche aus komplementären Farben. Bald schon jedoch begann er, Zeichenkunst mit malerischen Methoden zu kombinieren. *Der Garten bei Arles* (gegenüber) zeigt sein neues Interesse an der Integration von Zeichnungen in Ölmalerei, die seinen Bildern eine stärkere visuelle Präsenz verlieh: »Die wahre Zeichnung ist das Modellieren mit Farbe.« Die Darstellung des Bauerngartens mit seinen Blumen »in erstaunlichem Glanz« ist ein Beispiel für seine unverwechselbare Pinselführung und seinen grafischen Stil. Van Gogh hatte viel vom Impressionismus gelernt und den Stil seinen eigenen ästhetischen Bedürfnissen angepasst.

Auch wenn er während seines Aufenthalts in der Provence ein treuer *Plein-air*-Landschaftskünstler bleiben würde, tat er es doch gelegentlich seinen Freunden Bernard und Gauguin gleich und malte fantasievolle Szenen rein aus dem Gedächtnis. Eines der berühmtesten Ergebnisse der Abkehr von seiner Gewohnheit, die Natur direkt vor Ort – *sur le motif* – zu malen, ist *Sternennacht* (unten). Dieses geheimnisvolle Bild eines Dorfes, fast versteckt unter einem turbulenten Nachthimmel, zeigt überhöhte Formen,

**Vincent van Gogh**
*Sternennacht*, 1889
Öl auf Leinwand,
73,7 x 92,1 cm
Museum of Modern Art,
New York

**Riesige Sterne stehen am Nachthimmel in diesem visionären Gemälde, das vor himmlischer Energie zu pulsieren scheint.**

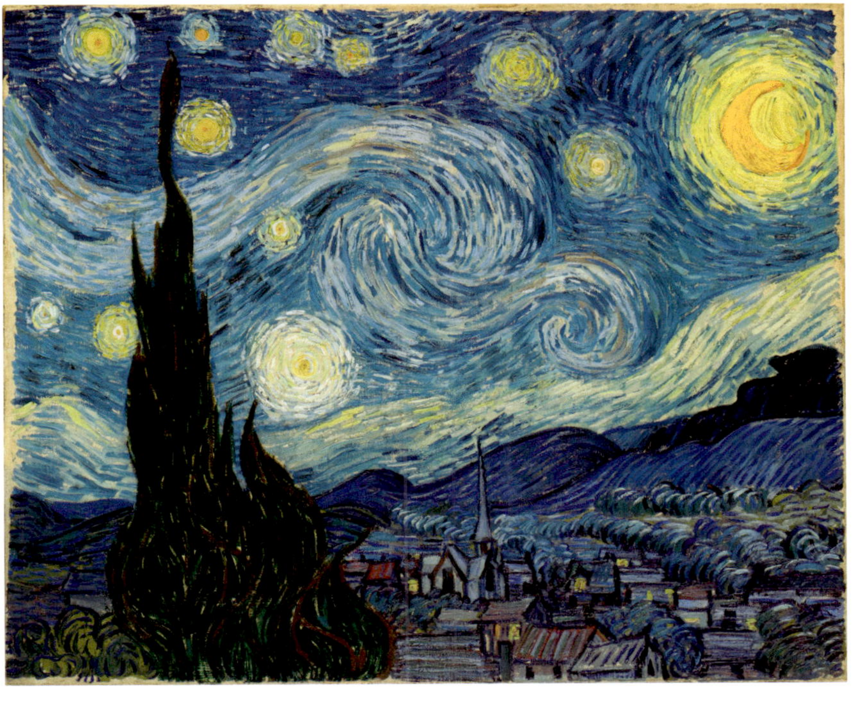

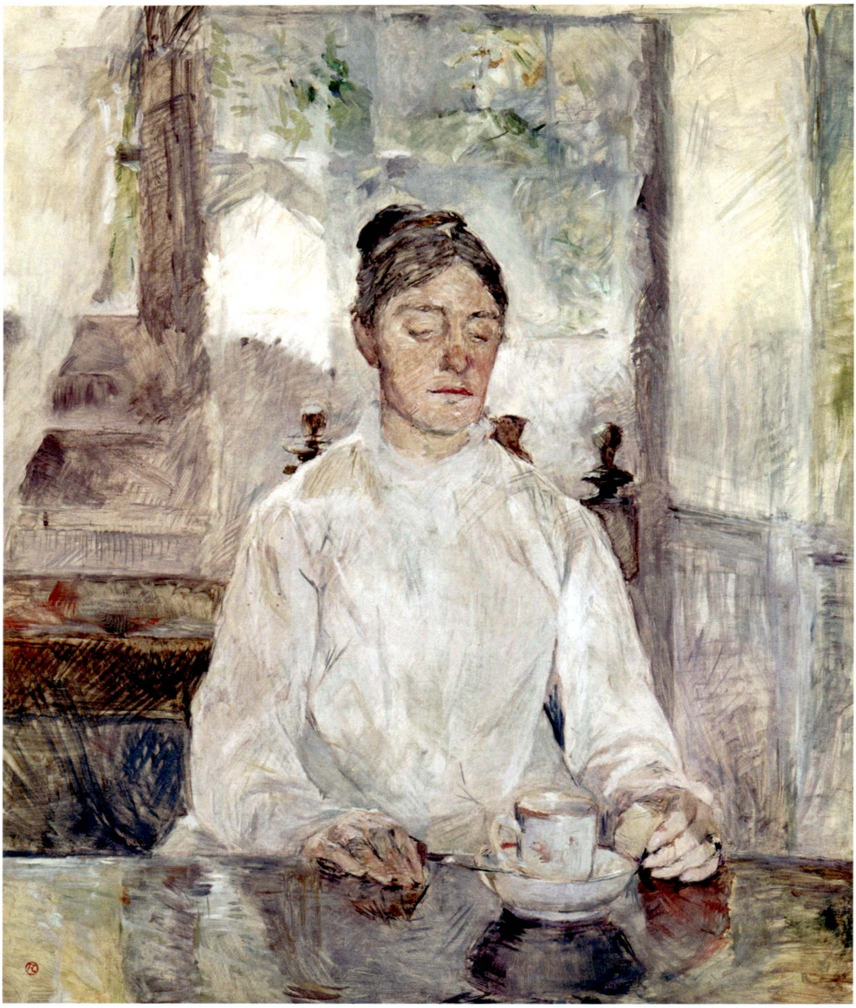

**Henri de Toulouse-Lautrec**
*Die Mutter des Künstlers, Gräfin Adèle de Toulouse-Lautrec beim Frühstück auf Château Malromé,*
1881–1883
Öl auf Leinwand, 94 x 81 cm
Musée Toulouse-Lautrec, Albi

**Das Gemälde schafft eine intime Stimmung, es vermeidet den Anschein eines offiziellen Porträts.**

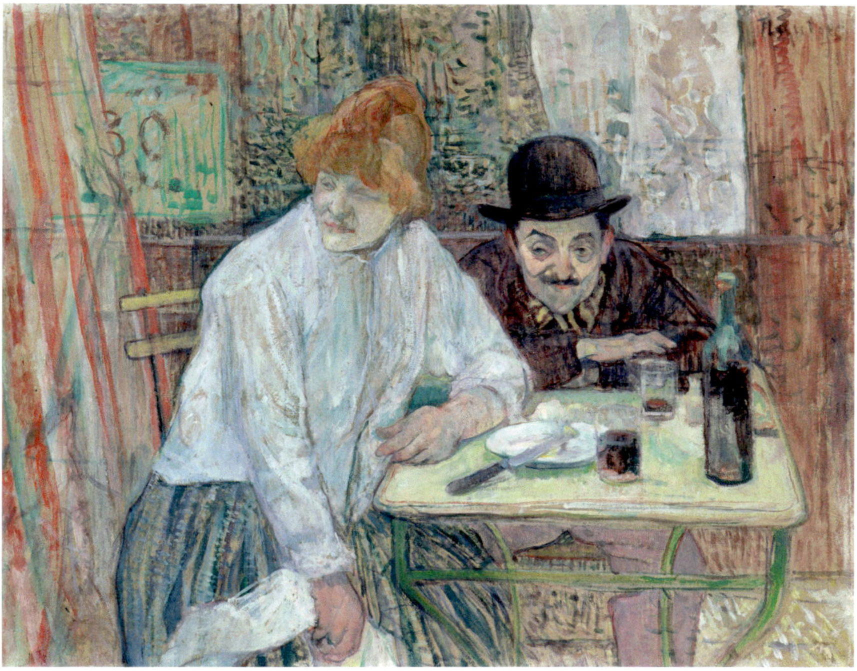

**Henri de Toulouse-Lautrec**
*Im Café La Mie*, 1891
Ölfarbe auf Pappe, auf eine Platte aufgezogen,
53 x 67,9 cm
Museum of Fine Arts, Boston

**Inspiriert von impressionistischen Café-Szenen kombinierte Toulouse-Lautrec Zeichnungen mit malerischen Methoden, um die Bars darzustellen, in denen die Arbeiterklasse verkehrte. Viele dieser Bilder verströmen eine melancholische, verzweifelte Stimmung.**

strahlende Farben und Netze aus wirbelnden Linien. Obwohl ganz klar symbolisch, bleibt der Sinn des Gemäldes unklar, was es umso faszinierender macht. Vielleicht ist es das Produkt von Vincents mystischem Gefühl, allein und paradoxerweise trotzdem Teil des Universums zu sein: »Ich gehe nachts hinaus, um die Sterne zu malen, und erträume immer ein Gemälde wie dieses.«

Toulouse-Lautrec, van Goghs Freund und ebenso Maler des Petit Boulevard, machte sich den Impressionismus ähnlich zu eigen. Bis etwa 1887 zeigten seine Porträts feine Striche in gedämpften Farben; die Oberflächen waren vorsichtig lasiert, um den Anschein gefilterten Lichts zu erwecken. Umrandungen wurden vermieden und die Porträts, wie das seiner Mutter (gegenüber; 1881-1883), erreichten eine Zärtlichkeit der Stimmung, die an Renoir erinnerte.

**Fließende Linien und starke Farben verschmelzen in eher grafischer statt in malerischer Weise.**

Ab 1888 entwickelte er den grafischen Malstil, für den er heute so berühmt ist. Fokus seiner Arbeit wurde die harsche Realität der

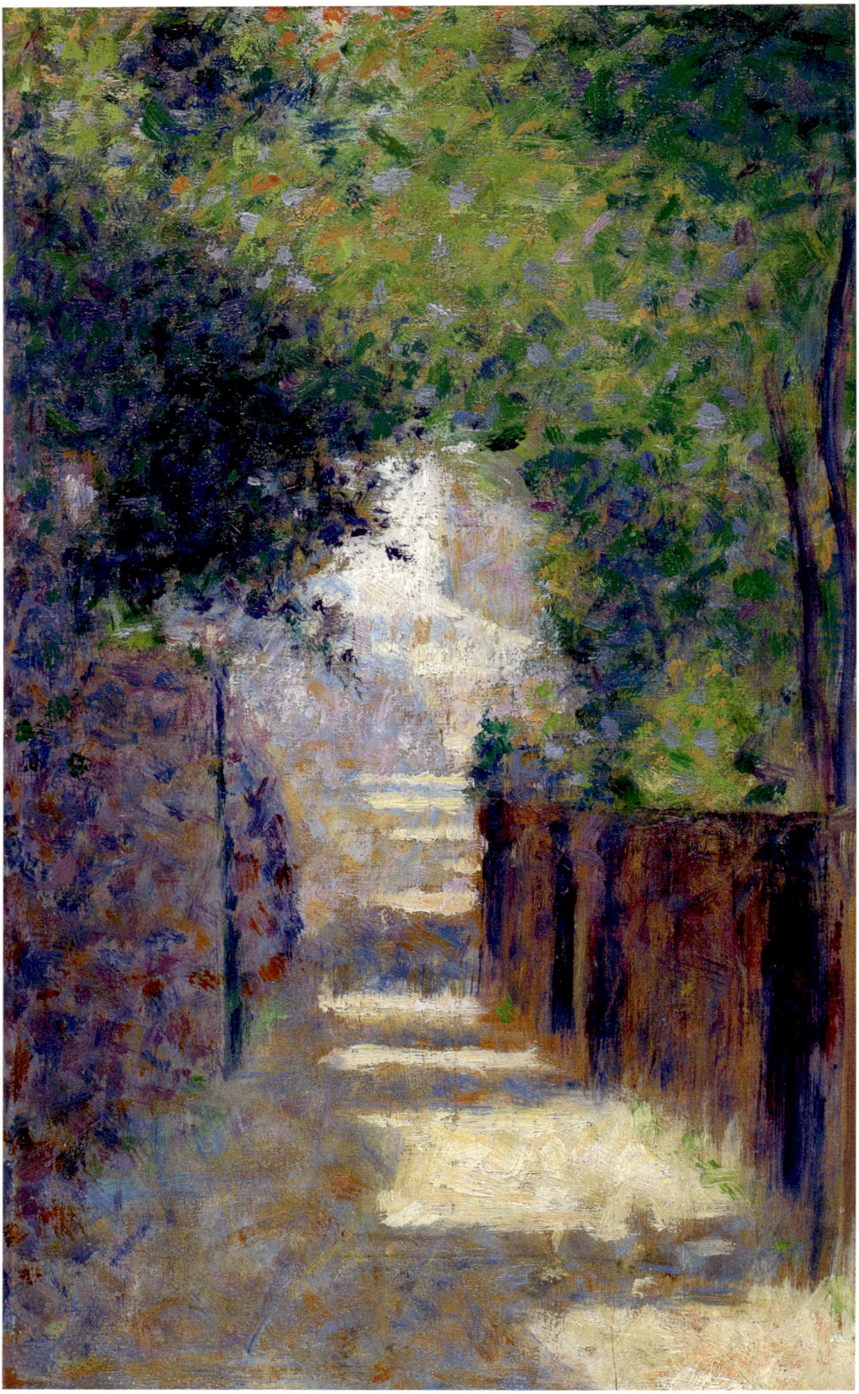

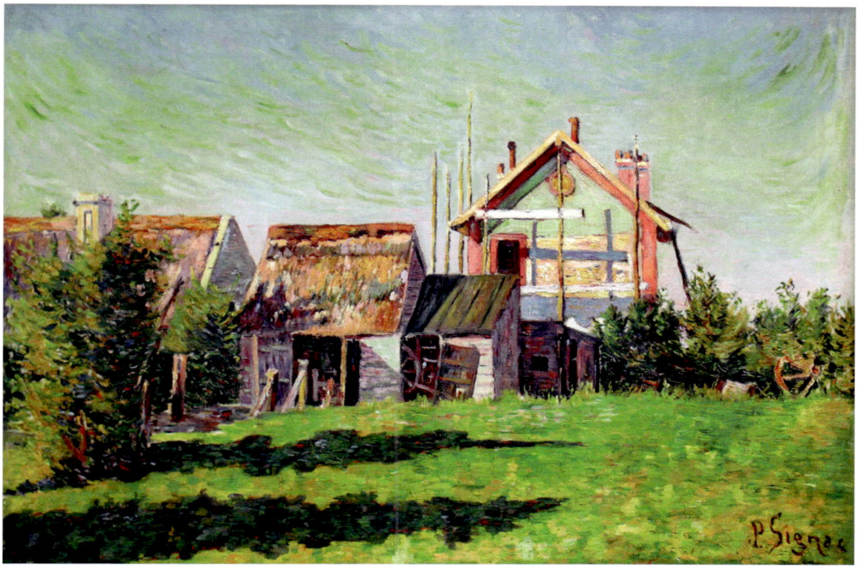


**Paul Signac**
*Port-en-Bessin, La Valleuse*, 1884
Öl auf Leinwand, 45,5 x 64,5 cm
Kröller-Müller-Museum, Otterlo

**Signacs Gemälde eines kleinen Fischerdorfes zeigt die Eigenschaften des Impressionismus, die er am meisten in Monets Bildern bewunderte.**

**Georges Seurat**
*Die Rue St Vincent, Paris, im Frühling*, ca. 1884
Öl auf Leinwand, 24,8 x 15,4 cm
Fitzwilliam Museum, Cambridge

**Mit gesprenkelten Pinselstrichen schuf Seurat diese impressionistische Studie einer schmalen, ruhigen Straße am Montmartre.**

Café-Konzerte, Tanzsäle und Bordelle von Montmartre. Ähnlich wie bei Vincents provençalischen Gemälden verschmelzen fließende Linien und starke Farben in eher grafischer statt in malerischer Weise, wie in *Im Café La Mie* (oben). Er begrenzte die Anzahl der Farben und Schattierungen, wie in den Plakaten, die er für die zahllosen Unterhaltungsstätten der Stadt entwarf. Er legte jedoch gleich den Impressionisten Nachdruck auf scharfsinnige Beobachtung der Szenen und schuf damit ausdrucksvolle Kunstwerke. Und wie van Gogh vorhergesagt hatte, war Toulouse-Lautrec einer der neuen Künstler, der – angeregt von den Impressionisten – ein origineller Kolorist wurde.

## Methodischer Impressionismus

Als Georges Seurat und Paul Signac sich 1884 kennenlernten, waren beide bereits von den impressionistischen Gemälden fasziniert, die sie in den Gruppenausstellungen gesehen hatten. Ihre Experimente mit dem Stil erbrachten frische, farbenfrohe Bilder, in denen Illusionen von Sonnenschein vorherrschten (gegenüber und oben). Allerdings waren beide Künstler schließlich vom Impressionismus, wie er in Paris praktiziert wurde, enttäuscht. Sie glaubten, die spontane Pinselführung würde oft die kompositorische Klarheit in den Hintergrund drängen. Zufällige Effekte in Farbe und Textur schienen mehr Aufmerksamkeit zu bekommen als sorgfältiges Nachdenken und Präzision. Sie hatten das Gefühl, dass manche impressionistischen Maler Farbe beliebig und zügellos auftrugen, ohne Bezug zum Motiv.

Nach vielen Diskussionen und Experimenten entwickelten die beiden eine Variante des Impressionismus, die sie »Divisionismus« nannten, weil sie bestimmte Bereiche (»Divisionen«) des Farbspektrums nutzten. Da sie die Bilder mit Punkten aus Ölfarbe malten, wurde der neue Stil jedoch schließlich als »Pointillismus« bekannt.

Genau wie die orthodoxen Impressionisten waren Seurat und Signac besessen vom Licht und seinen Nuancen, allerdings gingen sie deutlich methodischer vor. Mithilfe eines Mosaiks aus Punkten und Tupfen versuchten sie, Wechselwirkungen zwischen Licht und Schatten darzustellen. Beeinflusst durch moderne Farbtheorien, ordneten beide ihre Farben komplementär an – Rot mit Grün, Blau mit Orange, Violett mit Gelb. Seurat und Signac hofften, mit diesen Gegensätzen lebhafte Illusionen von Licht zu erzielen. In Seurats Aktstudie von 1887 (gegenüber) ergab die pointillistische Technik ein nahtloses Bild, in dem Vordergrund und Hintergrund verschmelzen. Mit seinem friedvollen Seestück von 1891 (unten) schuf Signac ein Bild, das nicht nur ausgesprochen geordnet und kontrolliert war, sondern auch atmosphärisch.

Pissarro und Morisot luden Seurat und Signac ein, 1886 an der letzten impressionistischen Ausstellung teilzunehmen – eine

**Georges Seurat**
*Poseuse de dos*, 1887
Öl auf Leinwand,
24,3 x 15,3 cm
Musée d'Orsay, Paris

**Das Gemälde, das aus Farbpunkten besteht, scheint vor dem Betrachter zu zittern und zu flattern.**

**Paul Signac**
*Sonnenuntergang, Sardinenfischen. Adagio. Opus 221* aus der Serie *Das Meer, die Boote, Concarneau*, 1891
Öl auf Leinwand,
65 x 81 cm
Museum of Modern Art, New York

**Eine geheimnisvolle Ruhe durchdringt Signacs Seestück.**

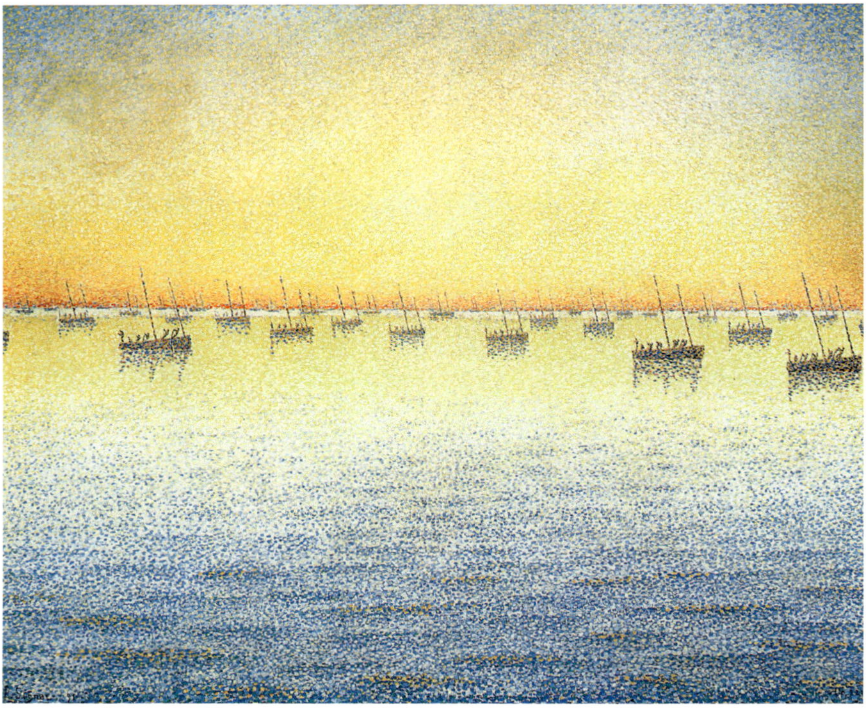

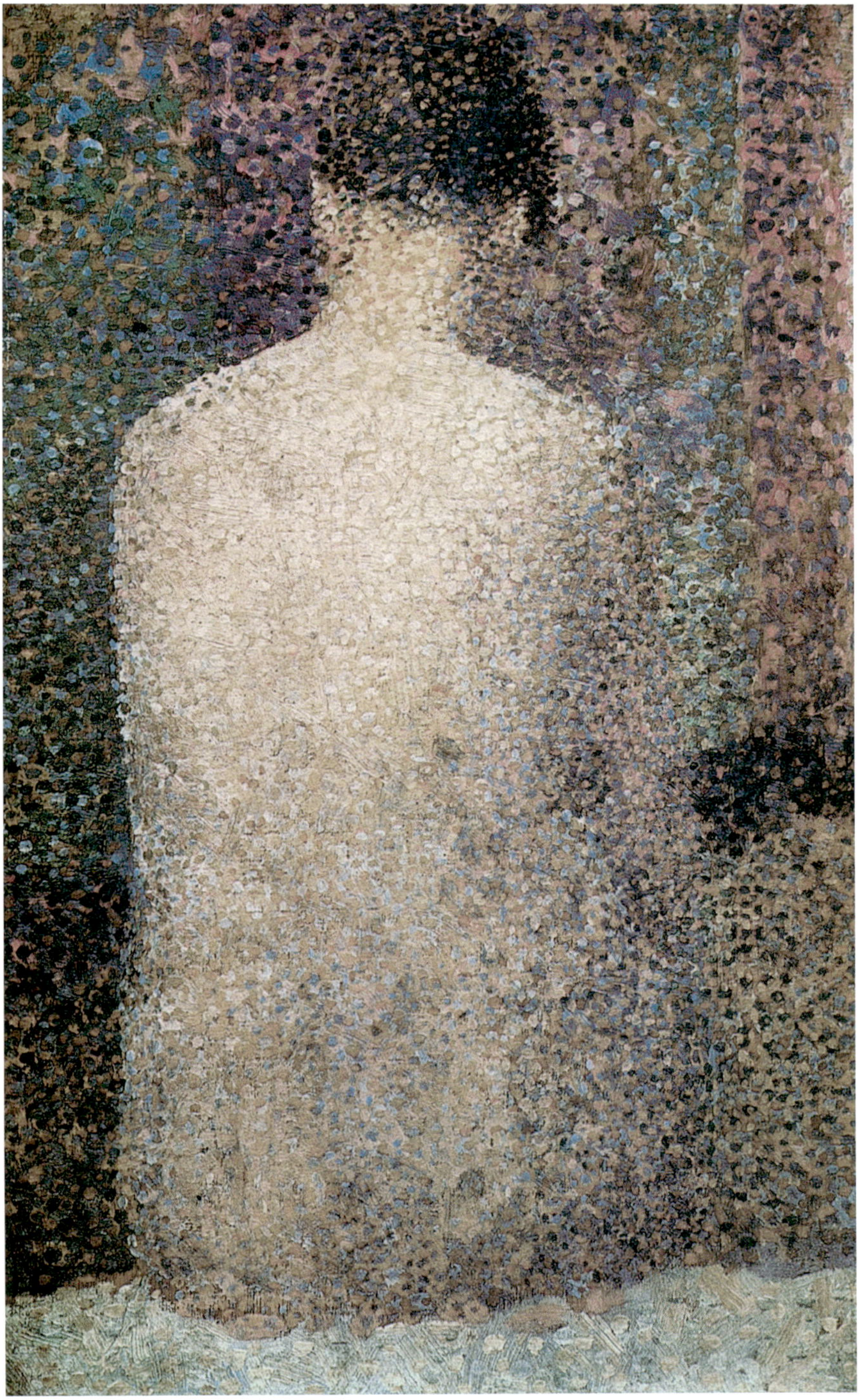

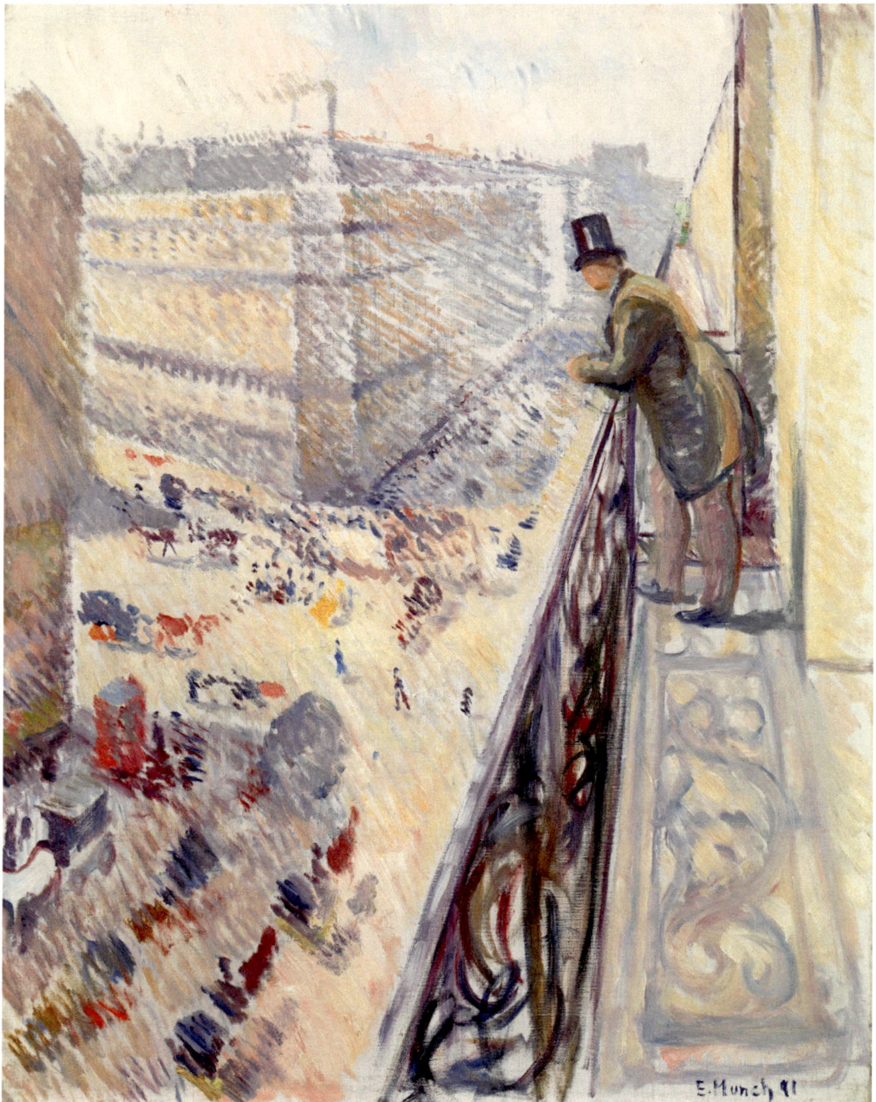
E.Munch 91

**Edvard Munch**
*Rue Lafayette*, 1891
Öl auf Leinwand,
92 x 73 cm
Nationalgalerie, Oslo

**Munch verwendete unscharfe Pinselstriche, um die Bewegung anzudeuten, die er in der sonnenüberfluteten Straße wahrnahm.**

Entscheidung, die für Spannung in der Gruppe sorgte. Viele der etablierten impressionistischen Maler wollten nicht mit solchen methodischen, ordentlichen, sogenannten »wissenschaftlichen« Methoden der Malerei in Verbindung gebracht werden. Van Gogh dagegen stellte später, scharfsinnig wie immer, die hohe Qualität vieler pointillistischer Gemälde fest: »Signac und die anderen vom Pointillismus machen oft sehr schöne Dinge damit.«

**Vom Impressionismus zum Expressionismus**

Es ist kaum bekannt, dass der norwegische Expressionist Edvard Munch, berühmt für sein Bild *Der Schrei* (1893), am Anfang seiner Laufbahn mit dem Impressionismus experimentierte. Er ist ein gutes Beispiel für van Goghs Vorschlag, dass junge, unerfahrene Maler den Impressionismus als eine Art von Schule betrachten sollten, unabhängig von ihren künstlerischen Ambitionen. Auf diese Art, so glaubte Vincent, könnten sie die Prinzipien des Zeichnens sowie von Farbe, Textur und Komposition frei von strengen Lehrmethoden untersuchen.

Aufgrund seines Talents gewann Munch dreimal ein staatliches Reisestipendium, das es ihm erlaubte, im Ausland zu leben und zu arbeiten. Er studierte und malte zwischen 1885 und 1895 mehrmals in Paris und nahm die verschiedenen Malstile auf, die in den großen Galerien zu sehen waren. 1891 lebte er in der Rue Lafayette, wo er von einem Balkon aus die geschäftige Straße unter sich malte. Er hatte ähnliche Boulevardszenen von Monet und Pissarro bewundert und schuf nun sein eigenes impressionistisches Bild voller energisch aufgebrachter Farben (gegenüber). Das ganze Gegenteil dazu, nämlich voller Gefahren und psychologischer Spannungen, ist Munchs späteres Bild einer Straße in Oslo (umseitig). Entsprechend van Goghs Edikt hatte Munch also »den Impressionismus wie eine Schule durchlaufen«, um daraus als Maler mit großer Ausdruckskraft hervorzugehen.

**Umseitig: Edvard Munch**
*Abend auf der Karl Johans gate*, 1892
Öl auf Leinwand,
84,5 x 121 cm
Rasmus Meyer Collection, Bergen

**Diese Straßenszene trägt eine verstörende Stimmung in sich, die in seinen impressionistischen Werken nicht zu finden ist.**

**MERKMALE**

- Pissarro stellte zwei Malern, Cézanne und Gauguin, das Potenzial impressionistischer Techniken vor.
- Der Impressionismus regte neue Künstler an, mit Farbharmonien zu experimentieren.
- Besonderer Wert wurde auf das zügige Malen mit kurzen Pinselstrichen gelegt, um Formen und Licht darzustellen..
- Schließlich entwickelten diese jungen Maler ihre eigenen Stile, die aber alle noch Spuren impressionistischer Techniken aufweisen.
- Der Impressionismus diente als wichtiger Katalysator für die spätere Entwicklung der Künstler.

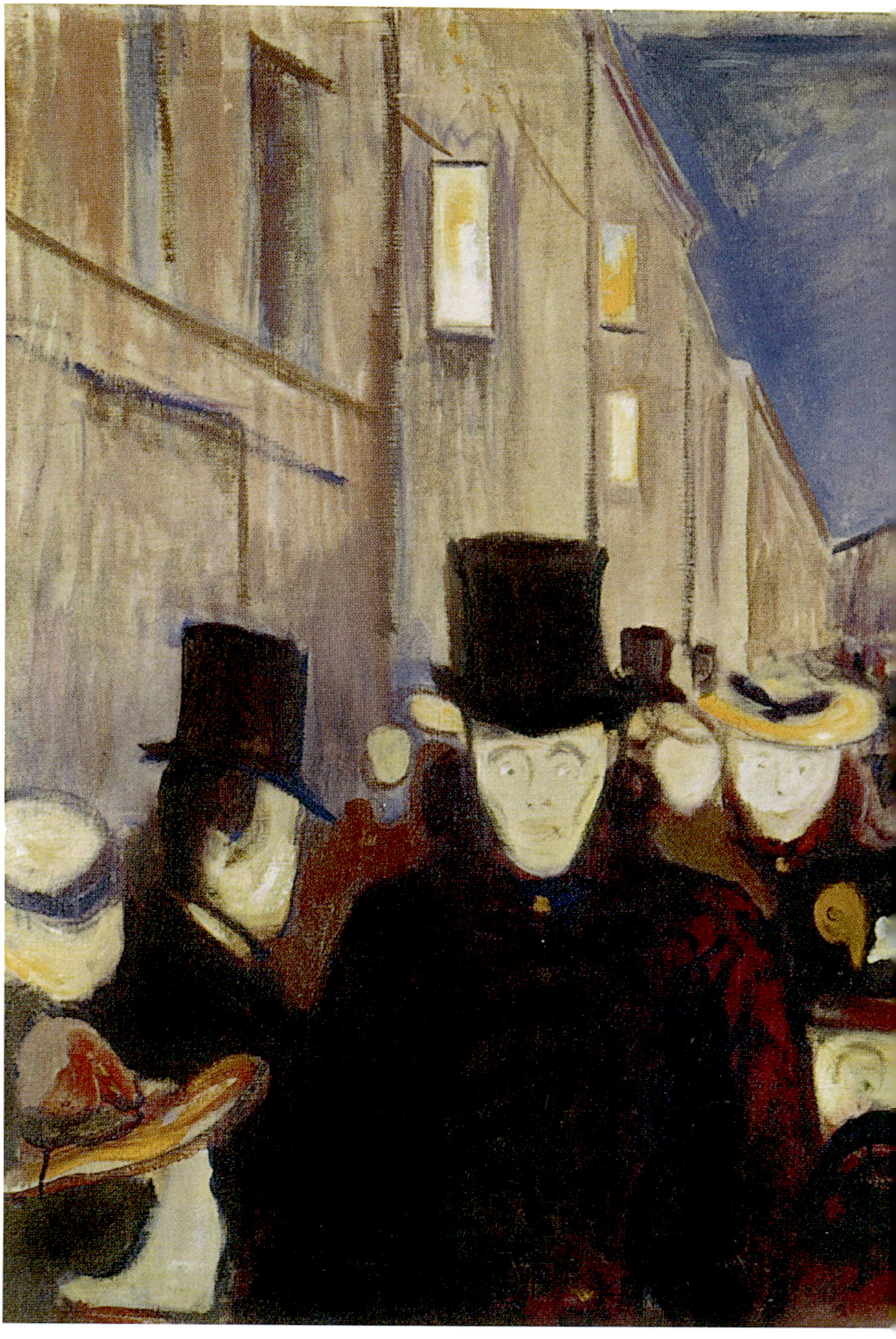

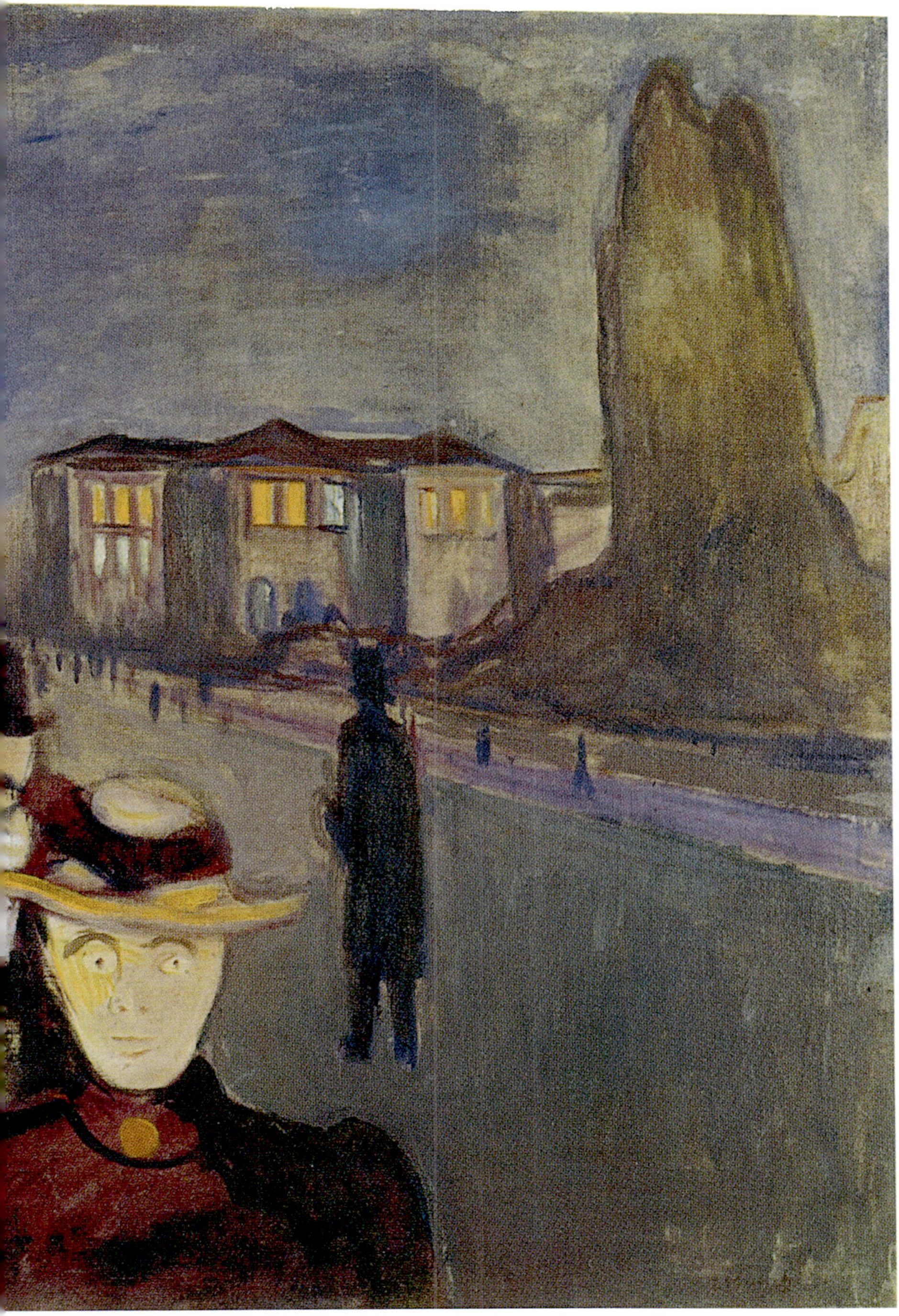

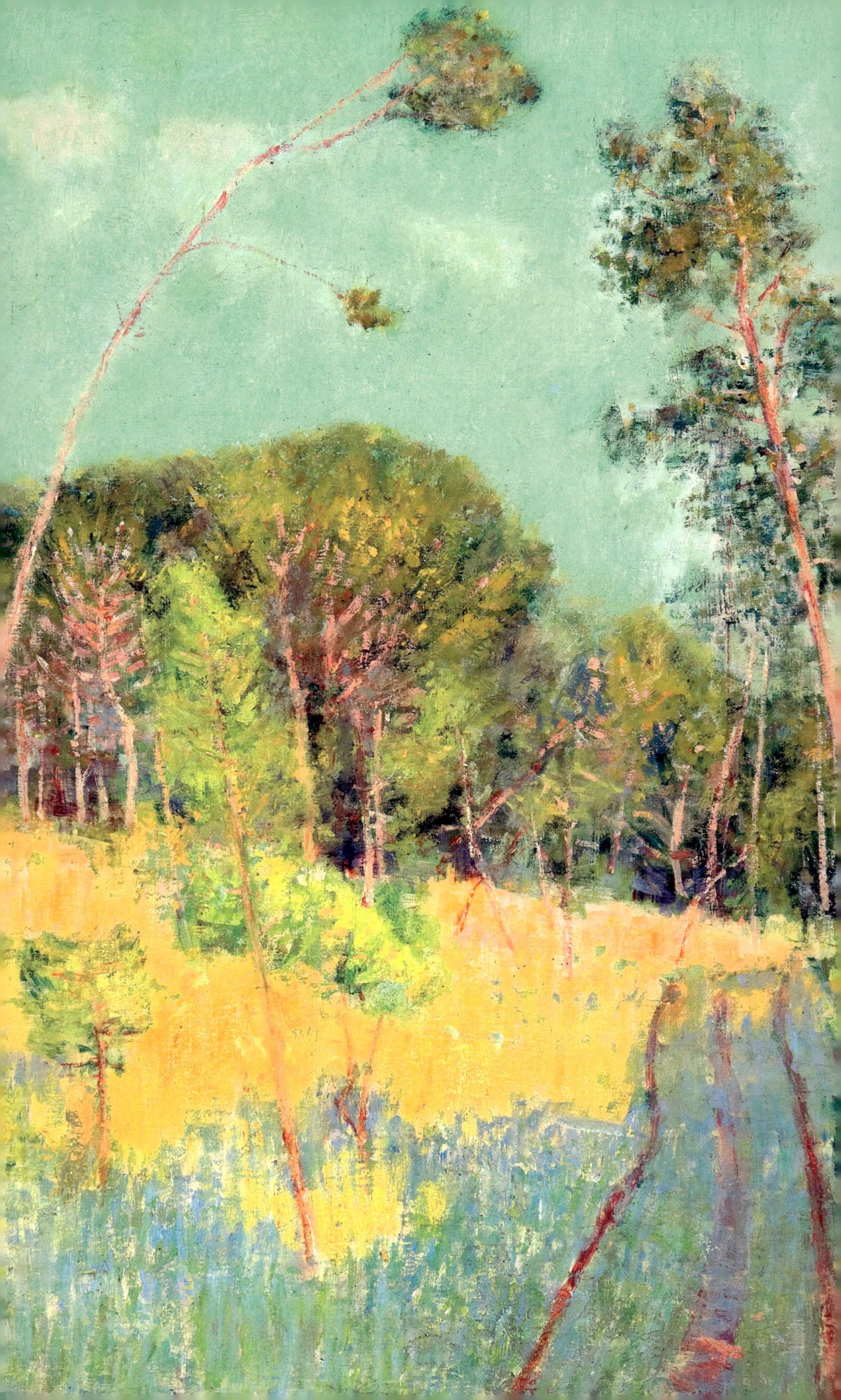

# AMERIKANISCHER UND AUSTRALISCHER IMPRESSIONISMUS

-

**Sehr fein in Farbe und Licht und ein gewisser Überfluss an Verhüllung**

-

John Peter Russell

1888

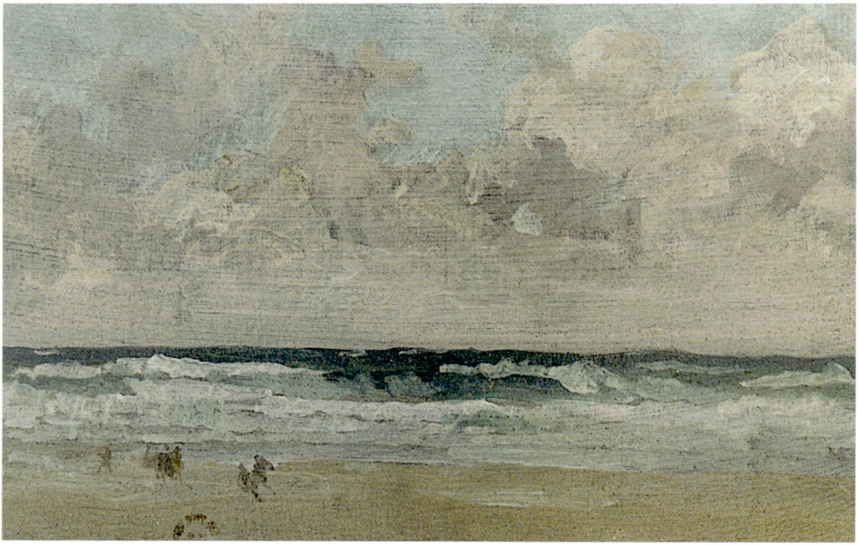

In den 1880er-Jahren war Paris ein unwiderstehlicher Magnet für ambitionierte junge amerikanische und australische Künstler mit eigenen Vermögen, die in den besten Kunstschulen die Malerei studieren wollten. Veröffentlichungen in ihren Heimatländern, die die Lebhaftigkeit dieses internationalen Kunstzentrums beschrieben, schürten ihren Wunsch, die unbefriedigende Kunstausbildung zu Hause abzubrechen und in die französische Hauptstadt zu reisen. Obwohl sie aus wohlhabenden Familien stammten und von ihren Eltern finanziert wurden, nutzten die meisten billige Ateliers. Oft wohnten sie gemeinsam mit anderen angehenden Malern in engen Quartieren und genossen die unkonventionelle Atmosphäre von Vierteln wie dem Montmartre.

Die berühmtesten französischen Künstler hatten repräsentative und teure Ateliers eingerichtet, in denen die Crème de la Crème der jungen amerikanischen und australischen Künstler in der Hoffnung lernten, Zutritt zur wichtigsten Kunstschule Frankreichs, der École des Beaux-Arts, zu erhalten. Trotz der strengen Zugangsprüfungen – *le cours de place* –, die die Reihenfolge der Bewerber bestimmten, war eine Reihe dieser Anwärter erfolgreich und erhielt eine fachmännische akademische Ausbildung. Schließlich schafften es einige der Maler aus Übersee, beim jährlichen Salon ausgestellt zu werden – angesichts des strikten Jurysystems eine große Leistung.

**James Abbott McNeill Whistler**
*Violet and Silver: The Great Sea*, ca. 1884
Öl auf Holztafel,
13,8 x 23,5 cm
Freer Gallery of Art,
Smithsonian Institution,
Washington

**Whistler sah seine Landschaften als Farbharmonien, die poetische Stimmungen auslösen. Mit geschicktem Farbeinsatz schuf er eine lyrische Impression von Himmel, Meer und Ufer. Feines Impasto dient hier dazu, die sich brechenden Wellen darzustellen.**

**»Alle Amerikaner hier sind leidenschaftlich gegen den Impressionismus.«**

Auch wenn einige dieser jungen Künstler vor ihrer Ankunft in Paris positive Berichte über die Impressionisten gehört hatten, standen ihre Lehrer in den Ateliers dem impressionistischen Malstil kritisch gegenüber und auch viele der jungen Künstler hielten anfangs nicht viel von den leuchtend farbigen Gemälden in den Ausstellungen. Als Gauguin 1888 in Pont Aven, einer Künstlerkolonie in der Bretagne, arbeitete, traf er eine Gruppe akademisch ausgebildeter amerikanischer Maler und schrieb an van Gogh: »Alle Amerikaner hier sind leidenschaftlich gegen den Impressionismus.« Diese unwissenden Maler fanden genau wie van Gogh bei seiner ersten Begegnung mit impressionistischen Bildern den radikalen Stil mit seinen skizzenhaften, unvollendeten Oberflächen schwer verständlich. Einige sahen sich erst nach ihrer Rückkehr nach Amerika in der Lage, das Potenzial des Impressionismus neu einzuschätzen, und begannen dann, frei von den Beschränkungen ihrer formellen Ausbildung, mit avantgardistischen Methoden zu experimentieren.

## Der Reiz von Paris

James Abbott McNeill Whistler (1834–1903) war einer der ersten jungen Amerikaner, den die künstlerische Atmosphäre von Paris anlockte. Geboren in Lowell, Massachusetts, verbrachte er einen Teil seiner Kindheit im russischen Sankt Petersburg, wo sein Vater, ein Bauingenieur, als Berater beim Bau der Bahnstrecke nach Moskau mitwirkte. Der junge Whistler erhielt dort Zeichenstunden und bewies bereits großes Talent. Nach dem Tod seines Vaters durch die Cholera kehrte die Familie nach Amerika zurück. In dieser Zeit schulte er seine Fertigkeiten als Konstruktionszeichner und erlernte außerdem die Radierkunst, für die er später berühmt werden würde. 1855, mit 21 Jahren, traf Whistler in Paris ein, um die schönen Künste zu studieren. Er würde nie nach Amerika zurückkehren. Er hatte den großen Vorteil, fließend französisch zu sprechen – während seiner Kindheit in Russland war Französisch die bevorzugte Sprache der Gebildeten und Adligen gewesen.

**Whistlers *Nocturnes*, elegante Darstellungen von Licht auf Wasser und Meeresufern, zeigten seine impressionistische Grundhaltung.**

Unter den talentierten französischen Künstlern, die er in Paris kennenlernte, bewunderte Whistler Manets Figurenstudien und Courbets atmosphärische Seestücke, die einen großen Einfluss auf seine eigenen Darstellungen hatten. Es waren jedoch seine berühmten *Nocturnes*, elegante Darstellungen von Licht auf Wasser und Meeresufern, die seine impressionistische Grundhaltung zeigten (S. 108). Monet war begeistert von diesen bewegenden Bildern, die möglicherweise seine atmosphärische Bildserie *Morgen auf der Seine* beeinflusst haben. Whistlers ausgesprochen persönlicher Malstil wirkte sich auf eine Gruppe ausländischer Kunststudenten aus, die später als australische Impressionisten bekannt sein würden. Diese bewunderten Whistlers Fähigkeit, mit einfachsten Mitteln Bilder von überragender Balance und Schönheit zu schaffen.

## Gegenseitige Bewunderung

John Singer Sargent (1856–1925) gilt als einer der talentiertesten Künstler im Dunstkreis der impressionistischen Bewegung in Frankreich. Geboren wurde er in Florenz als Sohn wohlhabender Amerikaner, die ihren außerordentlich intelligenten Sohn zu Hause unterrichteten; als Erwachsener konnte Sargent mehrere Sprachen sprechen. Nach ausgedehnten Reisen durch Europa ließ sich

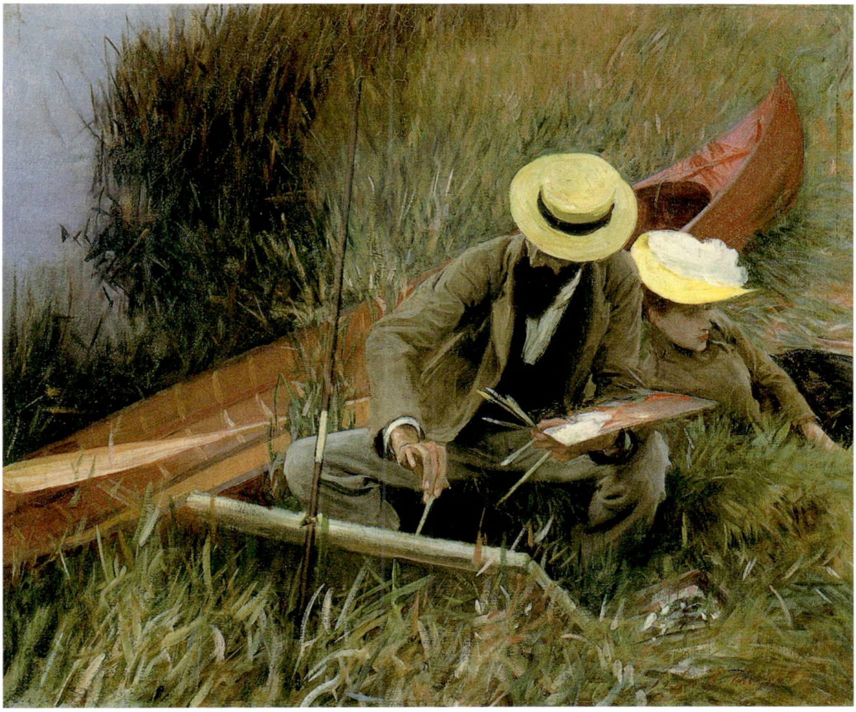

**John Singer Sargent**
*An Out-of-Doors Study*,
1889
Öl auf Leinwand,
65,9 x 80,7 cm
Brooklyn Museum,
New York

**Das Paar wird hier neben einem abgeschiedenen Flussufer gezeigt. Während Paul Helleus Ehefrau vor sich hin träumt, malt er hochkonzentriert. Sargents Darstellung der langen Grashalme schafft eine harmonische Bildebene und erzeugt ein vielfarbiges Muster.**

die Familie 1874 in Paris nieder, wo Sargent bei dem Porträtmaler Carolus-Duran (1837–1917) lernte und arbeitete. Da er fließend französisch sprach, konnte Sargent völlig im Pariser Leben aufgehen. Vermutlich 1876, als der Impressionismus aufkam, lernte er Monet kennen. Anders als die Impressionisten perfektionierte er seine Fertigkeiten an der École des Beaux-Arts, die er 1875 abschloss, und stellte regelmäßig im Salon aus. Sargent war jedoch ein vielseitiger Künstler, der in vielen unterschiedlichen Stilen zeichnen und malen konnte. Der Impressionismus faszinierte ihn und in den 1880ern pflegte er eine Freundschaft mit Monet. Sargent war nur einer von mehreren amerikanischen Künstlern, die Monets Zuhause in Giverny besuchten, um sich inspirieren zu lassen, doch nur er hatte ihn bei der Arbeit gemalt (siehe S. 77).

Obwohl Sargent der erfolgreichste Porträtmaler dieser Zeit wurde, der die modischen Eliten von Paris und London malte, genoss er die Herausforderung, auf impressionistische Weise im Freien zu malen. Ein gutes Beispiel dafür, dass er diesen Stil perfekt beherrschte, ist sein Porträt eines Freundes, des französischen Künstlers Paul Helleu (1859–1927), den er beim Malen eines Flussufers zeigt (oben). Das Bild weist eine ungewöhnliche Komposition auf, es hat keinen

Horizont und der Raum wirkt stark komprimiert. Helleu und seine Frau scheinen sich an einem abgeschiedenen Plätzchen am Flussufer zu befinden. Sargent nutzte ein Wechselspiel aus Diagonalen – das Boot, den Rand von Helleus Leinwand, die Palette –, um die Bildebene zu strukturieren. Die geschickten Pinselstriche, mit denen er die Grashalme malte, sind eine Verbeugung an die Impressionisten.

Sargent und Monet schätzten die Gemälde des jeweils anderen sehr: Monet bewunderte Sargents technische Fähigkeiten und seine Vielseitigkeit, Sargent bestaunte die Kunstfertigkeit seines Freundes. Ihre Freundschaft wurde durch den regelmäßigen Austausch von Briefen und gelegentliche Besuche gestärkt. Sargent, der vor allem für seine eleganten, geschliffenen Porträts bekannt ist, hatte sich also mit Frankreichs renommiertestem impressionistischen Maler zusammengetan und auf diese Weise Einblicke in den neuen Stil gewonnen.

**Mary Cassatt**
*Sitzende Frau mit einem Kind in den Armen*,
ca. 1890
Öl auf Leinwand,
81 x 65,5 cm
Museo de Bellas Artes de Bilbao, Bilbao

**Cassatt zeigt uns hier eine weltliche Madonna mit dem Kind, allerdings bleibt das Gesicht der Mutter komplett verborgen. Das Gemälde ist ein Wechselspiel aus fertigen Oberflächen – der Schüssel, dem Gesicht und der Hand des Kindes – und skizzierten Formen. Die Stuhllehne und die Füße des Kindes sind lediglich durch impressionistische Lasurtechnik (»Scumbling«) und zwanglose Umrisse angedeutet.**

### Eine Amerikanerin in Paris

Mary Cassatt (1844–1926) war die erste amerikanische Malerin, die in Paris zur engagierten und hochgeschätzten Impressionistin wurde. Geboren als Kind reicher Eltern in Allegheny City (heute Teil von Pittsburgh, Pennsylvania), wurde ihr früh entdecktes Talent an der Pennsylvania Academy of the Fine Arts gefördert. Als entschlossene, finanziell gut ausgestattete junge Frau überzeugte sie ihre Eltern, dass sie vom Unterricht bei Jean-Léon Gérôme (1824–1904), dem führenden Maler historischer Themen, profitieren würde. Sie entwickelte sich in seinem Atelier so gut, dass eines ihrer Gemälde 1868 vom Salon akzeptiert wurde. Nach dreieinhalb Jahren in Paris zwang sie der Ausbruch des deutsch-französischen Krieges 1870 zur Rückkehr nach Amerika.

**Cassatts Treffen mit Degas markierte einen Richtungswechsel in ihrem Malstil.**

Schon 1871 kam sie jedoch wieder nach Europa, wo sie viele Museen besuchte, in denen sie große Kunstwerke studierte und kopierte, darunter Gemälde von Diego Velázquez (1599–1660), Peter Paul Rubens (1577–1640) und Frans Hals (1582/3–1666). Diese Maler, berühmt für ihre elegante, fließende Pinselführung, hatten großen Einfluss auf ihre spätere Arbeit. Im Juni 1874 ließ Cassatt sich in Paris nieder, wo sie weiterhin im Salon erfolgreich war. Ihr Treffen mit Degas markierte allerdings einen Richtungswechsel in ihrem Malstil. Da sich sowohl Degas als auch Cassatt für Figurenkompositionen in zeitgenössischen Umgebungen interessierten, entwickelten sie eine

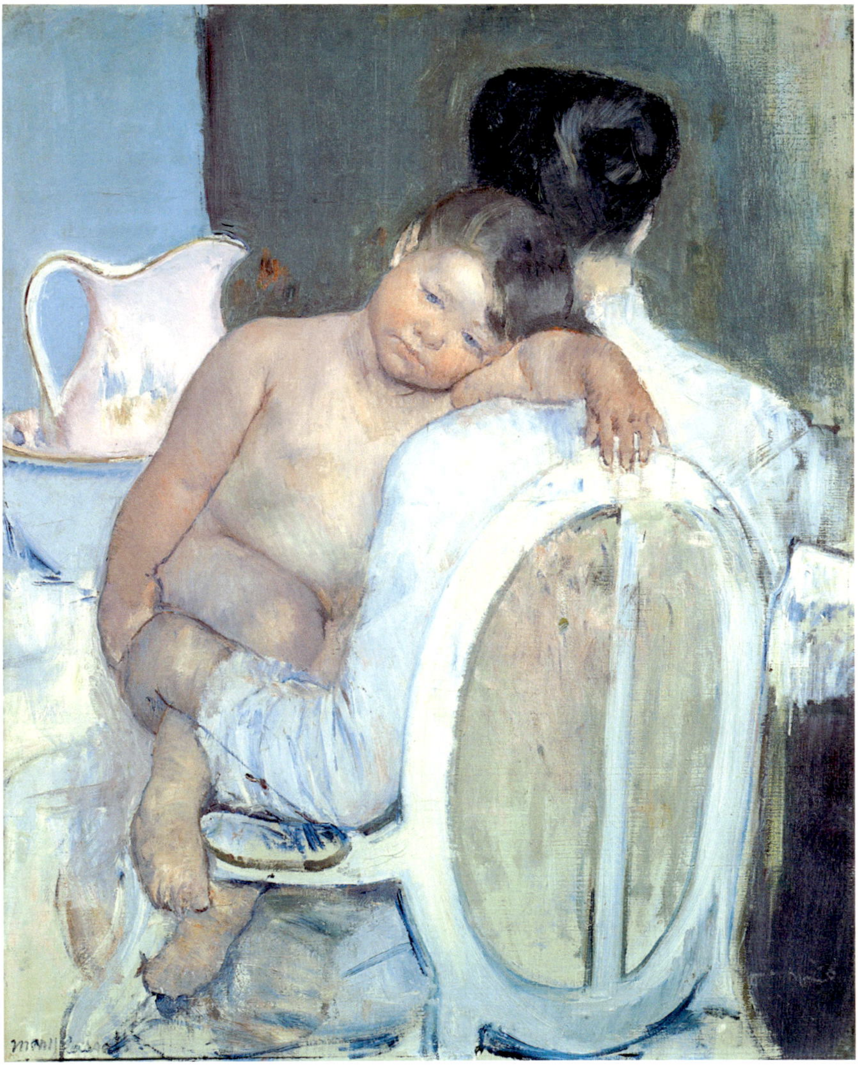

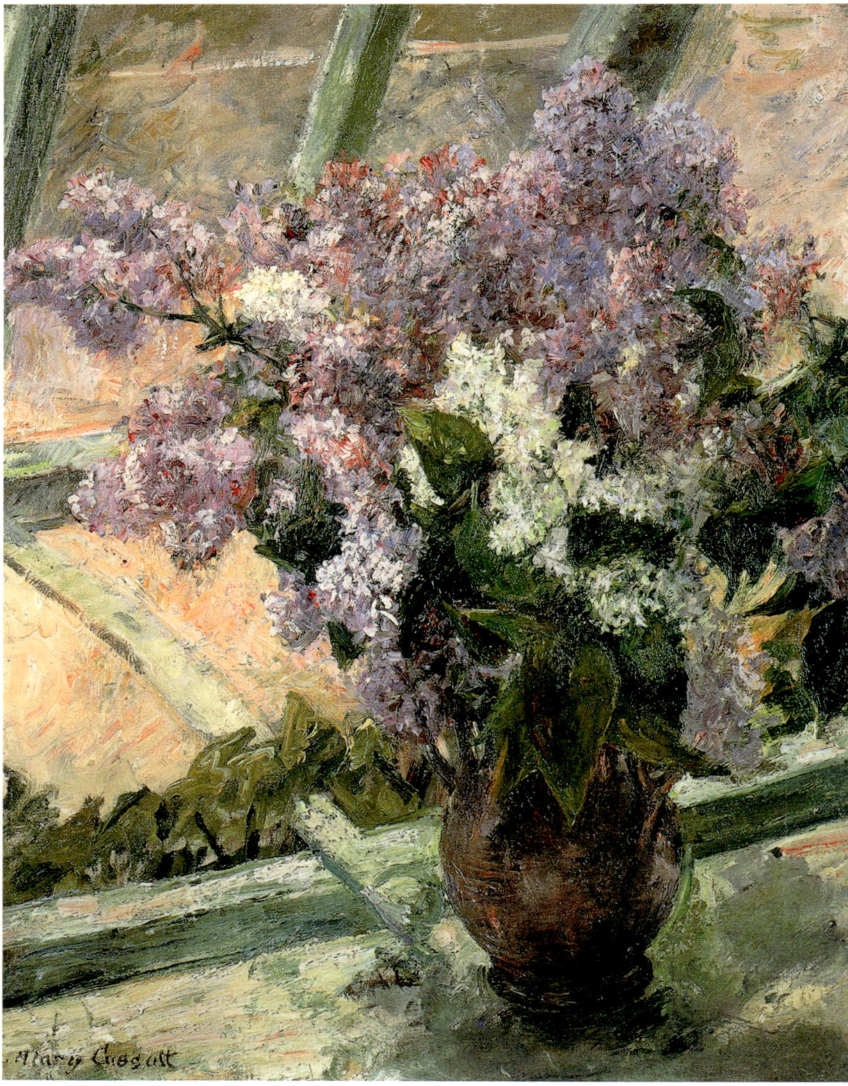
Mary Cassatt

**Mary Cassatt**
*Flieder im Fenster (Vase de Lilas a la Fenêtre)*,
ca. 1880–1883
Öl auf Leinwand,
61,5 x 51,1 cm
Metropolitan Museum of Art, New York

**Dies ist eine der originellsten impressionistischen Blumenstudien. Die Metallstruktur des Gewächshauses dient hier dazu, den Krug mit den Fliederzweigen einzurahmen, die in Sonnenlicht getaucht sind. Die vielfältig getönten Blüten sind durch gekonnten Einsatz von Impasto gemalt, wodurch ihre Formen und ihre Zartheit besonders hervorgehoben werden.**

enge künstlerische Bindung. Degas, der ihre stilvollen Bilder und ihre ungehemmte Technik bewunderte, lud sie in die Gruppe unabhängiger Künstler ein, die man später als die französischen Impressionisten kennen würde. Sie war die einzige amerikanische Malerin, die dies erreichte. Dass Cassatt Degas' Einladung akzeptierte, zeigt ihre Entschlossenheit, sich von der akademischen Malerei zu distanzieren und in dem neuen, avantgardistischen Stil aufzugehen. Unter dem Einfluss ihrer neuen Kollegen erkundete sie das Potenzial der impressionistischen Herangehensweise, vor allem in Bezug auf subtile Farbschemata und lebhafte Lichteffekte.

Cassatt malte wie Renoir viele Bilder von jungen Frauen in sonnendurchfluteten Räumen und üppigen Gärten. Ihre Spezialität war aber das Thema »Mutter und Kind«, die sie ganz direkt und ohne jede Sentimentalität malte (S. 113). Sie war die einzige Amerikanerin, die an den Gruppenausstellungen der französischen Impressionisten teilnahm, und zwar viermal zwischen 1879 und 1886. Heute ist sie zwar vor allem für ihre intimen Figurenstudien berühmt, doch sie malte auch ungewöhnliche Stillleben. Ein originelles Beispiel ist das Bild eines Fliederstraußes in einem Krug (gegenüber). Sie und Degas waren außerdem begeisterte Grafiker; ihre Radierungen zeigen großes technisches und ästhetisches Können.

-

**Cassatt war eine Botschafterin des französischen Impressionismus.**

-

Cassatts umfassendes Wissen über die alte europäische Malerei und den Impressionismus machte sie zu einer gefragten Ratgeberin bei ihren reichen amerikanischen Freunden und Sammlern, die nur das Beste kaufen wollten. Ihre Sachkunde und Überzeugungskraft sorgten dafür, dass schon bald in vielen privaten und staatlichen Sammlungen in den USA die radikalen Arbeiten ihrer impressionistischen Freunde auftauchten. Cassatt förderte den neuen Stil, den sie auch selbst gekonnt praktizierte.

Trotz ihrer wichtigen Rolle als Botschafterin des französischen Impressionismus wurde sie selbst als »amerikanische Impressionistin« viele Jahre lang unterschätzt. Da Cassatt einen Großteil ihres Lebens in Frankreich verbrachte, wurde sie in amerikanischen Künstlerkreisen oft übersehen. Bis vor Kurzem vernachlässigte man ihre einzigartigen Talente in kunstgeschichtlichen Publikationen und sie galt einfach nur als »Schülerin von Degas«. Heute jedoch wird sie in ihrem Geburtsland als Pionierin des Impressionismus verehrt – und als diejenige, die die Kluft zwischen der französischen und der amerikanischen Malerei überwunden hat.

### Die Anziehungskraft von Giverny

Anfang Mai 1883 zog Monet in ein gemietetes Bauernhaus in Giverny. Das Dorf schmiegt sich an die Hügel am Ostufer der Seine, wo der Fluss Epte mündet, etwa 65 km nordwestlich von Paris. Das große Grundstück und der benachbarte Obstgarten boten ausreichend Platz für seine große Familie: zwei Söhne aus seiner ersten Ehe, seine sieben Stiefkinder und seine zweite Frau Alice Hoschedé-Monet (1844–1911). Monet fühlte sich auch deshalb so von seinem neuen Zuhause angezogen, weil es in dessen Nähe genau jene Art von bewaldeten Landschaften und mäandernden Flüssen gab, die er so gern malte. In erster Linie fiel seine Wahl auf Giverny als Wohnort, weil er dem Stadtleben entfliehen wollte. Er malte zwar weiterhin städtische Szenen, war aber eigentlich ein Landschaftsmaler: »Ich bin wirklich nicht so gern in Städten.«

**Das Hotel von Giverny diente als Treff für ausländische Maler.**

Im Mai 1888, nur fünf Monate, nachdem die Familie Monet-Hoschedé nach Giverny gezogen war, ließen sich zwei junge amerikanische Maler für längere Zeit dort nieder: Theodore Robinson (1852–1896) und Theodore Earl Butler (1861–1936). Beide hatten in Paris studiert und erfolgreich im Salon ausgestellt. Nun wollten sie gern in einer ruhigen, ländlichen Gegend mit impressionistischen Techniken experimentieren. Sie mieteten Räume im Hôtel Baudy, das im Juni 1887 eröffnet hatte (und heute noch als Restaurant in Betrieb ist). Giverny zog mittlerweile eine große Zahl ausländischer Maler an und das Hotel und sein Restaurant dienten als zentraler Treffpunkt. In dem Dorf entstand schließlich eine Künstlerkolonie mit bis zu neun amerikanischen Künstlern, die zeitweise in dem Hotel lebten.

Während seiner Zeit in Giverny widmete Theodore Robinson sich völlig der Erforschung der impressionistischen Malerei. Auslöser war zweifellos seine Begegnung mit Monet, dessen enger Freund er wurde. Robinson erhielt von seinem neuen Mentor wertvolle Ratschläge und wurde ermuntert, die Werke anzuschauen und zu kommentieren, an denen Monet gerade arbeitete. Monet wiederum bewunderte Robinsons frei gemalte Bilder des Dorfes, wie etwa *Blossoms at Giverny* (gegenüber). Der junge Amerikaner war auch ein talentierter Fotograf. Eines seiner denkwürdigsten Bilder war ein Porträt von Monet in seinem Garten in Giverny. Robinson verließ Frankreich im Jahre 1892, malte aber

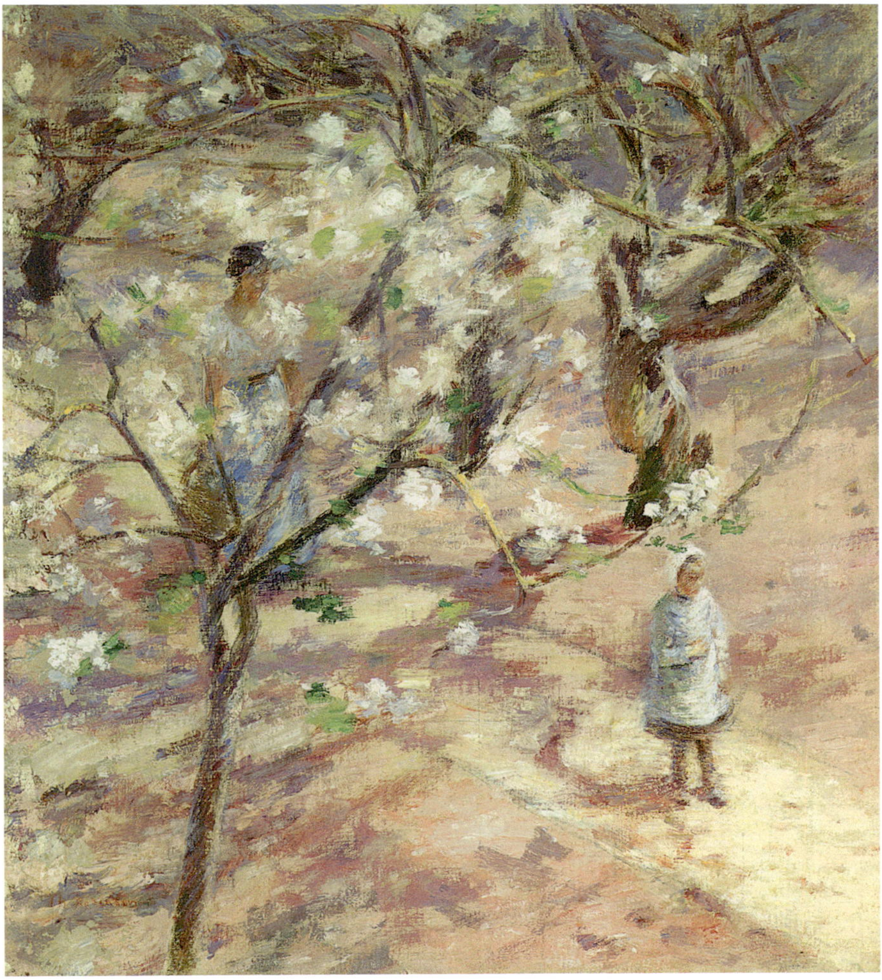

**Theodore Robinson**
*Blossoms at Giverny*,
ca. 1891–1892
Öl auf Leinwand,
54,9 x 51,1 cm
Terra Foundation for
American Art, Chicago

**Robinsons Bild, das er vom Fenster der oberen Etage aus gemalt hat, nutzt impressionistische Techniken für die Blüten und die Flecken des Sonnenlichts.**

auch in Amerika weiter im impressionistischen Stil. Er gilt als einer der größten impressionistischen Künstler Amerikas, dessen Werke auch heute noch in wichtigen Museen ausgestellt werden.

Theodore Butlers Talent als impressionistischer Maler blühte zwar in der Gemeinschaft im Hôtel Baudy auf, doch den größten Einfluss auf sein Privatleben hatten die zwanglosen Treffen mit der Familie Monet-Hoschedé. Butler, der aus einer außerordentlich wohlhabenden Familie stammte, überzeugte Monet schließlich, dass er eine geeignete Partie für dessen Stieftochter Suzanne sei. Die beiden heirateten am 20. Juli 1892, doch Suzanne verstarb nach längerer Krankheit bereits 1899. Ihre Schwester, Marthe Hoschedé, kümmerte sich um die beiden kleinen Kinder des Paares und

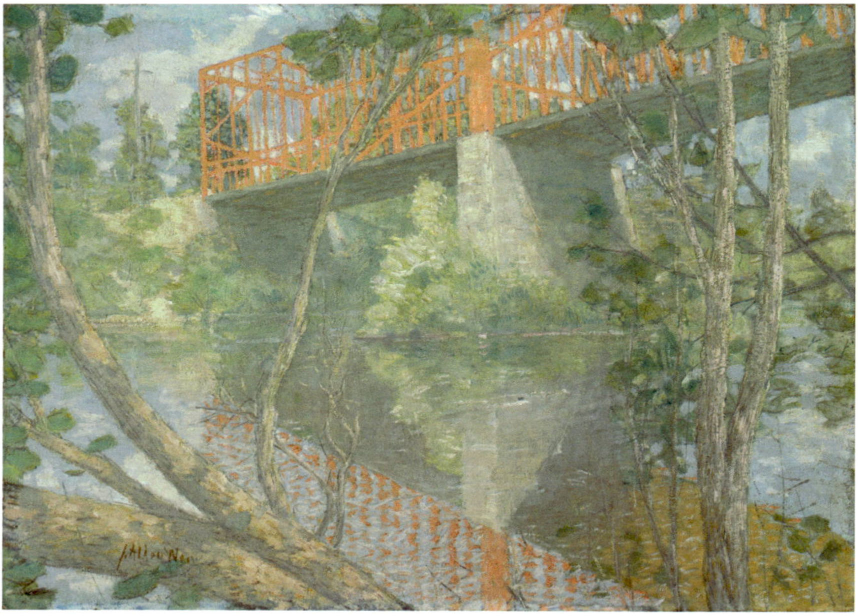

**J. Alden Weir**
*The Red Bridge*, ca. 1895
Öl auf Leinwand,
61,6 x 85,7 cm
Metropolitan Museum of Art, New York

**Der rote Anstrich der Brücke bot Weir die Gelegenheit, mit ungewöhnlichen Farbeffekten zu experimentieren.**

schließlich wurde sie Theodores Ehefrau. Butler hatte zu Lebzeiten Suzannes ein großes Haus im Dorf gebaut und kehrte nach einer erfolgreichen Karriere in Europa und Amerika endgültig nach Giverny zurück, wo er 1936 verstarb.

**Der widerstrebende Impressionist**

Auch wenn J. Alden Weir (1852–1919) heute als ein wichtiger amerikanischer Impressionist gilt, übernahm er den Stil erst 18 Jahre nach seiner Ausbildung in Paris. Das macht ihn ungewöhnlich: ein verspäteter Konvertit zum freien Einsatz von Farbe, um eine persönliche »Impression« auf Leinwand zu bannen. Nach akademischen Studien in Amerika schrieb er sich 1873 an der École des Beaux-Arts in Paris ein. Anders als einige seiner Landsleute war er merklich unbeeindruckt von den impressionistischen Gemälden, die in den Galerien der Stadt zu sehen waren. Er hielt sie für unprofessionell, ihm fehlten korrekte Zeichnung und Komposition.

Erst nach seiner Rückkehr nach Amerika hinterfragte Weir seine Zweifel und begann mit den wichtigsten Merkmalen des Impressionismus zu experimentieren. Etwa ab 1891 begann er, Landschaften voller Licht und funkelnder Farben zu malen. Seinen Hang zu einer klaren kompositorischen Struktur findet man jedoch auch in seinem berühmtesten Gemälde, *The Red Bridge* (oben). Dieses Bild zeigt komplexe Pinselstriche in komplementären Farben, die einen Gegensatz zu der strengen Geometrie der Brücke bilden.

**Der poetische Impressionist**

John Henry Twachtman (1853–1902) gilt heute bei vielen Kunsthistorikern als der originellste amerikanische Künstler des Impressionismus. Wie viele abenteuerlustige junge amerikanische Künstler seiner Generation reiste er nach einer ersten Ausbildung in seinem Heimatland nach Europa, um sich in die avantgardistischen Malpraktiken zu vertiefen. Nachdem er zuerst in München studiert hatte, siedelte er nach Paris um, wo er zwischen 1883 und 1885 seine Studien an der renommierten Académie Julian fortsetzte. Diese private Kunstschule war bei den ausländischen Studenten beliebt, da die Beherrschung der französischen Sprache keine Zulassungsvoraussetzung war. Während seiner Studien wurde er von den Werken der französischen Impressionisten beeinflusst und malte daraufhin nach seiner Rückkehr nach Amerika im Jahre 1886 viele atmosphärische Landschaften. Besonders originell sind seine Schneeszenen mit ihrer kühlen und ruhigen Stimmung (umseitig).

Twachtmans früher Tod mit 42 führte dazu, dass er bis vor Kurzem kaum beachtet wurde. Doch 1893 wurden Gemälde sowohl von Weir als auch von Twachtman in eine Ausstellung von Werken Monets in den American Art Galleries in New York aufgenommen. Und tatsächlich wirken einige seiner Landschaften ähnlich mysteriös wie Monets späte Flussszenen. Twachtmans Gemälde findet man heute in den Sammlungen von Amerikas wichtigen Museen und er zählt zu den führenden amerikanischen Impressionisten.

**Die Künstlerkolonie von Cos Cob**

1889 kaufte Twachtman eine Farm in Cos Cob, einem Vorort von Greenwich, Connecticut. Sein Charisma als Lehrer und Maler ließ Cos Cob zu einer Künstlerkolonie werden. Während ihrer aktiven Zeit zwischen 1890 und 1920 lockte sie viele seiner Künstlerfreunde an, sie besuchten Twachtman, gaben Unterricht und malten. Oft wohnten die Künstler in Holley House (heute denkmalgeschützt und als Bush-Holley House bekannt), einem alten Salzlagerhaus an dem kleinen Hafen von Cos Cob. Twachtmans Freunde J. Alden Weir und Theodore Robinson waren häufige Besucher dort. Twachtmans Enthusiasmus und Lehrerfahrung sorgten entscheidend dafür, dass die Künstlerkolonie als ein Ort aufblühte, an dem man nach den impressionistischen Prinzipien malen und experimentieren konnte, die er und die anderen in Frankreich kennengelernt hatten. Die Kolonie spielte eine wichtige Rolle beim Verbreiten der impressionistischen

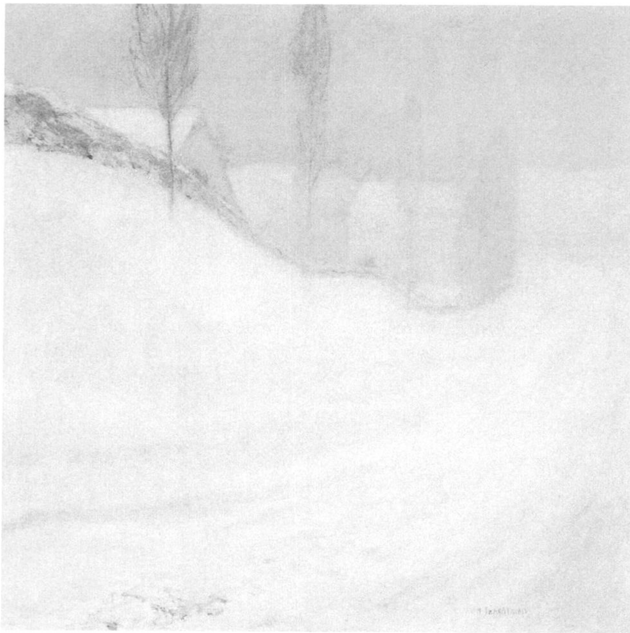

**John Henry Twachtman**
*Round Hill Road*,
ca. 1890–1900
Öl auf Leinwand,
76,8 x 76,2 cm
Smithsonian American
Art Museum, Washington

**Mithilfe zurückhaltender Techniken schuf Twachtman einen stimmungsvollen Eindruck einer Winterszene, in der die Eigenarten der Landschaft kaum wahrnehmbar sind.**

Malmethoden unter den jungen amerikanischen Künstlern. Eine große Wanderausstellung im Jahre 2001 zeichnete den Einfluss der Künstlerkolonie Cos Cob auf die Geschichte der amerikanischen bildenden Kunst nach.

## Impressionen vom Leben auf der Straße

Frederick Childe Hassam (1859–1935) war einer der einflussreichsten und kommerziell erfolgreichsten der amerikanischen Impressionisten. Hassam lebte von 1886 bis 1889 in Paris und studierte wie viele junge Amerikaner Malen und Zeichnen an der Académie Julian. Im Gegensatz zu einigen seiner Mitstudenten war Hassam vom französischen Impressionismus sehr beeindruckt. Da ihm jedoch das Studium an der Académie Julian zu streng war, kehrte er Ende 1889 in die USA zurück. Dort freundete er sich mit Robinson, Weir und Twachtman an und war regelmäßig zu Gast in der Künstlerkolonie Cos Cob.

Er malte zwar viele hochwertige Küstenlandschaften, doch seinen Ruf unter amerikanischen Sammlern verdankte er seinen frei gemalten städtischen Straßenszenen. Als Einwohner von New York zeichneten Hassams Ölgemälde die Bewegungsmuster und sich ändernden Lichtverhältnisse in den großen Avenues der Stadt auf. In wahrhaft impressionistischem Stil malte er die Straßen zu unterschiedlichen Zeiten und Wetterbedingungen. Er vermied harte Umrisse und zog es vor, mit lebhaften Farben und unterschiedlich dicken Farbschichten ein Gefühl für den Ort zu vermitteln.

Heute ist Hassam vor allem bekannt für seine Bilder der flaggengeschmückten Fifth Avenue während des 1. Weltkriegs (unten). Er begann seine aus etwa 30 Gemälden bestehende *Flaggen-Serie* 1916, inspiriert von einer Preparedness Parade, einem von vielen Märschen der Unterstützer von Amerikas bevorstehendem Kriegseintritt. Hassams Gemälde konzentrieren sich auf die Flaggen – vielleicht angeregt von Monets Gemälden eines Pariser Boulevards unter Flaggen aus dem Jahre 1878. In vielen Werken der *Flaggen-Serie* werden die Flaggen von Frankreich, den USA und Großbritannien gemeinsam gezeigt, in politischer und bildlicher

**Frederick Childe Hassam**
*Avenue der Alliierten*, 1917
Öl auf Leinwand,
47 x 38,4 cm
Telfair Museums,
Savannah, Georgia

**Hassam ist besonders berühmt für seine Bilder von Straßen, die mit Flaggen dekoriert sind.**

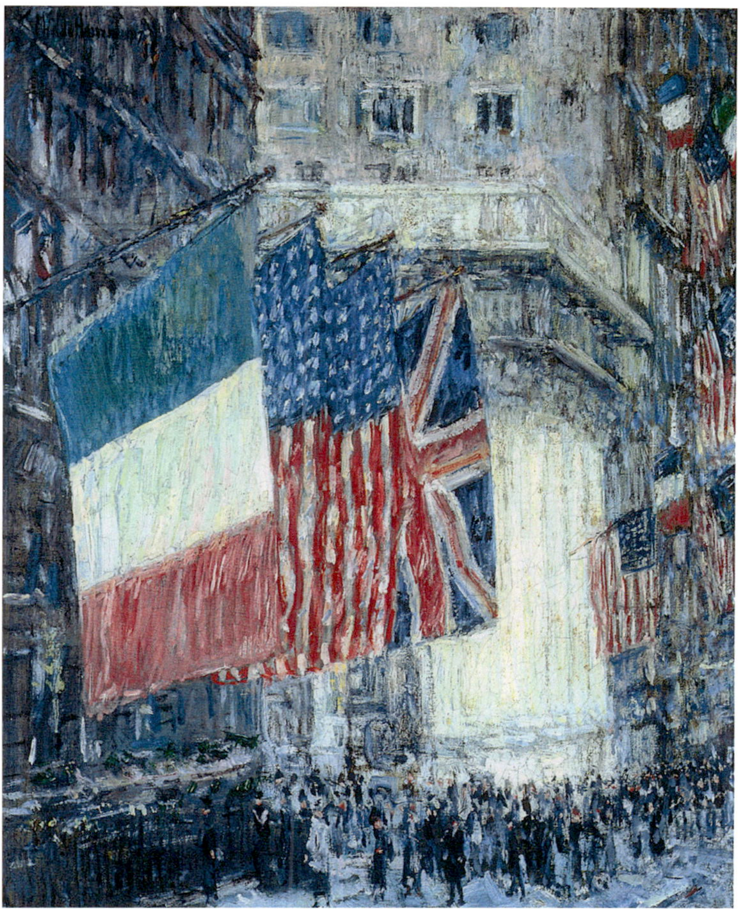

Harmonie. Das Gemälde in der Sammlung des Weißen Hauses stellt allerdings nur amerikanische Flaggen dar, zweifellos um die patriotische Absicht zu betonen.

**The Ten**

Nachdem einige junge amerikanische Maler während ihrer Studien in Paris und Giverny den Impressionismus »entdeckt« hatten, verspürten sie die Notwendigkeit, Kunstwelt und Sammler in ihrem Heimatland von den ästhetischen Vorzügen des neuen Stils zu überzeugen. Daher beschlossen Künstler aus dem Umkreis der Künstlerkolonie Cos Cob, eine Gruppe zu gründen, die sich der Ausstellung ihrer radikalen, impressionistisch inspirierten Gemälde widmet. Sie waren schockiert von der Ablehnung, die ihre Gemälde trotz der erfolgreichen New Yorker Ausstellung impressionistischer Bilder des französischen Händlers Paul Durand-Ruel im Jahre 1885 durch die Society of American Artists erfuhren. Deshalb führte die neue Gruppe 1898 zum ersten Mal eine Gemeinschaftsausstellung als »The Ten American Painters« durch – bald schon abgekürzt als The Ten bekannt. Zu den Mitgliedern gehörten auch Twachtman, Weir und Hassam.

Während die französischen Impressionistenausstellungen in Paris keine Begrenzung der Teilnehmerzahlen hatten, wahrten The Ten in den 20 Jahren ihrer Existenz ihren numerischen Fokus bei ihren Ausstellungen. Wenn ein Mitglied ging oder starb, wurde ein gleichgesinnter Maler rekrutiert. Und anders als die französischen Ausstellungen, die immer nur in der Hauptstadt stattfanden, schickten The Ten ihre Shows an viele Orte – New York, Boston, Philadelphia und andere große amerikanische Städte. Auf diese Weise weckte die Gruppe das Interesse an diesem neuen Stil bei Sammlern und der neuen Generation junger Künstler. Da sie ihren Malstil ausgesprochen energisch vertraten, wurden The Ten zum Synonym für den amerikanischen Impressionismus.

**Der australische Frankophile**

Ironischerweise lebte und malte der angesehenste australische Impressionist die meiste Zeit seines Lebens in Frankreich. John Peter Russell (1858–1930) war in Sydney als Sohn eines wohlhabenden schottischen Ingenieurs und dessen englischer Frau geboren und aufgewachsen. Zunächst absolvierte er eine Ausbildung zum Ingenieur im englischen Lincoln, doch als sein Vater 1879 starb und ihm sowie seinem Bruder ein großes Vermögen hinterließ, startete John Peter eine Karriere als Maler in Europa. Zuerst studierte er an der Londoner Slade School of Art und wechselte 1884 an Fernand Cormons Atelier

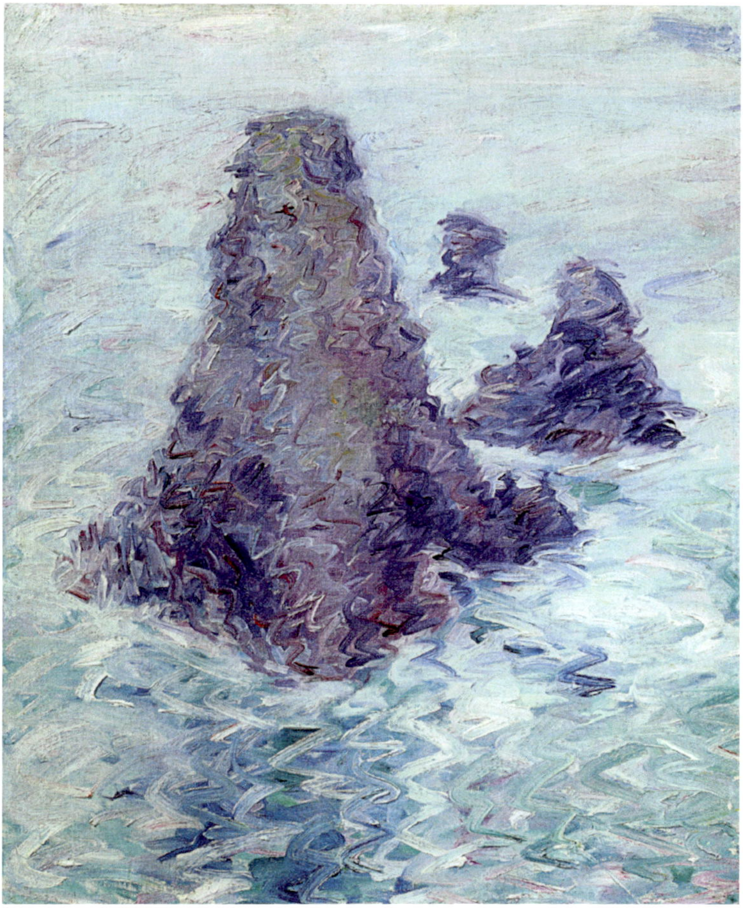

**John Peter Russell**
*Aiguille de Coton, Belle-Île*, ca. 1900
Öl auf Leinwand,
60,8 x 50,5 cm
Kerry Stokes Collection, Perth

**Russell konzentrierte sich auf drei zurückgesetzte Felsnadeln vor den Klippen. Er stellte die Wellen im Vordergrund als ausdrucksvolles grafisches Muster dar, ein Mittel, das er auch für die Felsoberflächen selbst verwendete.**

in Paris. Hier befreundete er sich mit vielen talentierten Studenten, von denen einige später sehr berühmt werden würden: Émile Bernard, Henri de Toulouse-Lautrec und Vincent van Gogh.

## »Zweifellos ein bemerkenswerter Kolorist«

1886 malte Russell ein bemerkenswertes Porträt seines Freundes Vincent, das sich heute in der Sammlung des Van Gogh Museum Amsterdam befindet. Da er vermögend und ein enthusiastischer Sammler war, erwarb Russell viele avantgardistische Gemälde von Theo van Gogh, darunter eines von Vincent. Russells Korrespondenz mit Vincent zeigt die Verbundenheit der beiden jungen Künstler. Als er 1888 in Arles malte, sandte van Gogh Russell 12 Zeichnungen, um seinem Freund den Fortgang seiner Arbeit zu demonstrieren.

Als Russell 1886 auf den Klippen von Belle-Île vor der Küste der Bretagne malte, traf er Monet bei der Arbeit. Der Meister des Impressionismus gab ihm Hinweise, die Russells Malstil nachhaltig beeinflussten. Im selben Jahr baute der junge Australier ein großes Haus und Atelier – Le Chateau de l'Anglais – auf Belle-Île in Port-Goulphar, ganz in der Nähe der Stelle, an der er Monet kennengelernt hatte. Hier schuf er impressionistische Gemälde, auf denen er Felsen und Wellen mithilfe von eindrucksvollem Impasto und wirbelnden Pinselstrichen darstellte (siehe vorherige Seite).

Russell bewunderte Monets Landschaften, vor allem seinen empfindsamen Einsatz von Farbe und Tönungen: »Er ist zweifellos ein bemerkenswerter Kolorist [*sic*]«. 1888 machte Monets Ausstellung von zehn prächtigen Gemälden von Antibes, die in der Galerie von Theo van Gogh gezeigt wurden, einen starken Eindruck auf Russell. Er hatte das Gefühl, dass das mediterrane Licht und die Farben in Monets Bildern wunderschön dargestellt wurden.

**John Peter Russell**
*In the Morning, Alpes Maritimes from Antibes*, 1890–1891
Öl auf Leinwand,
60,3 x 73,2 cm
National Gallery of Australia, Canberra

**Streifen aus leuchtenden Farben vermitteln ein Gefühl von Raum. Der Vordergrund wird durch Muster aus Kakteenblättern belebt, die mit dickem Impasto gemalt wurden.**

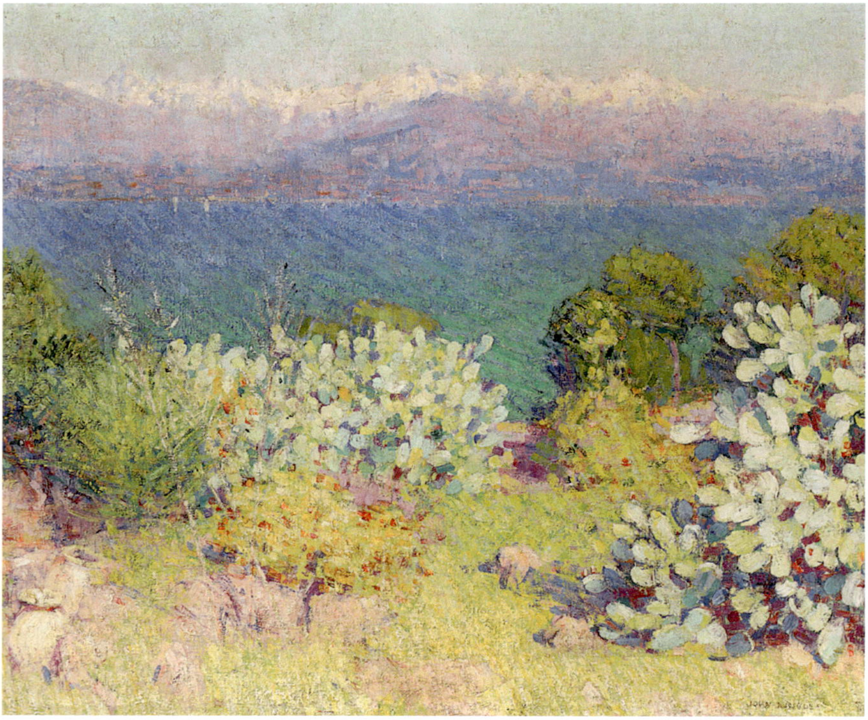

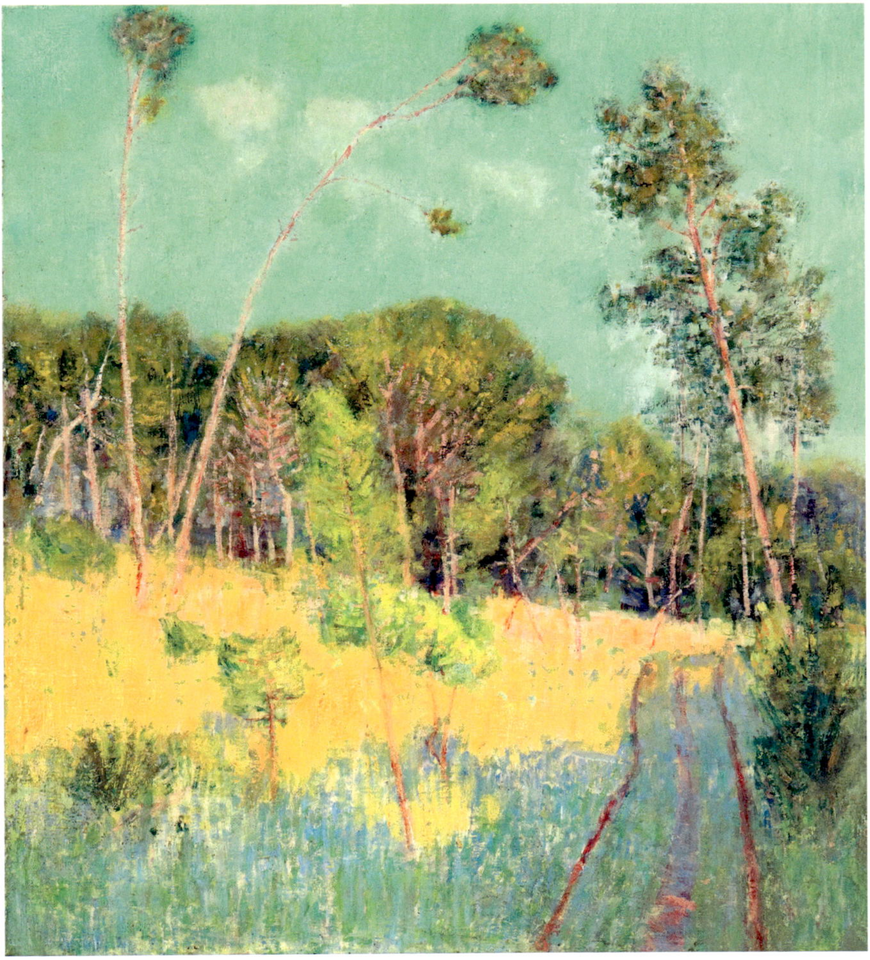

**John Peter Russell**
*A Clearing in the Forest*, 1891
Öl auf Leinwand, 61 x 55,9 cm
Art Gallery of South Australia, Adelaide

**Indem er sich auf ein Netzwerk aus dünnen Baumstämmen und den Weg konzentrierte, schuf Russell eine ausgeglichene Komposition dieses in Sonnenlicht gebadeten Ortes.**

Er kritisierte jedoch, dass es vielen der französischen Impressionisten nicht gelang, Kompositionen mit genügend formeller Stärke zu schaffen: »Aber wie bei fast allen sogenannten impressionistischen Werken ist die Form nicht ausreichend.« Zwei Jahre später versuchte sich Russell in Antibes an der gleichen Art von Motiv. In seinen stilvollen impressionistischen Gemälden bildeten Kakteen und Bäume das formelle Gerüst (gegenüber und oben).

Als seine Frau Marianna Mattiocco Russell 1908 starb, zerstörte er in seiner Verzweiflung einen Großteil seines Werkes. Er kehrte nach Paris zurück, reiste dann mit seiner Tochter Jeanne durch Südfrankreich und ließ sich anschließend für eine längere Zeit im italienischen Portofino nieder. In dieser Zeit schuf er viele erlesene

Aquarelle. Am Ende des 1. Weltkriegs verließ er Europa und ließ sich nach zwei Jahren in Neuseeland mit seiner zweiten Frau in Sydney nieder, wo er von seinem Boot aus Hafenszenen malte.

Nach seinem Tod im Jahre 1930 geriet sein Name in Australien in Vergessenheit. Da er 40 Jahre in Frankreich gelebt hatte, begannen viele große Museen in Australien nur langsam, seine Werke zu erwerben. Was seine künstlerische Herkunft – als Schüler von Monet – betrifft, galt er beinahe als französischer Künstler und nicht als großer australischer Impressionist. Glücklicherweise sind seine eindrucksvollen Leistungen inzwischen anerkannt und seine Arbeiten hängen in vielen australischen Museen. Seine Tochter vermachte 21 seiner Gemälde dem Louvre in Paris. Sie werden jetzt im Musée Rodin gezeigt. Das ist völlig angemessen, da Marianna vor ihrer Heirat ein Lieblingsmodell von Auguste Rodin (1840–1917) gewesen war. John Russell hatte Rodin außerdem beauftragt, eine Skulptur seiner schönen italienischen Frau anzufertigen. Russell und Marianna blieben mit dem großen Bildhauer befreundet, der sie häufig in ihrem Heim auf Belle-Île besuchte.

### Europa und Australien

Tom Roberts (1856–1931) war einer der einflussreichsten impressionistischen Maler Australiens. Geboren in England, zog er als Teenager mit seinen Eltern nach Melbourne. Nachdem er als Assistent eines Fotografen gearbeitet und abends Kunst an der National Gallery School in Melbourne studiert hatte, kehrte er nach Europa zurück und besuchte 1881 die Royal Academy Schools in London. In Frankreich erneuerte er seine Bekanntschaft mit John Peter Russell und im Sommer 1883 brachen die beiden zu einer Malexpedition

**Tom Roberts**
*Saplings*, ca. 1889
Öl auf Zederntafel,
34,5 x 14,5 cm
Art Gallery of South
Australia, Adelaide

**Diese dürre Landschaft scheint heftige Hitze auszustrahlen. Roberts entschied sich für das Hochformat, um die Schlankheit der Eukalyptusbäume zu betonen, die auf dem steilen Abhang wachsen.**

**Tom Roberts**
*Trafalgar Square*, ca. 1884
Öl auf Karton, 14 x 28 cm
Art Gallery of South
Australia, Adelaide

**Nebel hat dieses Stadtbild auf wenige Komponenten reduziert, die Roberts in seiner unkonventionellen, aber dennoch vielsagenden Komposition angeordnet hat.**

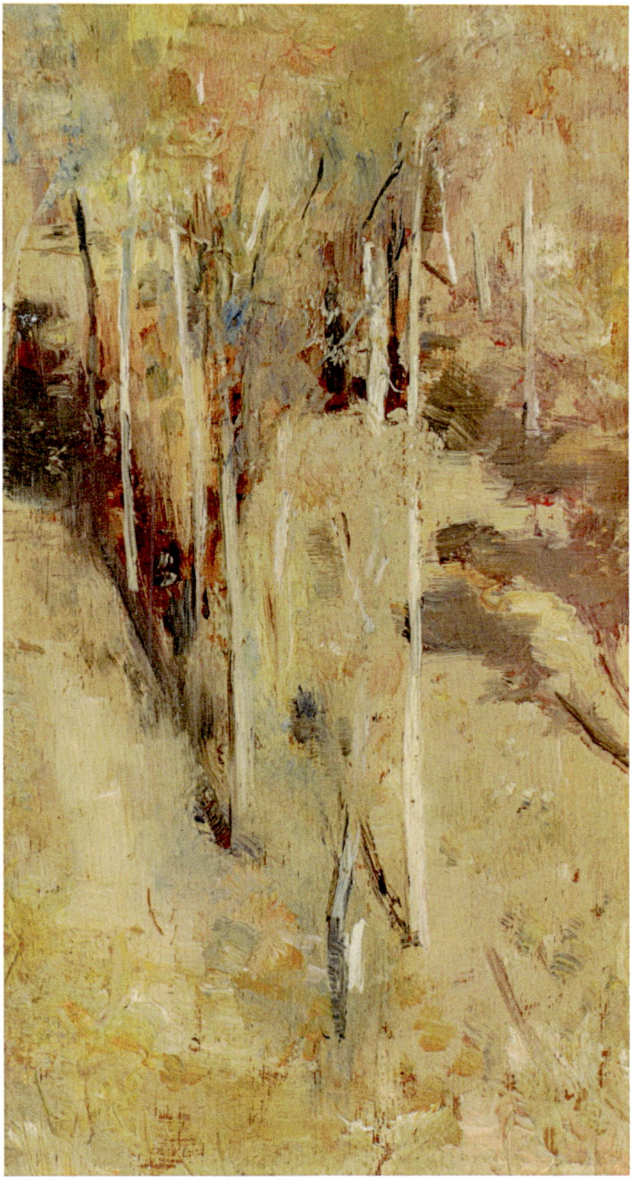

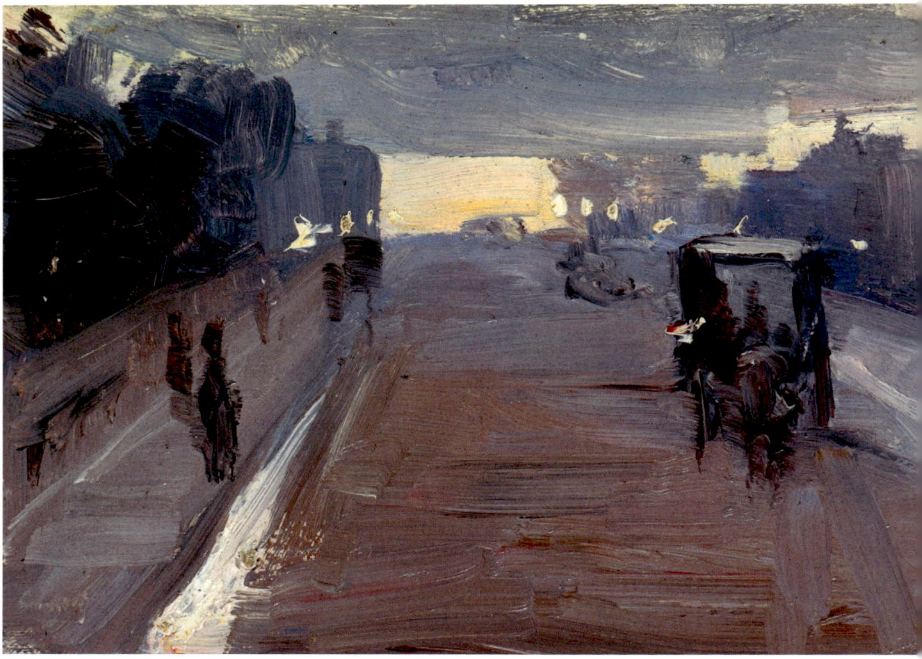

nach Südwestfrankreich und Spanien auf. Ermutigt von dem erfahrenen Russell experimentierte Roberts mit der *Plein-air*-Landschaftsmalerei im impressionistischen Stil mit schnellen Pinselstrichen in Nass-auf-Nass-Technik. Obwohl er an das mediterrane Licht und die Farben gewöhnt war, malte er bei seinen Besuchen in London 1884 und 1904 kleine stimmungsvolle Ölskizzen der nebelverhangenen Straßen und Plätze der Stadt.

In seinem Bild *Trafalgar Square* (S. 126) betont er die horizontale Komposition durch eine Reihe von Silhouetten – die Säulenbasis, die Löwenskulpturen, den Rand des Brunnens und die Fassaden der Gebäude. Trotz seiner geringen Größe wirkt das Gemälde ausgesprochen dramatisch und spiegelt möglicherweise seine frühere Ausbildung als Fotograf wider. 1885 kehrte er nach Melbourne zurück, wo er für die impressionistische Technik und die Vorteile der Landschaftsmalerei im Freien warb. Hier fand er sich nicht mehr dem Nebel von London, sondern den dürren, bewaldeten Hügeln des australischen Buschlandes gegenüber. Diese malte er auf eine kontrollierte, impressionistische Weise, die die Mittagshitze heraufbeschwor, wie in *Saplings* (vorherige Seite).

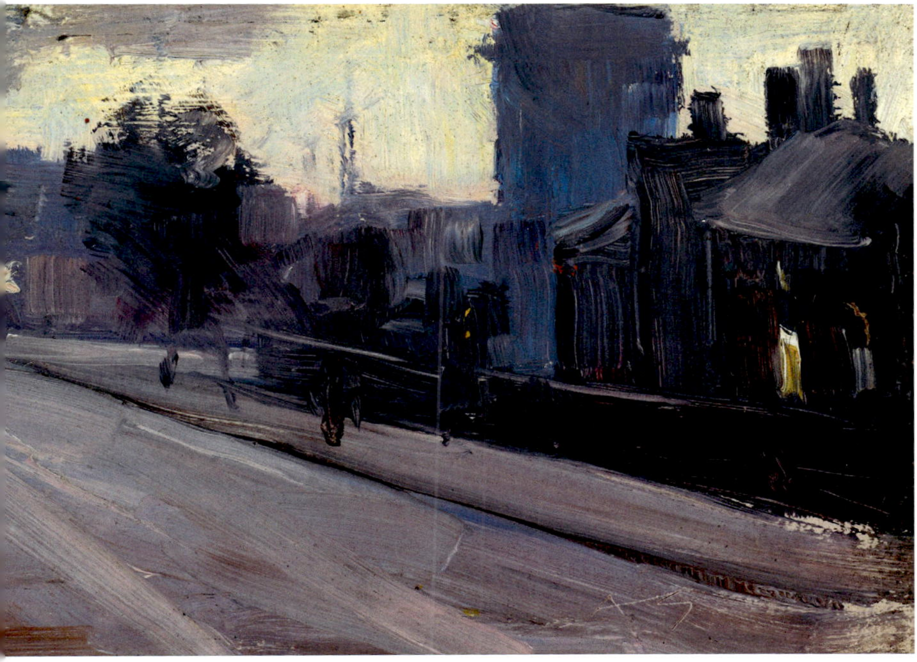

**Arthur Streeton**
*Hoddle St., 10 p. m.*, 1889
Öl auf Karton,
7,9 x 23,3 cm
National Gallery of
Australia, Canberra

**Die horizontale Anordnung des Gemäldes verrät uns etwas über die Breite der Hoddle Street und vermittelt uns deutlich, wie sich die Szene in der Dämmerung anfühlt. Das ausklingende Licht am Himmel bildet einen starken Kontrast zu den dunklen Silhouetten der Häuser.**

## Abend und Morgen

Französische Impressionisten malten Szenen gern zu verschiedenen Tageszeiten, um die unterschiedlichen Farben und Farbtöne, die sie wahrnahmen, auf die Leinwand zu bannen. Unter den australischen Impressionisten war Arthur Streeton (1867–1943) besonders versiert im Malen dieser stimmungsvollen Bedingungen an urbanen und küstennahen Orten. Wie alle Impressionisten faszinierten ihn die stetigen Änderungen des Lichts – ein Wandel, der schnelle, geschickte Pinselstriche erforderte, wenn man im Freien malte.

**Das Abendlicht hat die wichtigsten Komponenten des Stadtbildes noch nicht völlig verschleiert.**

Seine Ölskizze, *Hoddle St., 10 p. m.* (oben) ist eine kühn gemalte Darstellung einer Straße in Melbourne nahe dem Ort, an dem er aufgewachsen ist. In diesem Nachtstück hat das Abendlicht die wichtigsten Komponenten des Stadtbildes noch nicht völlig verschleiert – die Straße, die Pferdekutschen, die Häuser und die Stra-

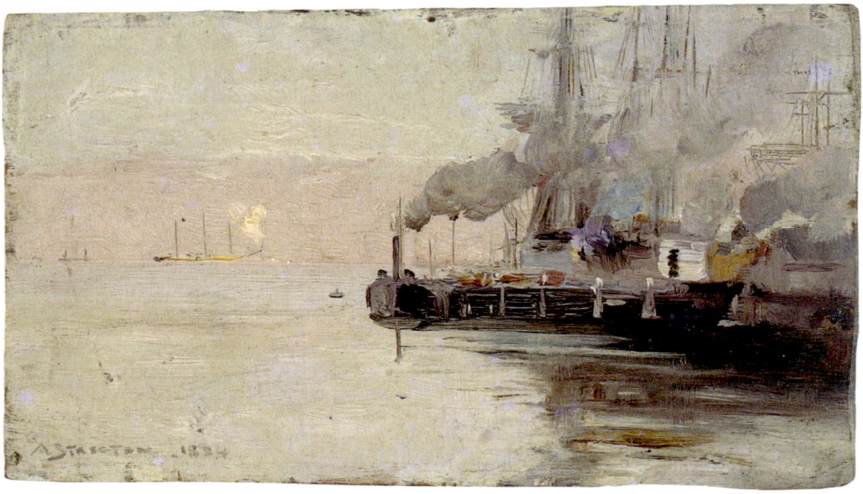

**Arthur Streeton**
*Sandridge*, ca. 1888
Öl auf Holztafel,
12,8 x 23,3 cm
National Gallery of
Australia, Canberra

**Angesichts von Streetons Nutzung harmonischer blasser Farben könnte man vermuten, dass er von Whistlers eleganten Uferszenen beeinflusst wurde, die erst kurz vorher in Australien ausgestellt wurden.**

ßenbeleuchtung. Ganz anders als diese urbane Abendszene zeigt sich sein fahles Bild eines frühen Morgens am Hafen von Sandridge, heute Port Melbourne (gegenüber). In dieser asymmetrischen Komposition sind der neblige Himmel und das stille Wasser gekonnt ausbalanciert. Eine dramatische Diagonale aus Qualm verbindet die beiden Elemente und integriert die Masten der Schiffe in die Komposition. In diesen zwei kleinen Werken demonstrierte Streeton den ästhetischen Wert der impressionistischen Technik, die es dem Künstler erlaubt, die Stimmung eines Ortes zu unterschiedlichen Tages- und Nachtzeiten zu erkunden.

**Im orientalischen Stil**

Von allen berühmten australischen impressionistischen Gemälden zeichnet sich eines durch besondere Originalität aus: *Riddells Creek* (umseitig) von Charles Conder (1868–1909). Das Hochformat des Gemäldes und sein sparsamer Einsatz von Details erinnern an japanische oder chinesische Bildrollen. In dieser bannerartigen Landschaft wird ein Raumeindruck angedeutet, allerdings nicht durch die herkömmlichen Mittel der Perspektive, sondern durch diskrete, horizontale Blöcke in neutralen Farbtönen. Das Gemälde beschwört das Licht der Dämmerung herauf, das die Landschaft verwandelt. Das Bild bringt die Essenz der Gefühle Condors für sein Heimatland zum Ausdruck und spiegelt außerdem seine Bewunderung für die östliche Malerei wider. Seine Pinselführung war zwar impressionistisch, die Stimmung des fertigen Gemäldes jedoch ist nachdenklich und eindeutig orientalisch.

**»9 by 5 Impression exhibition«**

Drei Jahre nach der achten und letzten Gruppenausstellung der französischen Impressionisten in Paris beschlossen einige australische Impressionisten, in Melbourne eine ähnliche Schau auf die Beine zu stellen. Tom Roberts, Arthur Streeton und Charles Condor waren nicht nur die wichtigsten Organisatoren, sondern lieferten auch den größten Teil der 136 Gemälde, die ausgewählt wurden. Das Hauptziel der Gruppe bestand – laut den Aussagen ihres Manifests – darin, den praktizierenden Künstlern und der Öffentlichkeit in Australien die Prinzipien des Impressionismus nahezubringen.

Die Ausstellung, die heute als der wichtigste Augenblick in der Kunstgeschichte Australiens gepriesen wird, trug den Titel »9 by 5 Impression Exhibition«. Diese spannende Namenswahl hatte zwei Gründe: die kleinen Abmessungen der gezeigten Werke (die meisten Werke waren etwa 9 x 5 Zoll groß, also ca. 22,5 x 12,5 cm) und den radikalen, in Frankreich entstandenen Malstil. Die Ausstel-

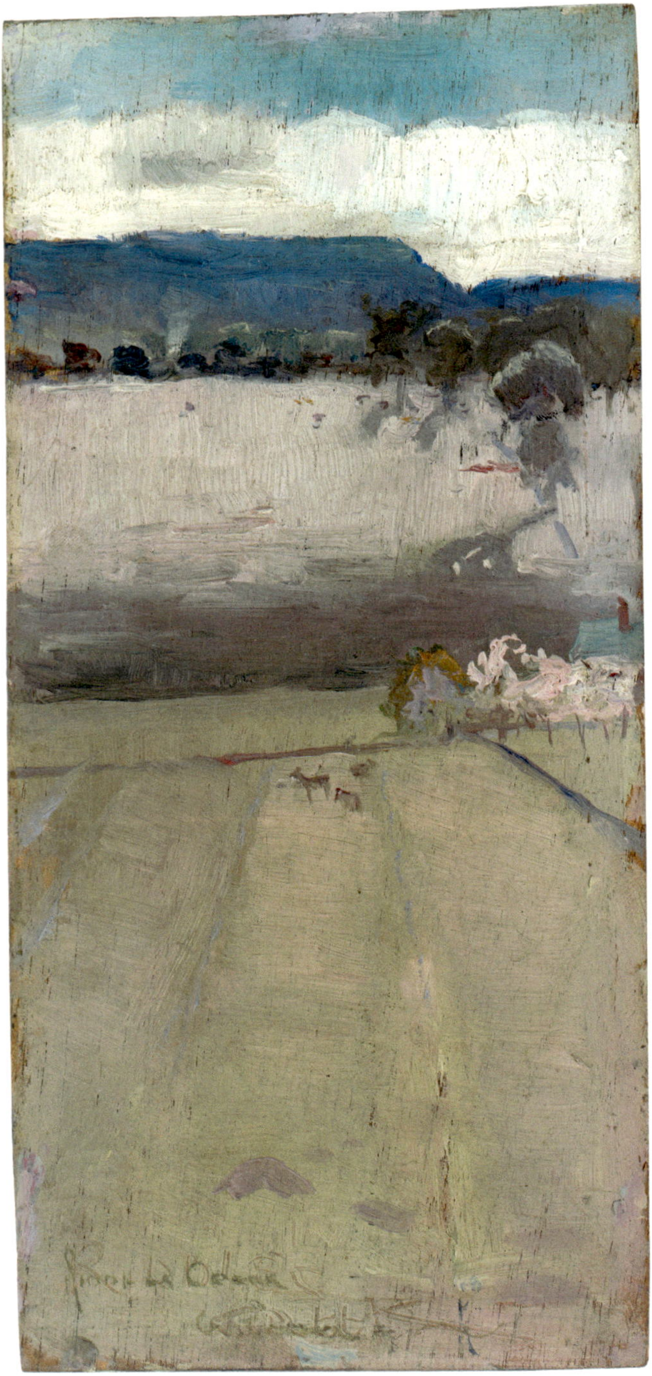

**Charles Conder**
*Riddells Creek*, 1889
Öl auf Holztafel auf Papier auf zwei Lagen von Karton,
24,4 x 11,2 cm
National Gallery of Australia, Canberra

**Das Gemälde ist eine poetische Erinnerung an die Landschaft nordwestlich von Melbourne. Conder erkundete die feinen Nuancen der Szenerie mithilfe eines kleinen Farbbereichs und kurzer Pinselstriche.**

lung eröffnete am 17. August 1889 in den Buxton's Rooms in der Swanston Street von Melbourne. Viele der Ölskizzen waren auf die Deckel von Zigarrenkisten aus Zedernholz gemalt worden. Diese Holztafeln boten nach einer Vorbehandlung geeignete Oberflächen, um draußen kleine Gemälde zu schaffen. Ein paar Jahre zuvor hatte Georges Seurat in Frankreich die Deckel der Zigarrenkisten seines Vaters auf ähnliche Weise für seine Ölskizzen verwendet. Von den 136 ausgestellten Gemälden wurden ungefähr 80 verkauft, der Rest wurde am Ende der Ausstellung versteigert. Diese anständigen Verkaufszahlen zeigen, dass die Sammler in Melbourne empfänglich für diesen neuen Malstil waren – den australischen Impressionismus.

**MERKMALE**

- In den 1870er-Jahren hatten sich viele angehende Künstler aus Amerika und Australien in Paris niedergelassen.
- Anfangs waren ihnen die aufkommenden impressionistischen Methoden nicht bekannt und sie studierten in akademischen Ateliers.
- Die Neulinge waren erstaunt, als sie den radikalen Malstil zum ersten Mal wahrnahmen.
- Eine Reihe von ihnen versuchte, dessen wichtigste Techniken in ihre eigene Arbeit aufzunehmen.
- Nur eine, die Amerikanerin Mary Cassatt, nahm regelmäßig an den impressionistischen Gruppenausstellungen teil.
- Nach ihrer Rückkehr nach Amerika und Australien entwickelten die Künstler ihre eigenen typischen Formen des Impressionismus.
- US-Präsident Barack Obama wählte aus der Sammlung des Weißen Hauses ein Flaggengemälde von Hassam aus, um es während seiner Präsidentschaft im Oval Office aufzuhängen.

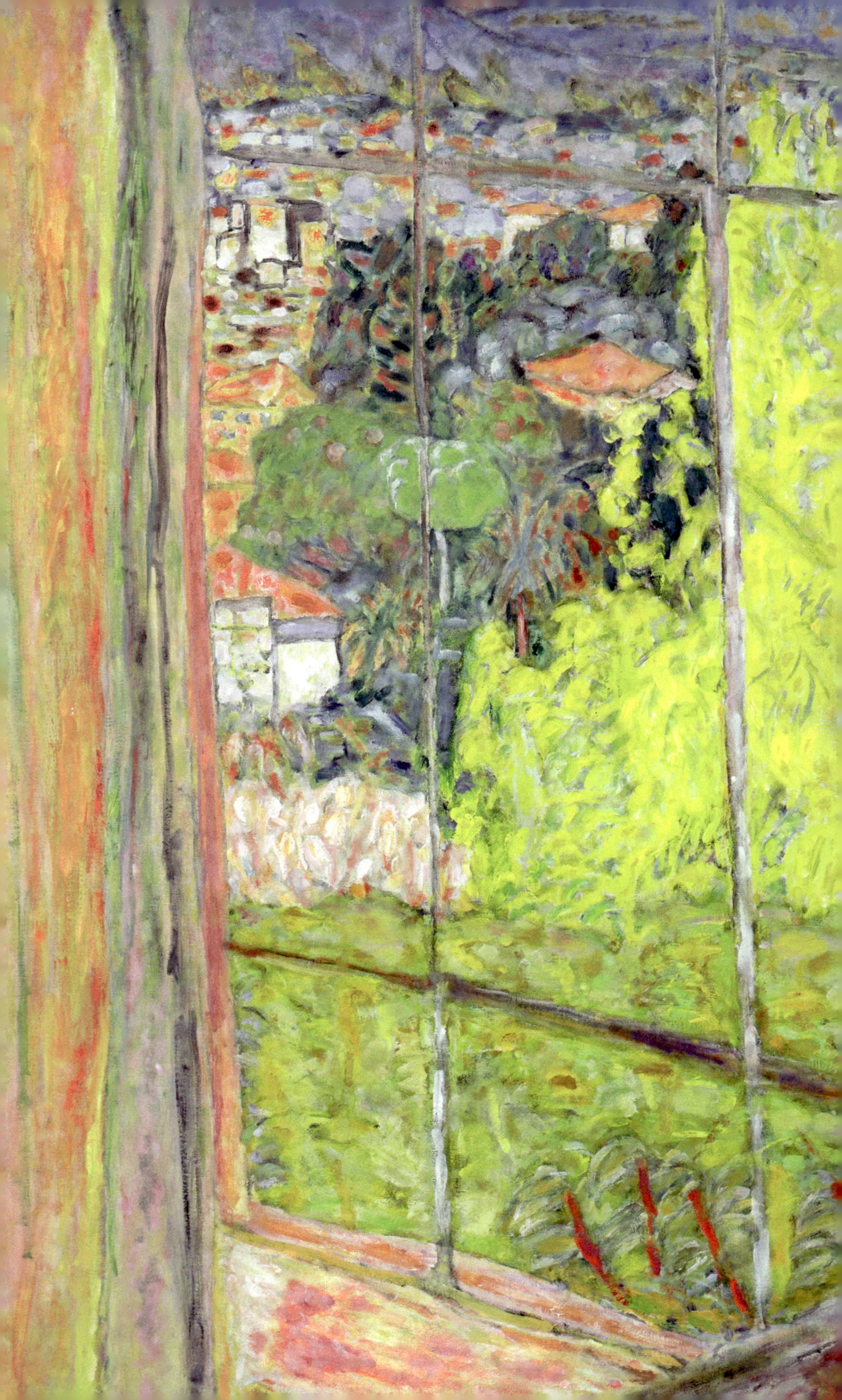

# DER IMPRESSIONISMUS BESTEHT IN FRANKREICH WEITER

1887–1945

-

**Eine Fortführung interessanter Studien zu Farbe und modernem Empfinden**

-

Vincent van Gogh

1890

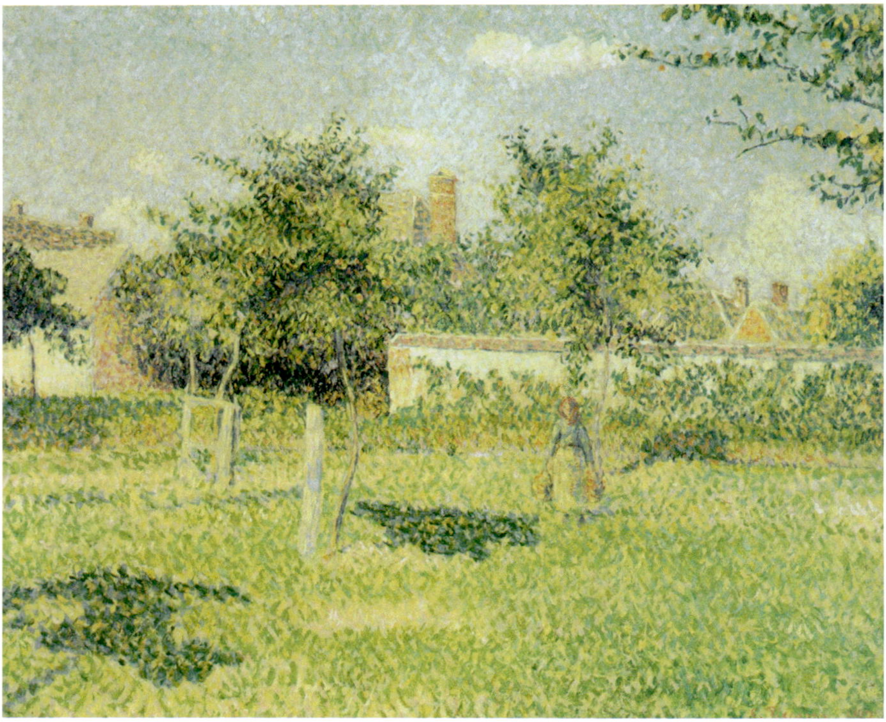

Genau wie der Impressionismus nicht mit der ersten Ausstellung 1874 begann, so endete er als Kunstströmung nicht mit der letzten Werksschau 1886. Zwar waren die acht Ausstellungen durchaus kontrovers, dennoch konnten sie erfolgreich eine neue Richtung der Malerei in Frankreich, Amerika und Australien voranbringen. Andere Künstler, die nicht mit der ersten Welle des Impressionismus in Verbindung gebracht wurden, begannen ebenfalls mit den typischen leuchtenden Farbtupfen und freien Strichen zu experimentieren. Zudem setzte eine Bewunderung impressionistischer Gemälde ein und sie wurden zunehmend gesammelt.

**Camille Pissarro**
*Frau auf der Wiese in Eragny, Frühling*, 1887
Öl auf Leinwand,
54,5 x 65 cm
Musée d'Orsay, Paris

**Indem er Seurats Malmethode des Pointillismus in seine lebendigeren Malstriche integrierte, schuf Pisarro den Effekt des Sonnenscheins im Frühling. Diese Arbeit war zwar ein Erfolg, dennoch war Pissarro diese Methode auf Dauer zu aufwendig.**

**»Eine Leidenschaft für den Impressionismus wird bleiben.«**

Zwei gewichtige Gründe für dieses Phänomen erklären die weltweite Popularität des Impressionismus bis heute. Zum einen ist der Impressionismus in seinem Wesen »optimistisch«. Die meisten Gemälde, mit Ausnahme derer von Degas, beschäftigen sich mit den schönen Seiten des Lebens der Mittelschicht. Auf Gemälden von Familienfeiern sind Frauen, Männer und Kinder immer gesund und attraktiv dargestellt. Französische Impressionisten stellten im Unterschied zu ihren skandinavischen Kollegen kaum Probleme wie Melancholie, Armut, Alter, Krankheit und Tod dar. Die impressionistische Darstellung des Alltags war selektiv – ein optimistischer Glanz, der sich für Händler, Sammler und Museen weltweit als attraktiv erwies.

Der zweite Grund für die Attraktivität des Impressionismus liegt in den sinnlichen Qualitäten des Stils. Aufbauend auf den Reaktionen der Künstler auf ihre Umgebung feierten die Bilder die Schönheit des Lichts auf Wasser, Blattwerk und Gebäuden – Phänomene, die für Galeriebesucher nicht länger verwirrend oder unzugänglich waren. Zudem schienen die Hauptmotive des Genres, die einst als unangemessen verschrien waren, in diesen farbenfrohen Bildern inzwischen vertraut und tröstlich zu wirken. Van Gogh fasste die anhaltende Begeisterung unter seinen Künstlerkollegen so zusammen: »Und so wird immer eine gewisse Leidenschaft für den Impressionismus bleiben.«

## Kritik durch die Avantgarde

Als impressionistische Gemälde zunehmend gesammelt wurden, begannen Autoren und Maler der Avantgarde, den Stil zu kritisieren. Für die neue Malergeneration galt er jetzt nicht mehr als radikal oder innovativ, sondern im Gegenteil als seriös. Der Impressionismus, der vorher junge Künstler zum Nachdenken anregte und stimulierte, schien zu einer Massenproduktion hübscher Bilder zu degenerieren. Für manche Kritiker war der Impressionismus zu monoton und kommerziell geworden, als dass man ihn weiterhin ernst nehmen könne, da er seine Energie im ästhetischen Sinn verloren habe. Doch viele Impressionisten der ersten Generation wiesen diese plumpen Verallgemeinerungen auf sehr kraftvolle Weise zurück: durch ihre bezaubernden späten Gemälde, die bis weit ins 20. Jahrhundert hinein entstanden.

## Pissarros Experiment

Selbst Pissarro, Gründungsmitglied der Impressionisten, hatte 1887 das Gefühl, seine Gemälde würden schal und gäben nichts Neues mehr her. Die Gemälde von Seurat und Signac beeindruckten ihn, und obwohl er die Farbeffekte in ihren pointillistischen Gemälden bewunderte, betrachteten andere Impressionisten ihre Werke als mechanisch und gefühlskalt. Eine Zeitlang experimentierte Pissarro jedoch mit seiner eigenen fließenden Variante des Pointillismus in der Hoffnung, seine Bilder geordneter und einheitlicher gestalten zu können. Er malte scheinbar schimmernde Landschaften wie in seinem Gemälde *Frau auf der Wiese in Eragny, Frühling* (Seite 136).

**Er sehnte sich nach der Freiheit spontaner Pinselstriche.**

Schließlich war ihm das präzise Auftragen der Farbe aber zu hinderlich und zeitaufwendig. Er sehnte sich nach der Freiheit spontaner Pinselstriche, schwungvoll aufgetragen, die den Impressionismus ausmachen. Ihm wurde klar, dass seine Stärke als Maler in den intuitiven Impressionen lag, nicht im analytischen Ansatz von Seurat und Signac. Pissarro sah den Impressionismus bestätigt – er folgte dieser Methode bis zum Ende seines Lebens.

## Die verwandelte Wirkung des Lichts

Monet wich nie von den Methoden oder der Ästhetik des Impressionismus ab. Seine besten Landschaften bergen eine solche

Poesie, die zwar zugänglich, doch paradoxerweise höchst mysteriös wirkt. Für Monet bestand der Impressionismus nicht nur aus einer Reihe von Maltechniken, sondern war ein dauerhaftes Streben, das Produkt eines nahezu obsessiven Bedürfnisses, seine Wahrnehmung flüchtiger natürlicher Effekte festhalten zu müssen. Phänomene von Licht, Farbe, Schatten und Bewegung – sowie seine eigenen Betrachtungen – wurden zu seinem Hauptmotiv. Er bestand darauf, dass er nur mit den von ihm perfektionierten Malprinzipien seine einzigartigen »Impressionen« auf die Leinwand bringen könne.

Für Monet war der Impressionismus eine existenzielle Möglichkeit, seine Umgebung wahrzunehmen. Er verstand intuitiv, dass Licht selbst das einfachste Objekt verzaubern konnte. Zum Beispiel war er von den Getreideschobern nahe seines Hauses in Giverny so fasziniert, dass er diese Objekte bei unterschiedlichem Wetter und zu verschiedenen Tageszeiten malte (unten). Seine späten Werke demonstrieren, dass der Impressionismus in seiner ästhetisch extremen Form zu äußerst tiefgründigen Bildern führen kann und nicht nur oberflächlich sein muss. In den Jahren vor seinem Tod entwickelte Monet seine Farbharmonien deutlich weiter.

## Stärkeres Licht und starke Farben

Gegen Ende ihrer Karriere verwendeten viele Impressionisten noch intensivere Farben als zuvor. Den Malern wurde klar, dass die stärkeren Farben, besonders in ihren Landschaftsgemälden, für

**Claude Monet**
*Getreideschober im Sonnenschein*, 1891
Öl auf Leinwand,
60 x 100 cm
Kunsthaus Zürich

**In dieser Komposition ist der Getreideschober dramatisch beschnitten wie auf einem Foto, dadurch scheint er drohend über dem Betrachter aufzuragen.**

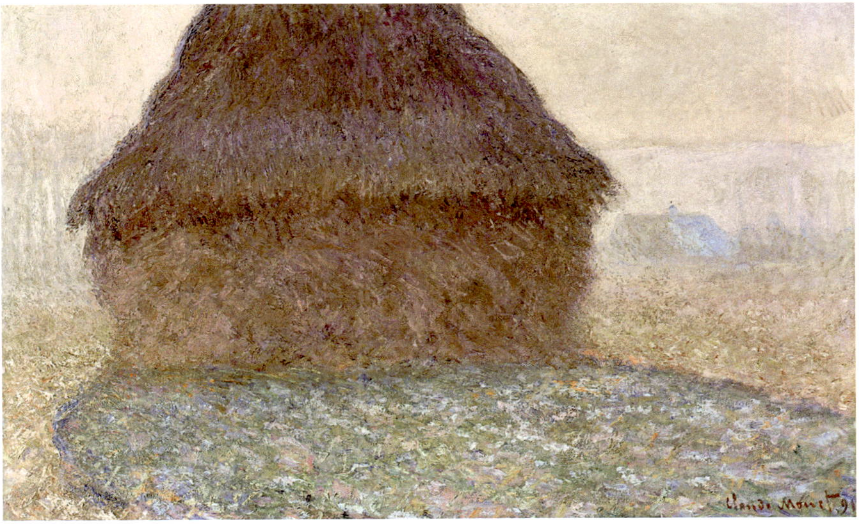

verschiedenartige starke Lichteffekte verwendet werden konnten. Ab 1890 erreichte der Einsatz starker Farben bei den Impressionisten ein neues Niveau der Kreativität. 1889 merkte van Gogh an, dass impressionistische Maler den innovativen Einsatz der Farben vorantrieben: »Natürlich macht Farbe Fortschritte, vor allem bei den Impressionisten.«

Die Landschaften von Sisley und Guillaumin, gemalt in Moret-sur-Loing, sind gute Beispiele für das Interesse der Impressionisten, starke Farben auszuprobieren. In diesem malerischen Dorf im nördlichen Zentral-Frankreich schuf Sisley eine Serie atemberaubender Bilder von einer von Pappeln gesäumten Straße. In einem Bild aus dem Jahr 1890 entstand die Illusion starken Lichts durch reine gelbe und grüne Pigmente, aufgetragen im starken Impasto (unten). Trotz des übertriebenen Farbbereichs, eine Methode, die Pissarro für solche Szenen verwendete, zeugt Sisleys Darstellung der sonnenüberfluteten Bäume von einer subtilen Rafinesse. Der zittrige Pappeleffekt der Blätter ist jedoch das Resultat der Nass-in-Nass-Technik. Sisley hatte sich 1883 in Moret-sur-Loing niedergelassen und malte dort bis zu seinem Tod 1899 vor allem farbenfrohe Landschaftsbilder.

**Alfred Sisley**
*Pappelhain in Moret-sur-Loing*, 1890
Öl auf Leinwand, 62 x 81 cm
Musée d'Orsay, Paris

**Sisley beobachtete den Effekt des plötzlich durch das Blattwerk tretenden Sonnenlichts. Wie bei allen großen Impressionisten spiegeln seine Landschaften sein Gefühl von realer Beobachtung und persönlicher Wahrnehmung wider.**

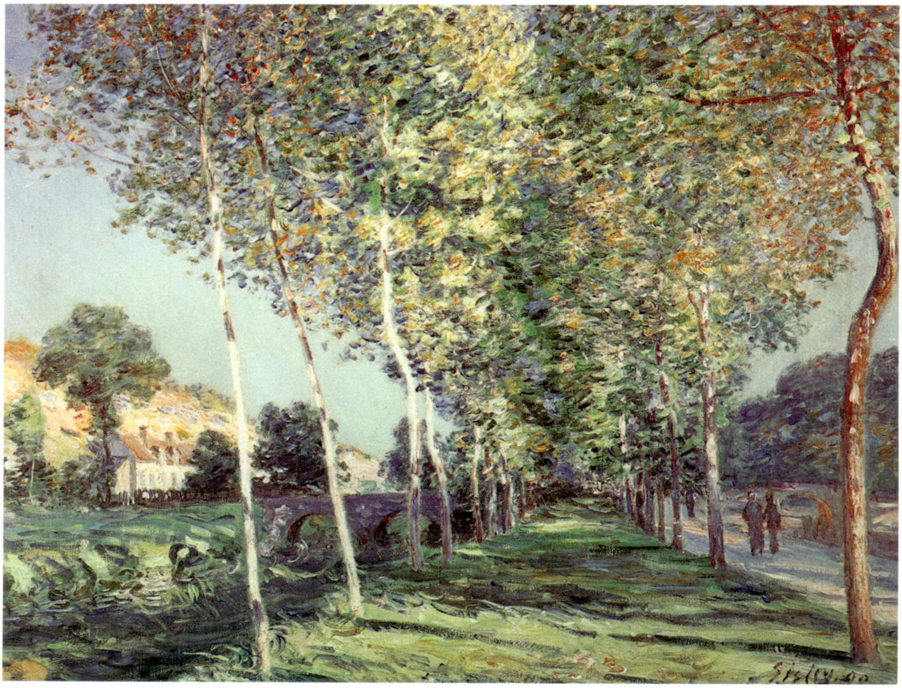

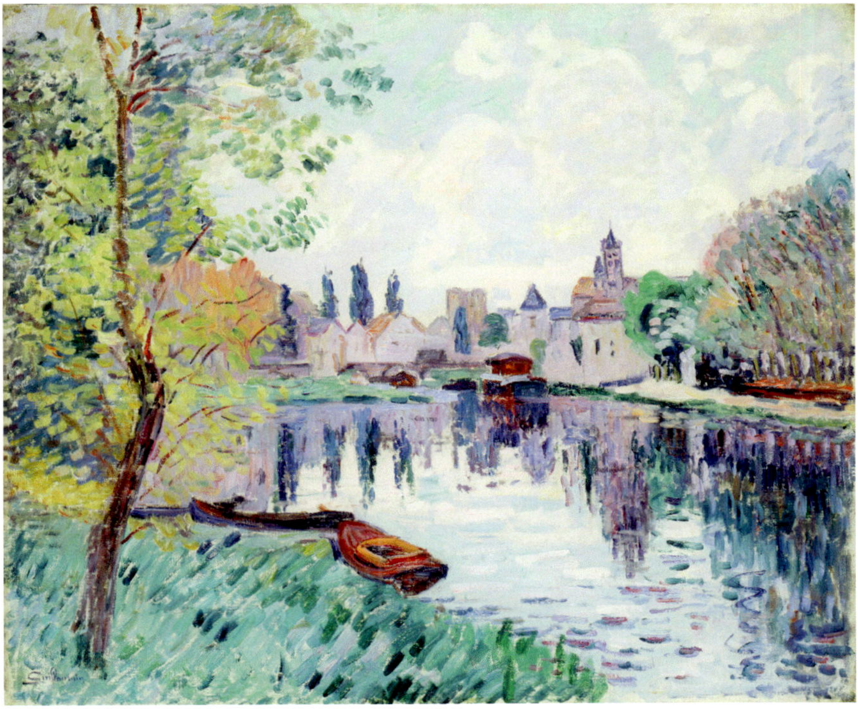

**Armand Guillaumin**
*Moret-sur-Loing*, 1902
Öl auf Leinwand,
60 x 73 cm
Tate, London

**Guillaumin ist einer der weniger bekannten Impressionisten, doch zu seinen Lebzeiten wurde er von vielen avantgardistischen Malern für seine meisterhaften intensiven Farben bewundert.**

**Fauvistische Maler wollten die Farbe aus ihrer rein beschreibenden Funktion befreien.**

Guillaumins Gemälde des Flusses Loing von 1902 mit dem Dorf in der Ferne ist ein noch extremeres Beispiel von erhöhtem Farbkontrast, der zur Darstellung von hellem Licht eingesetzt wird (oben). Mit sehr lockerem Strich setzte Guillaumin schmückende Farben als Motiv in Szene. Er setzte kaum naturalistische Farben ein, darum wird Guillaumins Spätwerk heute von einigen Kunsthistorikern als Vorläufer der kurzlebigen Fauvistenbewegung bezeichnet. Ab 1905 waren diese Maler darauf aus, die Farbe aus ihrer rein beschreibenden Funktion zu befreien und mit größerer emotionaler Macht auszustatten. Trotz der Hinweise auf fauvistische Tendenzen in seinem farbenfrohen Spätwerk bleiben Guillaumins Gemälde impressionistischer Natur, denn sie sind das Produkt fantasievoller Beobachtungen seiner Umgebung. Und im Gegensatz zu den Fauvisten setzte er die leuchtenden Farben nie willkürlich ein.

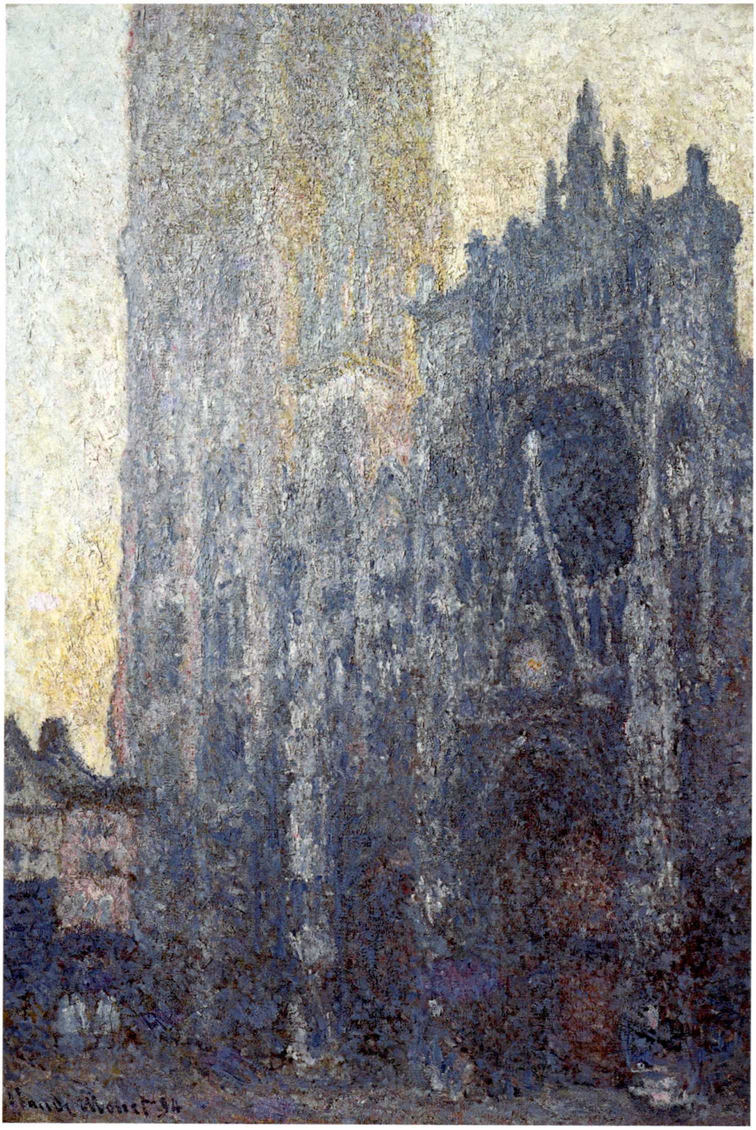

**Stein und Licht**

In den 1890ern malte Monet zunehmend Serien vieler seiner Motive – z. B. Pappeln, Heuschober und seinen Teich im Garten. Er fertigte mehrere Bilder desselben Themas an, um die ständigen Veränderungen der Intensität von Licht und Farbe abzubilden. Seine größte Serie war wohl die aus ca. 30 Leinwänden bestehende

**Claude Monet**
*Die Kathedrale von Rouen, Das Portal (Morgeneffekt)*, 1894
Öl auf Leinwand,
107 x 74 cm
Foundation Beyeler, Basel

**Monets Hauptaugenmerk lag auf den Veränderungen des Lichts auf der imposanten Fassade der Kathedrale, darum stellte er deren aufwendige Steinmetzarbeiten nicht im Detail dar.**

über die Lichtspiele an der gotischen Fassade der Kathedrale von Rouen. Monet war wie besessen davon, dieses Licht festzuhalten, das die Steine der Fassade zu verschiedenen Tageszeiten und je nach Wetterlage unterschiedlich färbte (links). Die Kompositionen wurden aus einem Hotelzimmer in der Nähe gemalt und gleichen einander sehr. Die Kathedrale ragt bedrohlich auf, wird ins Licht getaucht und architektonische Details vermischen sich ineinander in unterschiedlichsten Farben. Durch die verkrustete Maloberfläche konnte Monet die grobe Oberflächenstruktur der Kathedrale wiedergeben.

Im Mai 1895 wurden unter großer Würdigung seitens der Kritik 20 Gemälde der Kathedrale von Rouen in der Galerie Durand-Ruel in Paris ausgestellt. Nicht nur weil eines der größten architektonischen Monumente Frankreichs Gegenstand dieser Ausstellung war, sondern vor allem weil der Impressionismus als exemplarische Methode zur Darstellung der flüchtigen Lichteffekte und verschiedener Umgebungsbedingungen gezeigt wurde. Ungefähr zu jener Zeit und angesichts solcher Meisterwerke von Monet und seinen Kollegen

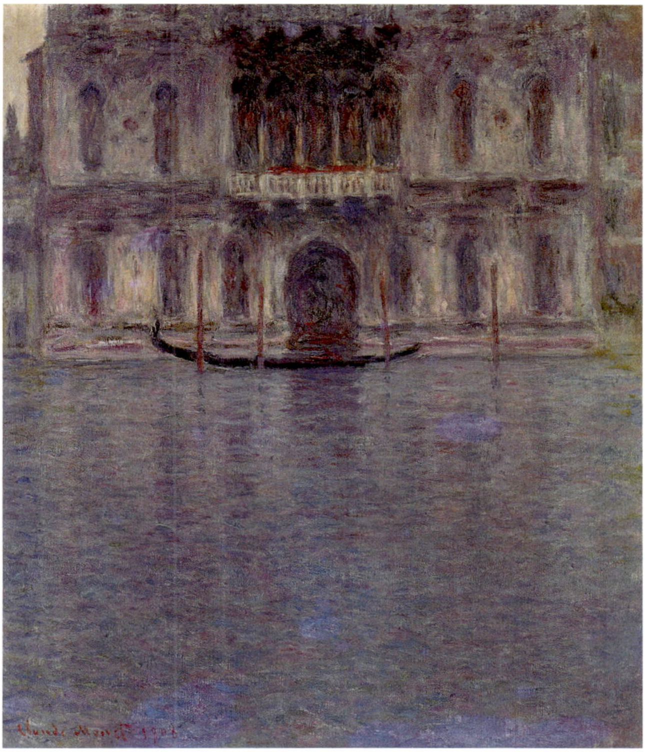

**Claude Monet**
*Palazzo Contarini*, 1908
Öl auf Leinwand,
92 x 81 cm
Kunstmuseum St. Gallen, St. Gallen

**Nur mithilfe kleiner Bleistiftskizzen aus der Erinnerung gemalt, betont dieses Gemälde die tiefen Farben des Abends. Die sanfte Wölbung der Gondel bietet einen dunkleren Fokuspunkt im Bild.**

prophezeite van Gogh, dass das Interesse am Impressionismus wohl noch weit in die Zukunft anhalten werde: »Dennoch fühlen wir, dass der Impressionismus andauern wird.« Tatsächlich bestand auch 2018 großes Interesse an der Ausstellung »Monet and Architecture« in der National Gallery in London.

**Paul Cézanne**
*Mont Ste. Victoire*,
ca. 1902–1906
Aquarell und Grafit auf Gewebepapier,
47 x 31,1 cm
Philadelphia Museum of Art, Philadelphia

**Cézanne setzte kleine Aquarell-Striche, um die wichtigsten Elemente seiner Provence-Landschaft zu Papier zu bringen. Das großartige Panorama scheint aus den leeren Stellen auf dem Papier in einer Reihe von Farbfragmenten hervorzutreten.**

## Ein faszinierendes Zusammenspiel aus Stein, Wasser und Licht

Weniger berühmt, aber ebenso eindrucksvoll sind Monets Studien der venezianischen Architektur. Während eines längeren Aufenthalts vom 2. 10. bis 7. 12. 1908 malte Monet fast 40 Gemälde von Venedig, in denen er das Wesen der Stadt untersuchte, wie er sie wahrnahm – ein faszinierendes Zusammenspiel aus Stein, Wasser und Licht. Während einige seiner Bilder die kanalseitigen Fassaden im Sonnenschein zeigen, verfügen andere über die schillernden Nachtfarben (vorherige Seite). In diesen Werken verschmelzen Stein und Wasser, die in blauen und violetten Dunst gehüllt scheinen. Monet vermied zudem abgedroschene Kompositionen und malte häufig Ausschnitte von Ansichten. Alles in allem boten ihm seine in Rouen und Venedig vollendeten Architekturserien die Möglichkeit, sinnliche Bilder in starken kompositorischen Rahmen zu schaffen.

### Cézanne kehrt zum Impressionismus zurück

Nach seinem ersten Kontakt mit dem Impressionismus unter der Anleitung von Pissarro entwickelte Cézanne später seinen eigenen, vom Impressionismus abweichenden Malstil auf der Basis von Formen. Vielmehr scheint er laut weitläufiger Meinung jede weitere Darstellung von Lichtnuancen aufgegeben zu haben. Diese Version der Kunstgeschichte lässt jedoch die Vielzahl halbtransparenter Aquarelle außer Acht, die er gegen Ende seines Schaffens in der Provence malte.

Mit Gruppen einander überlagernder, durchscheinender Farbfelder malte Cézanne von Licht durchdrungene Bilder. Im wahrhaft impressionistischen Stil sind die Formen der Felsen, Bäume und Berge eher zu erahnen, statt deutlich zu erkennen. Jedes dieser filigranen Gemälde ist das Ergebnis nur weniger sorgfältig platzierter transparenter Lavierungen, um das Zusammenspiel von Form, Raum und Sonnenlicht der Provence zu zeigen (gegenüber und umseitig). Seine *Plein-air*-Aquarelle waren fantasievolle Impressionen von Orten, geschaffen von einem hoch analytisch denkenden Künstler.

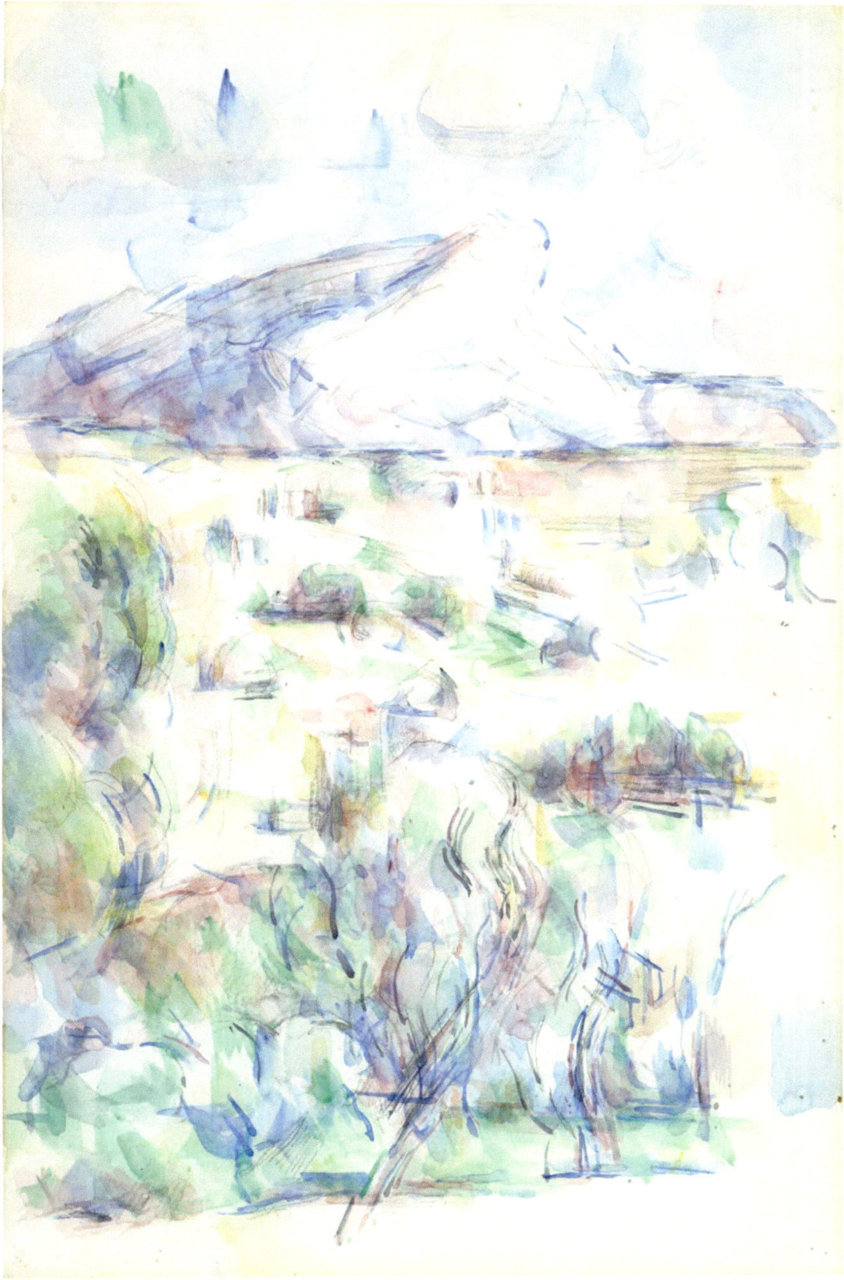

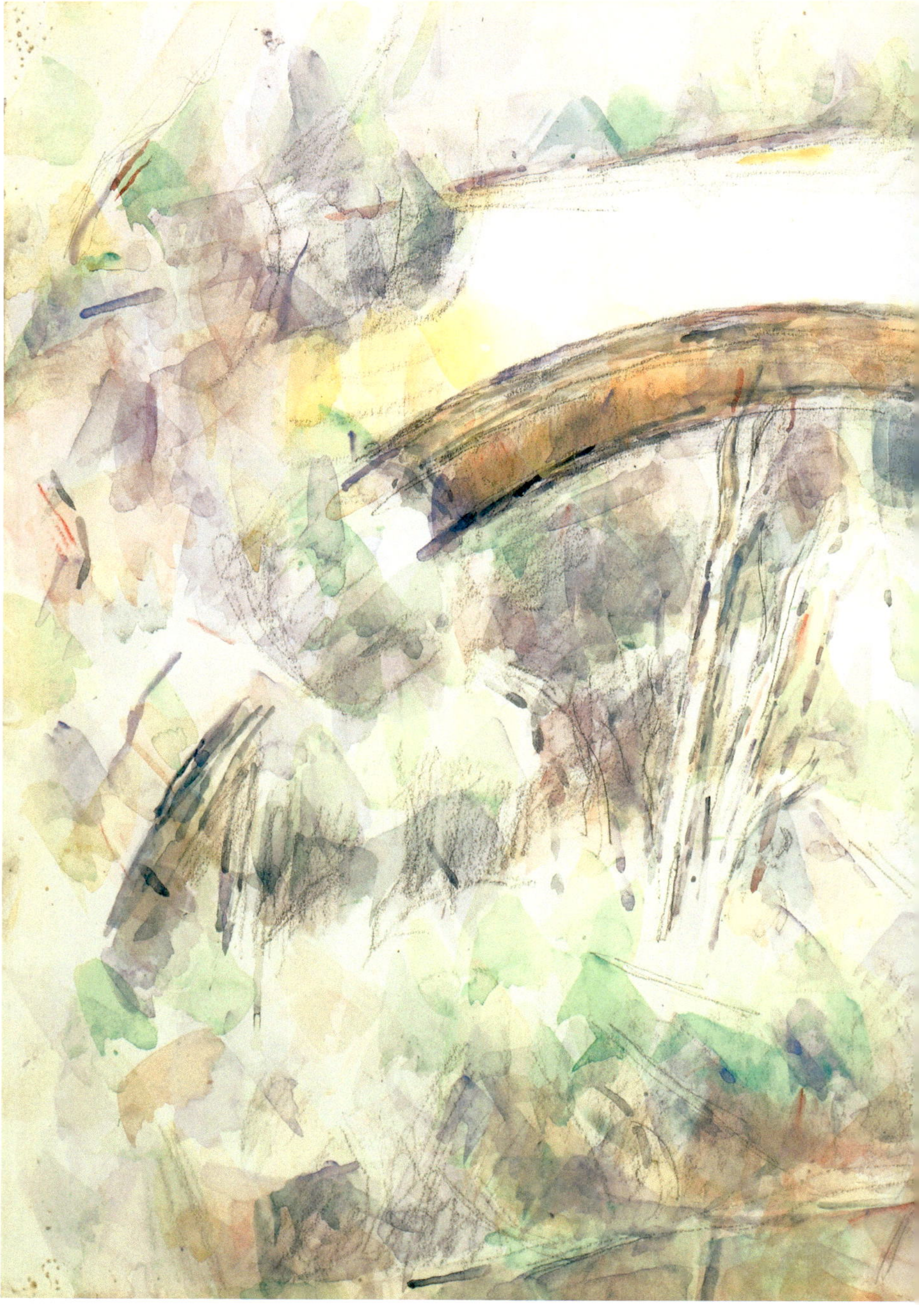

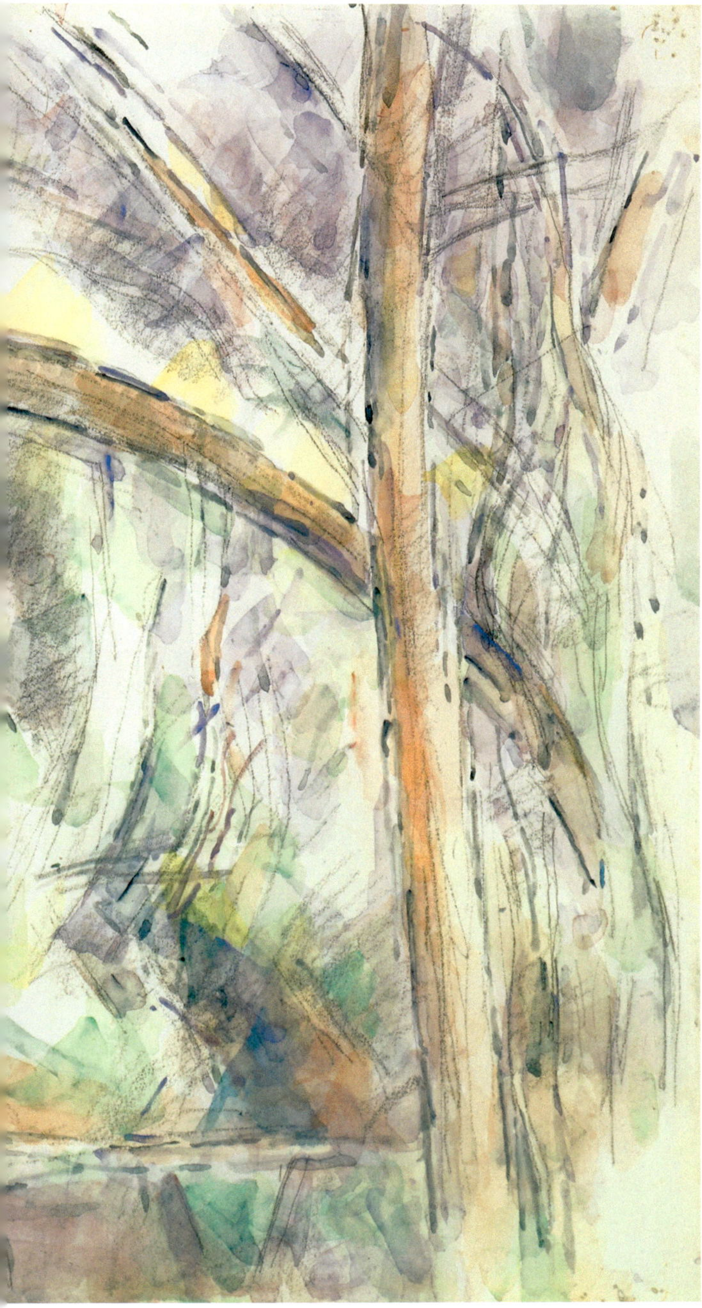

**Paul Cézanne**
*Die Brücke von Trois-Sautets*, 1906
Graphit und Aquarell auf Papier, 40,8 x 54,3 cm
Cincinnati Art Museum, Cincinnati

**Der elegante Bogen der Brücke bildet einen Rahmen für die Bäume, die mit zögerlichen Pinsel- und Bleistiftstrichen umgesetzt sind. Dennoch entstand eine harmonische Komposition, denn überflüssige Details wurden wie in der orientalischen Malerei ausgelassen.**

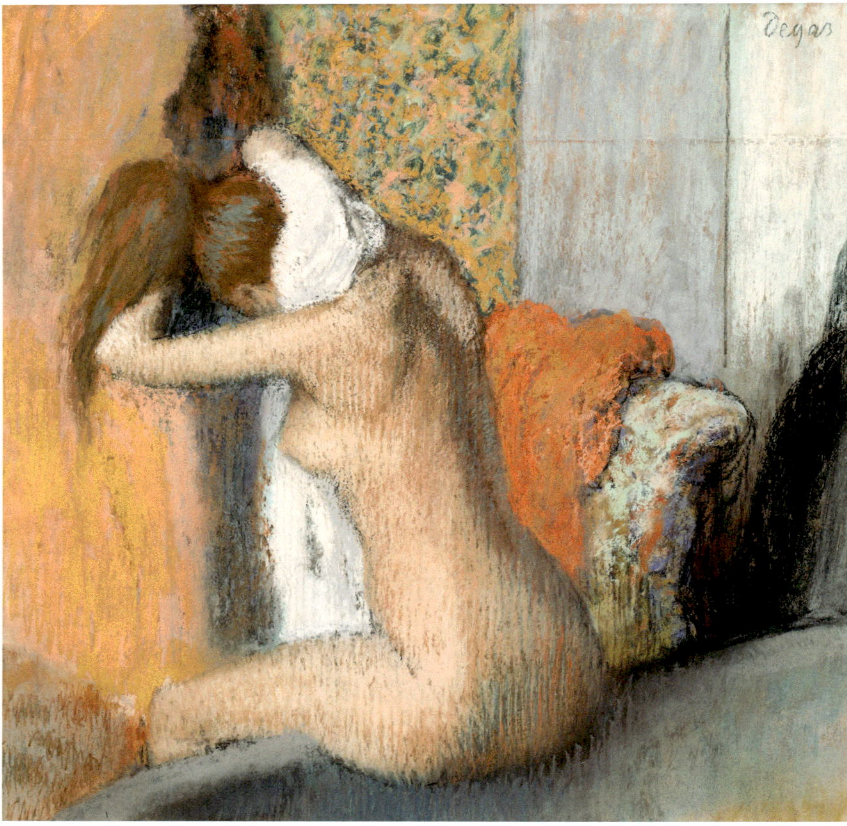


Mit diesen Werken, einige der besten Aquarelle eines europäischen Künstlers, kehrte Cézanne zum Impressionismus zurück.

**Edgar Degas**
*Nach dem Bad – Eine Frau trocknet sich den Hals,*
ca. 1898
Pastell auf Karton,
62,2 x 65 cm
Musée d'Orsay, Paris

**Eine Reihe vertikaler Farbstreifen im Hintergrund spiegelt sich in Degas' winzigen Pastellstrichen wider, um den nackten Körper des Modells darzustellen.**

## Psychologischer Realismus

Selbst Ende des 19. Jahrhunderts galten Degas' weibliche Akte bei vielen Kritikern noch als geschmacklos und übertrieben realistisch. Degas wollte jedoch, dass seine Pastellstudien nackter junger Damen beim Waschen und Abtrocknen als Teil des zeitgenössischen Lebens wahrgenommen werden, darum vermied er auch klassizistische Idealdarstellungen. Degas' Umsetzung des modernen Lebens brachte jedoch eine psychologische Spannung zwischen der Privatsphäre des Modells auf der einen und der intensiven Beobachtung durch den Künstler – den Beobachter – auf der anderen mit sich. Zwar sind Degas' Darstellungen junger Damen technisch brillant, der ihnen innewohnende Voyeurismus macht sie jedoch psycholo-

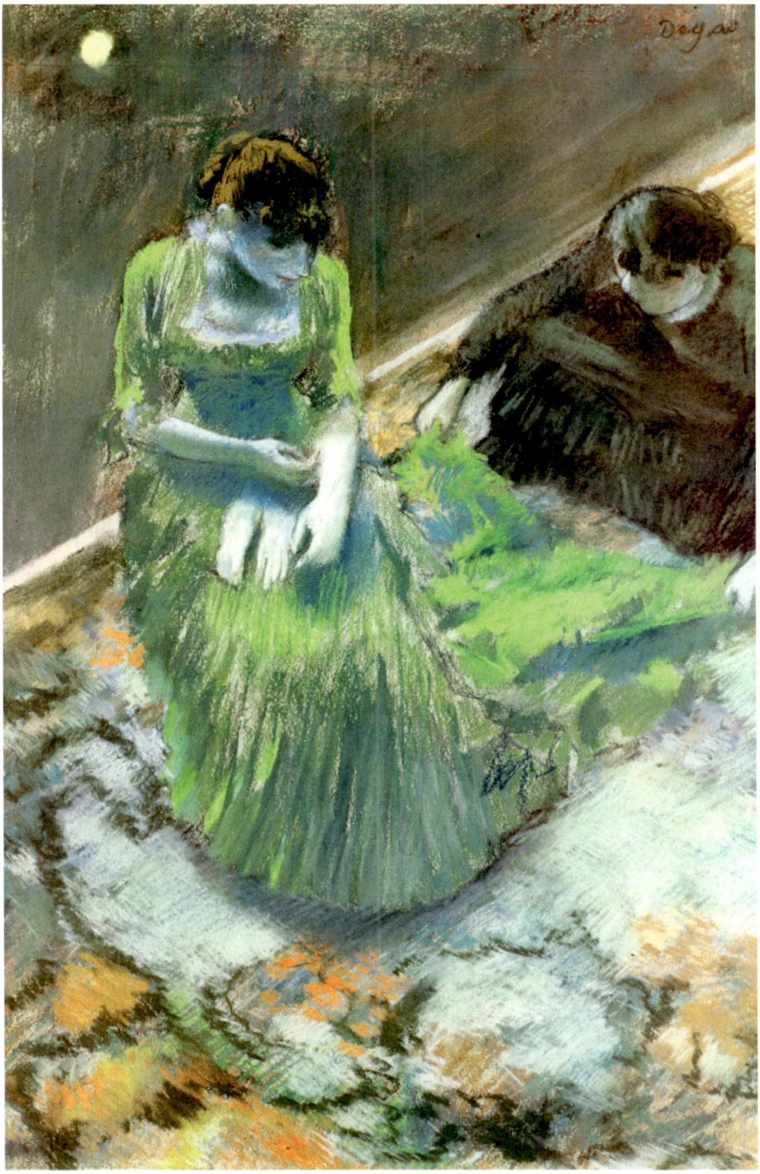

**Edgar Degas**
*Vor dem Auftritt*, 1892
Pastell auf Papier,
58,8 x 34,3 cm
Wadsworth Atheneum,
Hartford

**Der stille Moment vor Beginn der Vorstellung wurde von Degas sehr empfindsam eingefangen. Das Grün des Kleides scheint selbst auf der dunklen Bühne zu leuchten.**

gisch verstörend. Seine Modelle sind zwar schön, im Gegensatz zu Rembrandts Akten fehlt ihnen jedoch die Persönlichkeit. Die Ironie dabei: Gerade für einen Künstler, der nach Realismus strebt, sind sie in ihrer Betonung der zeitlosen Qualitäten der weiblichen Form fast neoklassizistisch.

Bei einigen von Degas' späten Pastellen aus dem Theater schwingt eine gewisse Besorgnis mit. *Vor dem Auftritt* (vorherige Seite) lässt die Anspannung bei der Darstellerin erahnen. Mit Blick aus dem Zuschauerrang schuf Degas ein Bild des Lampenfiebers. Ohne Sentimentalität und Ausschmückungen kommuniziert er das Unbehagen der dargestellten echten Person.

## Sohn und Tochter

Wie bereits in den Jahrzehnten zuvor malten Impressionisten auch in den 1890ern zärtliche Porträts ihrer Kinder. Renoir hatte drei Söhne, die er sehr liebevoll malte. Seine Meisterschaft in der Darstellung des Leuchtens in den kindlichen Zügen kommt den

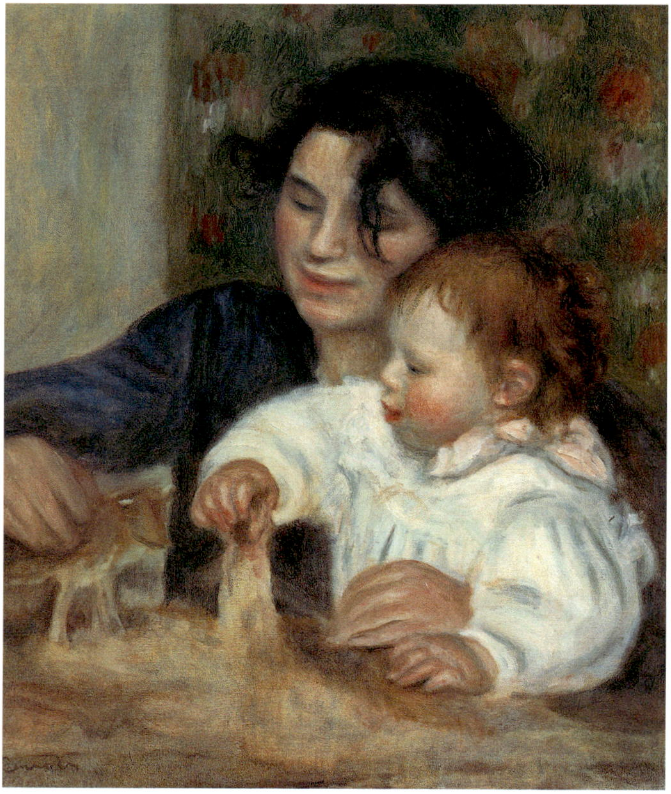

**Pierre-Auguste Renoir**
*Gabrielle und Jean*,
1895–1896
Öl auf Leinwand,
65 x 54 cm
Musée de l'Orangerie,
Paris

**Renoirs einfühlsame Porträts seiner Kinder verdeutlichen seinen weiterhin meisterhaften Umgang mit impressionistischen Techniken. In diesem sehr innigen Werk scheint Jeans weißes Hemdchen förmlich aus dem Bild herauszutreten.**

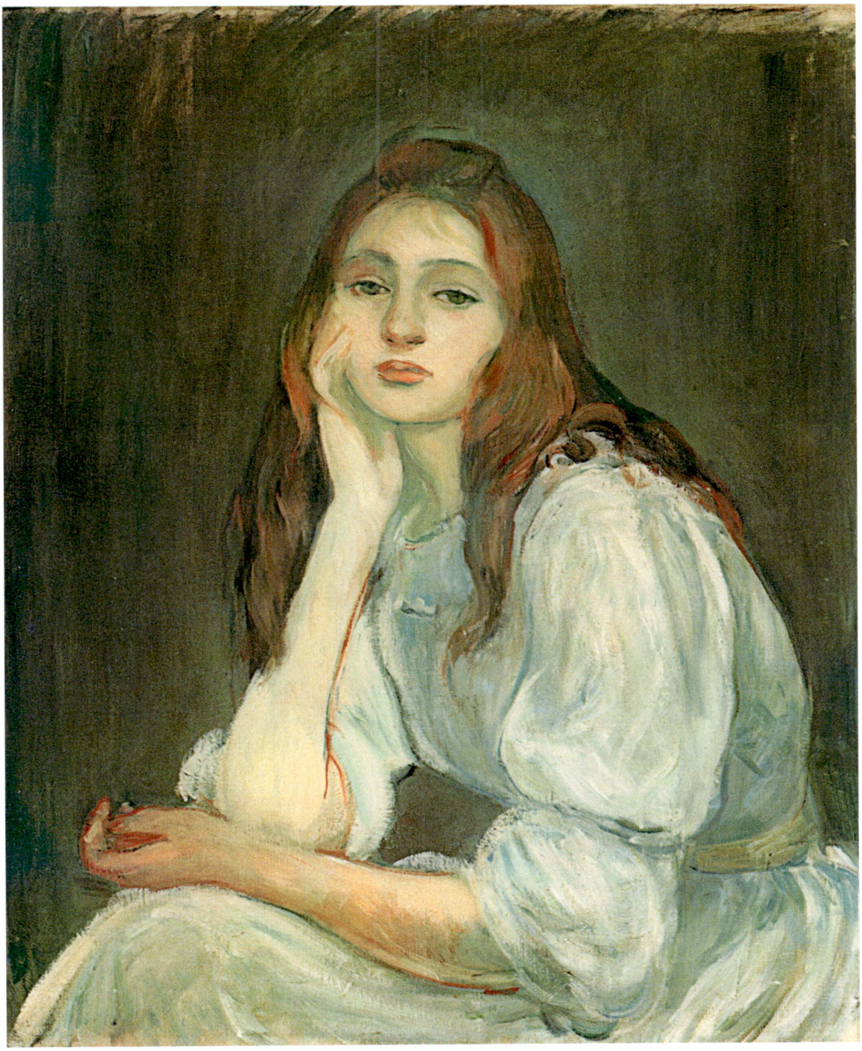

**Berthe Morisot**
*Julie Daydreaming*, 1894
Öl auf Leinwand,
64 x 54 cm
Privatsammlung

**Morisots Porträt ihrer wunderschönen Tochter wird durch die langen, fließenden Striche zusammengehalten, mit denen sie Julies Haar und die weichen Falten in ihrem Kleid darstellt.**

Familienporträts von Peter Paul Rubens gleich. Renoirs Porträt seines mittleren Sohnes, Jean, zeigt den Einjährigen mit seinem Kindermädchen, Gabrielle, eines von Renoirs Lieblingsmodellen (S. 150). Renoirs außergewöhnliche Technik zeigt sich im feinen Farbauftrag und dem Fehlen harter Umrisse. Renoir war 53 Jahre alt, als er dieses sinnliche, weiche Porträt malte, in dem er die Schönheit seines kleinen Sohnes bewundert.

**Camille Pissarro**
*Selbstporträt*, 1903
Öl auf Leinwand,
41 x 33,3 cm
Tate, London

**Ausschließlich in gedämpften Ocker-, Creme- und Schwarztönen gehalten, zeigt dieses Gemälde Pissarros ernsten, beunruhigenden Blick. Das Porträt fertigte er in seinem Atelier in Paris, durch das Fenster im Hintergrund ist ein Teil des Stadtbildes zu erkennen.**

**Morisot schuf ein eindringliches Bild einer realen, sehr geliebten Person.**

Die Impressionisten malten auch eindrucksvolle Porträts ihrer heranwachsenden Kinder. Eines der besten ist Berthe Morisots einfühlsames Porträt ihrer Teenager-Tochter, Julie Manet (1878–1966). Der Titel des Gemäldes, *Julie Daydreaming* (vorherige Seite), ist angesichts des tagträumenden Mädchens passend. Zwar hatte Julie die Schönheit ihrer Mutter offensichtlich geerbt – unsterblich in den vielen Porträts von Édouard Manet in den späten 1860ern –, dennoch vermied Morisot jedes Anzeichen oberflächlicher Schönheit, wie es in anderen impressionistischen Darstellungen junger Mädchen häufig zu sehen ist. Im Gegensatz dazu schuf sie ein eindringliches Bild einer realen, geliebten Person, nicht das eines schönen Stereotyps. Morisots Darstellung zeugt von einer feinen Eleganz und sehr bewussten Pinselarbeit, die in ihren Anfangswerken noch nicht so ausgeprägt sind. Kurz nach Fertigstellung dieses Porträts erkrankte Julie schwer an einer Grippe oder Lungenentzündung und ihre Mutter pflegte sie hingebungsvoll bis zu ihrer Genesung. Kurz darauf erkrankte Berthe Morisot jedoch vermutlich an derselben Krankheit und verstarb am 2. März 1895 im Alter von nur 54 Jahren. Als Erwachsene war Julie als Autorin, Malerin und Kunstsammlerin erfolgreich.

### Pissarros letztes Selbstporträt

Wer glaubt, die Werke des späten Impressionismus wären oberflächlich und ohne ernsthaften Inhalt, sollte Pissarros viertes und letztes Selbstporträt anschauen (gegenüber). Er malte es 1903 nach einer schmerzhaften Krankheit wenige Monate vor seinem Tod im Alter von 73 Jahren, seine Stimmung reflektiert die Schicksalsschläge seines Lebens: den Verlust zweier geliebter Kinder, extreme Geldsorgen und zunehmende Gebrechlichkeit. Zwar ist das Bild in gedämpften Farben gehalten, doch Pissarro scheint ungebrochen

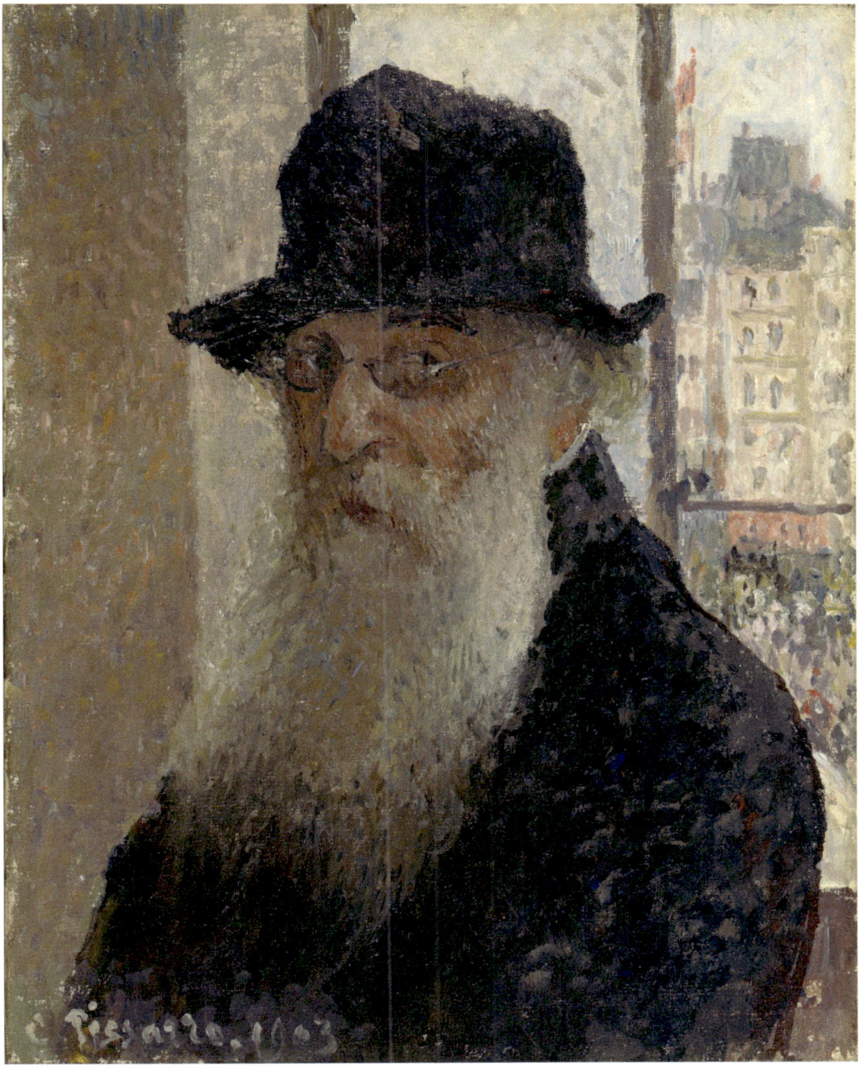
C. Pissarro. 1903

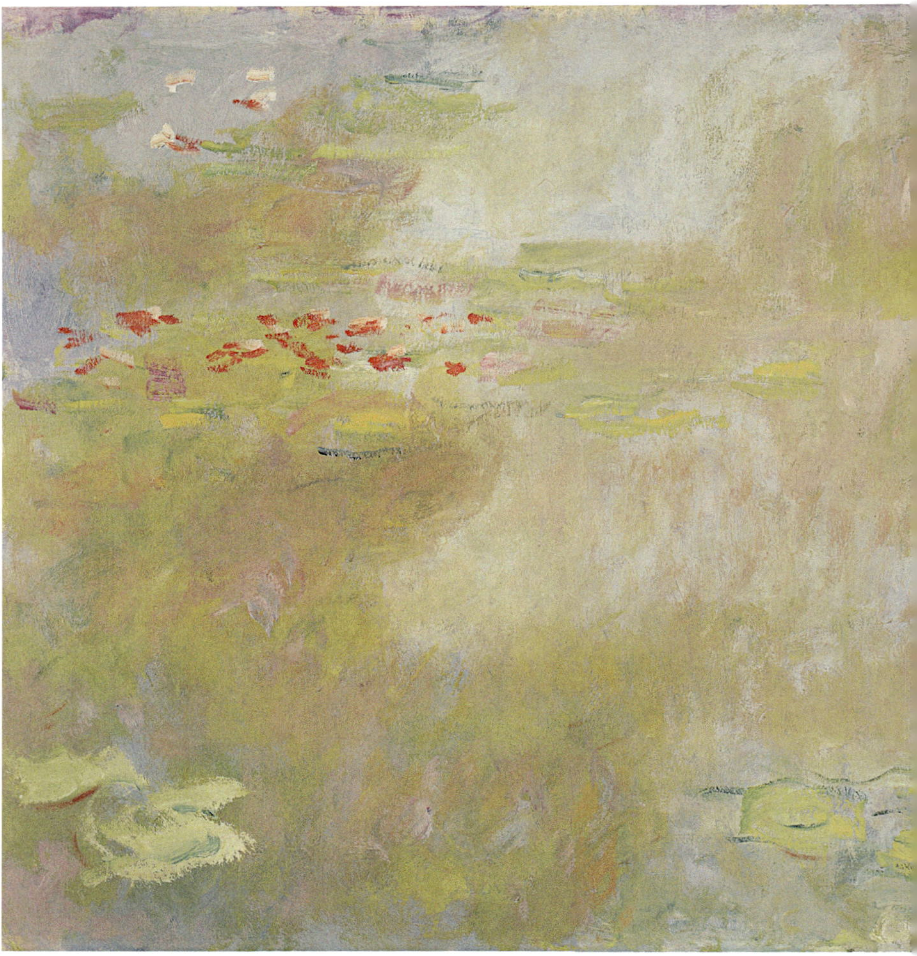

und ohne Selbstmitleid. Ein menschliches, bekennendes Gemälde, das dem Vergleich mit Rembrandts letztem Selbstporträt durchaus standhält.

Obwohl sich Pissarro belastbar, gar trotzig gibt, ist das Bild angesichts seiner offensichtlichen Verletzlichkeit nicht tröstlich. Eine höchst strukturierte Impasto-Oberfläche hält die Bildebene zusammen; die neutralen Schattierungen des Hintergrundes bilden den Kontrast zu den dramatischen Formen von Pissarros Hut und Mantel. So ist es folgerichtig, dass einer der Gründungsväter des Impressionismus ein solch starkes Bild als letztes Werk liefert.

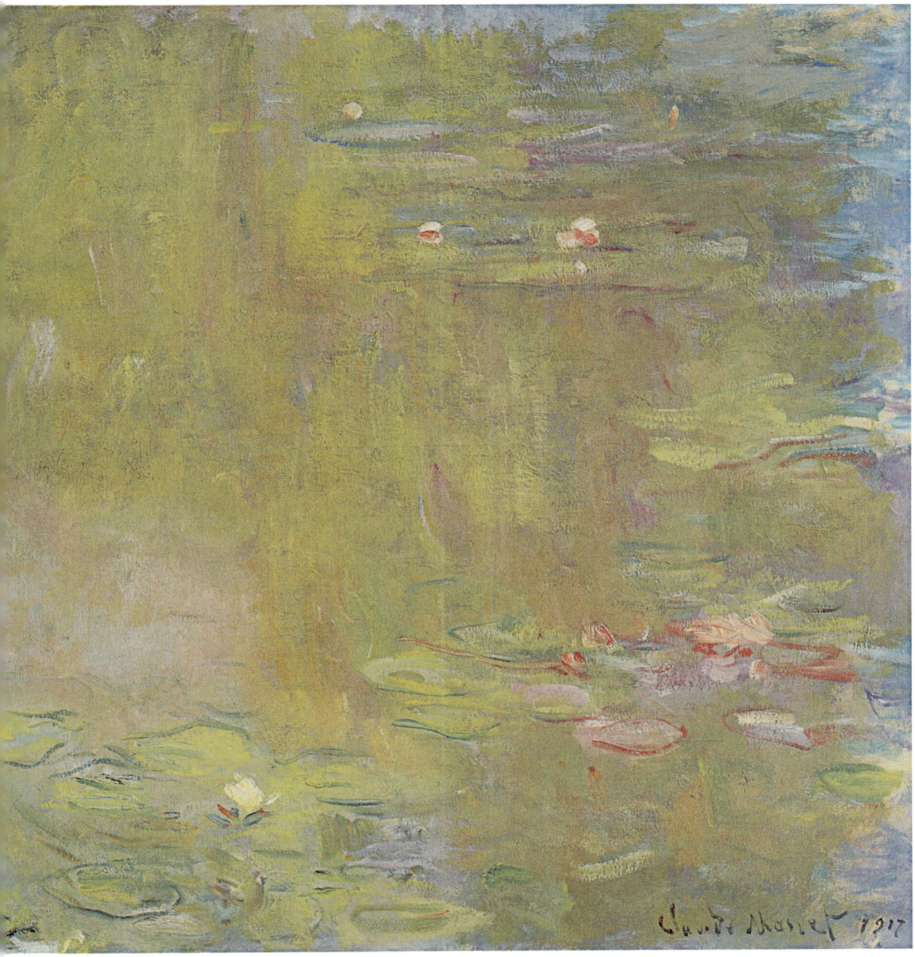

**Claude Monet**
*Seerosen*, 1917
Öl auf Leinwand,
100,3 x 200,5 cm
Musée des Beaux-Arts,
Nantes

**Allein aufgrund ihrer Größe arbeitete Monet im Atelier an seinen Seerosen, er verließ sich dabei auf sein Erinnerungsvermögen und seinen Ideenreichtum.**

## Reflexionen auf der Wasseroberfläche

In den letzten 30 Jahren seines Lebens widmete sich Monet den komplexen Reflexionen auf dem Seerosenteich, den er auf seinem Anwesen in Giverny angelegt hatte. Diese berühmten Gemälde bilden einen Höhepunkt des späten Impressionismus. Obwohl all diese Bilder eine stille, nachdenkliche Stimmung verbreiten, sind sie eigentlich das Produkt von Monets täglichem Kampf: »Diese Szenen mit Wasser und Spiegelungen sind zu einer Obsession geworden.« Der Teich wurde zu einem Schauplatz von Forschungen über Licht, Farbe und Reflexion. Auf seinen großen Leinwänden im Querformat ist kein Horizont zu sehen, die Bilder scheinen endlos zu sein. Häufig ist eine optische Spannung zwischen der Oberfläche und der Tiefe des Wassers zu spüren. Angesichts der flachen Anordnung erinnern viele Bilder an die von Monet so bewunderten japanischen Seidenmalereien. Ein besonders schönes Bild entstand durch die Überlagerung von goldener und gelber Lasur, die die blassblauen Reflexionen des Himmels umschließen (S. 154–155). Die Ränder der Leinwand sind mit dunklerem Blau eingerahmt; Flecken von Seerosenblättern und Blüten scheinen auf einer Haut aus Licht zu schwimmen.

**Den Impressionismus neu erfinden**

Bis 1928 waren alle großen Impressionisten aus der ersten Gruppenausstellung von 1874 verstorben. Darum waren viele französische Künstler und Kunsthistoriker der Meinung, dass mit ihnen auch der einst so lebendige Malstil dem Untergang geweiht sei. Trotz der qualitativ äußerst hochwertigen späten Werke führender Impressionisten wie Monet und Pissarro schien der Stil für viele an Bedeutung und Schwung verloren zu haben. Doch der Impressionismus war ja nie nur ein Stil, sondern eine Methode fantasievollen Beobachtens, die auch weiterhin Bestand haben würde. Der talentierteste unter den späten Impressionisten war Pierre Bonnard (1867–1947), der die Darstellung zeitgenössischen Lebens zu neuen Höhen führte: Landschaften, Gärten, Innenansichten, Personenstudien, Akte, Porträts und Stillleben. Seine privaten und sehr sinnlichen Bilder bauten auf der Wahrnehmung seiner Umgebung auf.

-

**Bonnards reife Gemälde zeigen eine bemerkenswerte späte Blüte des französischen Impressionismus.**

-

Zwar begann Bonnard bereits früh in seiner Karriere impressionistisch zu malen, doch wendete er sich später dem eher grafischen, linearen Ansatz der Art Nouveau zu. Um 1913 bemerkte er jedoch, dass er seinen Wunsch nach feinen Farb- und Lichtnuancen nur umsetzen konnte, indem er sich noch intensiver mit dem Impressionismus beschäftigte. Bonnards reife Gemälde, die zwischen 1913 und seinem Tod im Jahr 1947 entstanden, zeigen eine bemerkenswerte späte Blüte des französischen Impressionismus. Mit weichem Fokus durch sanft aufgetragene Pigmente malte er ungewöhnliche Kompositionen, die zu leuchten und zu schimmern scheinen. Die Gemälde von seiner Frau Marthe (1869–1942) beim Baden wirken in vielerlei Hinsicht wie eine Reprise von Degas' Aktgemälden. Doch weil Bonnards Bilder ein Badezimmer und ein Modell aus seiner

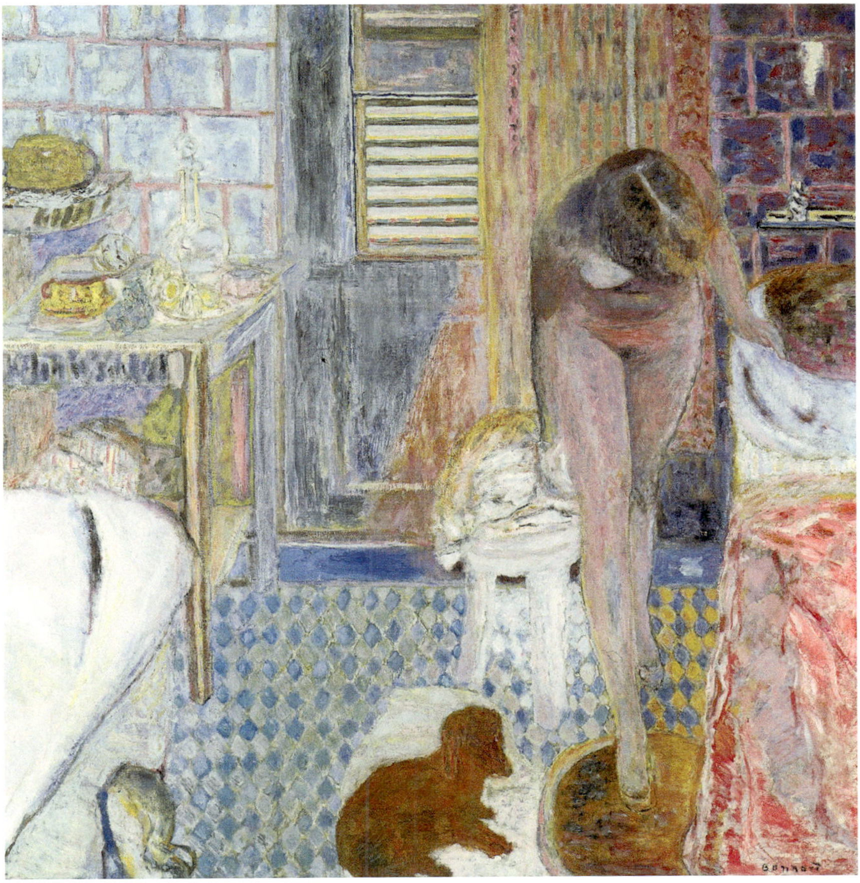

**Pierre Bonnard**
*Das Badezimmer*, 1932
Öl auf Leinwand,
121 x 118,2 cm
Museum of Modern Art,
New York

**Marthes nackter Körper hebt sich geheimnisvoll vom Zusammenspiel farbiger Muster ab.**

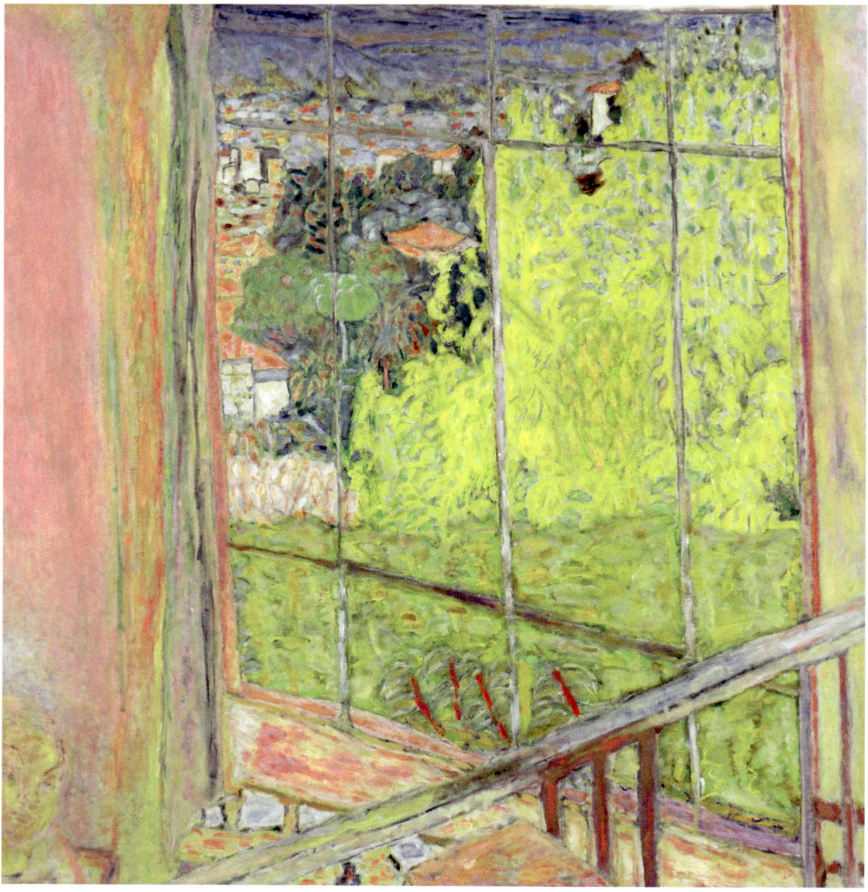

häuslichen Umgebung zeigen, wirken seine Akte eher feierlich denn aufdringlich (Seite 157). Ein Blick aus seinem Atelier fiel auf den blühenden Akazienbaum (gegenüber). Bonnards letztes Gemälde, das er, bereits krank, kurz vor seinem Tode malte, zeigt einen blühenden Mandelbaum in seinem Garten (Seite 161). Er verzichtet auf Details, dennoch strotzt das Bild vor Energie. Bonnard hatte bewiesen, dass der Impressionismus noch immer von Bedeutung war und dem Maler gestattete, jede Umgebung direkt und fantasievoll zu beobachten und in einem Bild umzusetzen.

**Pierre Bonnard**
*Das Atelier mit Akazie*, 1939
Öl auf Leinwand, 125 x 125 cm)
Musée National d'Art Moderne, Centre Pompidou, Paris

**Das leuchtende Gelb der Akazie wird vom Fensterrahmen des Ateliers eingefasst, was dem Bild eine starke Struktur verleiht. Sattes Rot und dunkles Grün tragen zum opulenten Charakter des Bildes bei. Bonnards freier Pinselstrich ist eine Reminiszenz an Monets Spätwerk.**

## Die Bedeutung des Impressionismus heute

Impressionistische Gemälde sind in den Sammlungen aller großen Museen weltweit zu sehen. Seit den 1950er-Jahren ist ihre Popularität ungebrochen, und auch bei Sammlern sind sie weiterhin heiß begehrt. Erst nachdem Gustave Caillebotte 1894 seine Sammlung von 68 Gemälden an den französischen Staat vererbte, wurden 40 davon vom Musée d'Orsay angenommen und bis heute ausgestellt. Das Kunst-Establishment in Frankreich erkannte erst spät die Bedeutung von Caillebottes großzügiger Schenkung, die verbleibenden 28 Werke wurden von seinen Erben an einen amerikanischen Sammler verkauft. Heutzutage finden regelmäßig umfangreiche Ausstellungen impressionistischer Werke statt. Die anhaltende kulturelle Bedeutung des Impressionismus wird in wissenschaftlichen Studien und populärwissenschaftlichen Veröffentlichungen zementiert.

-

**Nur ein subjektiver, flüchtiger Eindruck einer Umgebung kann in einem Gemälde dargestellt werden.**

-

Aber welche Bedeutung hat der Impressionismus für die Maler von heute? Am besten verzichtet man darauf, den Impressionismus als festen Stil mit engen Parametern zu begreifen – zum Beispiel *Plein-air*-Landschaftsmalerei, häusliche Umgebungen und attraktive Gartenszenen. Das eigentliche Erbe ist in den impliziten Faktoren der impressionistischen Methodik zu finden: Künstler sollten das Selbstbewusstsein haben, jedes für sie relevante Motiv zu malen; man sollte den Wert von darstellender Kunst auf Basis der fantasievollen Beobachtung anerkennen, nicht auf Konzepten oder formelgleichen Kompositionen; die Komplexität von Licht und Farbe muss untersucht werden; es ist wichtig zu akzeptieren, dass nur ein subjektiver, flüchtiger Eindruck der Umgebung in jedem Bild dargestellt werden kann; die Umsetzung dieser Beobachtung, so wie von den Impressionisten praktiziert, ist eine kreative und intellektuelle Tätigkeit. Die Impressionisten malten ihre Bilder im Kontext dieser Prinzipien, die auch heute noch Gültigkeit besitzen.

Am 20. Juni 1888 spekulierte van Gogh in einem Brief an seine Schwester Wil, dass künftige Malergenerationen die Fähigkeiten der Impressionisten übernehmen würden. Dabei fasste er das Wesen der impressionistischen Technik zusammen: »Entschieden arbeiten, ohne zu zögern, korrekt innerhalb eines Augenblicks abwägen, Farben gekonnt mischen, blitzschnell zeichnen – eine Generation wird kommen, die das nicht wie wir ungeliebt und einsam tut, sondern mit einer Öffentlichkeit, der das gefällt.«

**Pierre Bonnard**
*Blühender Mandelbaum*,
1946–1947
Öl auf Leinwand,
55 x 37,5 cm
Musée National d'Art
Moderne, Paris

**Es ist bemerkenswert, dass ein so feines Motiv zu einem so mächtigen Bild wird. Doch Bonnard nahm den blühenden Mandelbaum als Symbol der Erneuerung wahr, ebenso wie van Gogh, als er seinen blühenden Birnenbaum 58 Jahre zuvor in der Provence malte.**

## MERKMALE

- Der impressionistische Malstil wurde von vielen Künstlern nach der letzten Ausstellung von 1886 fortgeführt.
- Von den führenden Impressionisten experimentierte nur Pissarro mit dem Pointillismus.
- Eine jüngere Generation von Malern der Avantgarde nahm den Stil als banal und oberflächlich wahr.
- Dennoch wurden impressionistische Gemälde weithin gesammelt.
- Der Impressionismus erreichte seinen Höhepunkt in den späten 1890er- und frühen 1900er-Jahren.
- Von 1932 bis 1947 belebte Bonnard den Stil mit spektakulären Bildern wieder.

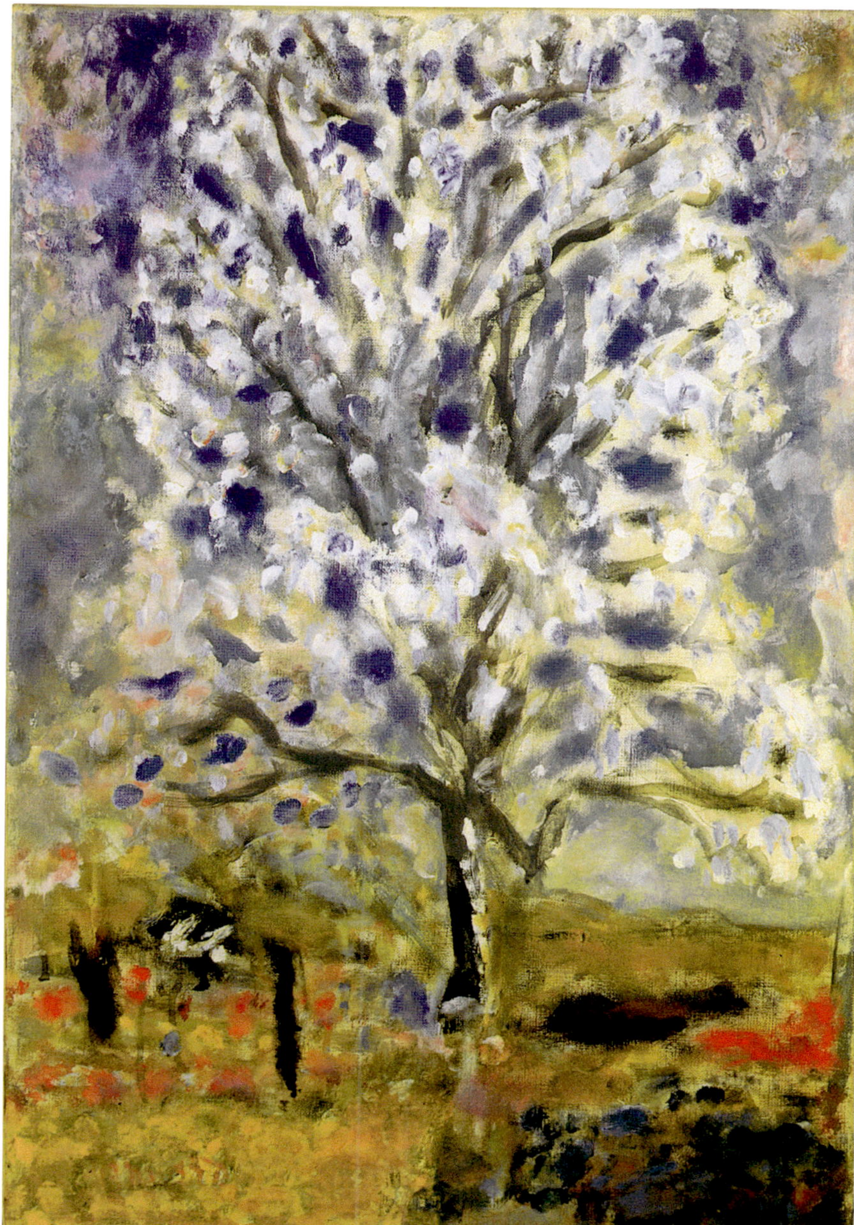

# FRANZÖSISCHER IMPRESSIONISMUS

## 1830–69

**1830er**
Corot malt im Freien elegante Landschaften, die von jungen Künstlern sehr bewundert werden.

**1840er**
Viele Landschaftskünstler malen im Wald von Fontainebleau, nahe Paris. Sie lebten in dem Dorf Barbizon, nach dem diese Malschule benannt und auch bekannt wurde. Zu den wichtigsten Künstlern gehörten: Rousseau, Diaz und Daubigny. Alle wurden von den frühen Impressionisten bewundert.

**1858**
Monet lernt mit 16 Jahren an der Küste der Normandie den erfahrenen Künstler Eugène Boudin (1824–98) kennen. Boudin ermuntert Monet, *Plein-air*-Landschaften zu malen.

**1862**
Monet, Renoir, Sisley und Bazille studieren in Charles Gleyres Pariser Atelier und werden enge Freunde.

**1865**
Die jungen Künstler – Monet, Renoir, Sisley und Bazille – besuchen den Wald von Fontainebleau, um im Freien Waldszenen zu malen.

**1866**
In Paris treffen sich die künftigen impressionistischen Künstler regelmäßig im Café Guerbois, um ihre radikalen Ideen in Bezug auf Maltechniken und Themen zu diskutieren.

## 1870–79

**1872**
Die laufenden Treffen zum Diskutieren neuer Ideen in der Malerei finden nun im geräumigeren Café de la Nouvelle-Athènes statt.

**1873**
Eine Satzung wird aufgestellt, in der die organisatorischen Prinzipien der vorgeschlagenen unabhängigen Künstlergruppe festgelegt werden. Die Gründung einer Société Anonyme – einer Art GmbH – liefert die rechtliche und finanzielle Grundlage der Gruppe.

**1874**
Erste Gruppenausstellung – von den Künstlern noch nicht als »impressionistisch« bezeichnet. Heftige Kritik von Presse, Kritikern, Kunstwelt und Publikum. Niedrige Verkaufszahlen führen dazu, dass die Société Anonyme aus finanziellen Gründen aufgelöst wird.

**1876**
Die zweite Gruppenausstellung kommt dank der nicht unerheblichen finanziellen Unterstützung und organisatorischen Fähigkeiten von Gustave Caillebotte zustande.

**1877**
Dritte Gruppenausstellung. Der Begriff »Impressionisten« wird von den Künstlern offiziell zu Werbe- und Marketingzwecken übernommen. Ursprünglich war dies ein von Kritikern geprägter abfälliger Begriff.

**1879**
Vierte impressionistische Ausstellung

## 1880–89

**1880**
Fünfte impressionistische Ausstellung

**1881**
Sechste impressionistische Ausstellung

**1882**
Siebente impressionistische Ausstellung

**1883**
Manet stirbt in Paris.

**1886**
Achte und letzte impressionistische Ausstellung. Nur Pissarro hatte seine Werke in allen Ausstellungen gezeigt. Morisot hatte wegen der Geburt ihrer Tochter, Julie Manet, bei einer gefehlt. Seurat und Signac nahmen zum ersten Mal teil und zeigten ihre Gemälde im Stil des Pointillismus.

**1887**
Pissarro experimentiert kurz mit dem Pointillismus. Cézanne übernimmt eine formellere Herangehensweise an die Ölmalerei.

**1888**
Gauguin gibt den Impressionismus zugunsten einer symbolischen Metaphorik auf.

## 1890–99

**1890**
Monet arbeitet an seiner *Heuhaufen*-Serie. Sisley fertigt farbenfrohe Gemälde von Pappelbäumen nahe seinem Zuhause in Moret-sur-Loing. Van Gogh stirbt in Auvers-sur-Oise.

**1891**
Seurat stirbt in Paris.

**1892**
Degas schafft bemerkenswerte Pastellstudien von Akten und Motiven aus der Theaterwelt. Monet beginnt mit seiner umfangreichen Serie der *Kathedrale von Rouen*.

**1894**
Tod von Caillebotte in der Nähe von Argenteuil. In seinem Testament vermacht er seine Sammlung von 68 impressionistischen Gemälden großzügig dem französischen Staat – allerdings werden nur 40 Werke akzeptiert.

Morisot malt ein sehr kunstvolles Porträt ihrer Tochter Julie.

**1895**
Morisot stirbt in Paris. Monet stellt eine Auswahl seiner Gemälde der *Kathedrale von Rouen* in der Galerie von Durand-Ruel in Paris aus. Renoir malt weiter einfühlsame Porträts von jungen Frauen und Kindern.

**1899**
Monet beginnt, seine Seerosen-Serie zu malen. Sisley stirbt in Moret-sur-Loing.

## 1900–50

**1902**
Guillaumin malt außerordentlich farbenfrohe Landschaften in Moret-sur-Loing.

**1903**
Pissarro malt sein bewegendes letztes Selbstporträt. Pissarro stirbt in Paris.

**1904**
Cézanne malt in der Provence eine einfühlsame Serie von Aquarellen.

**1906**
Cézanne stirbt in Aix-en-Provence.

**1908**
Monet malt in Venedig stimmungsvolle Bilder.

**1912**
Eine Auswahl von Monets venezianischen Werken wird in der Galerie Bernheim-Jeune in Paris ausgestellt.

**1917**
Degas stirbt in Paris.

**1918**
Monet vermacht der französischen Nation acht Seerosenbilder.

**1919**
Renoir stirbt in Cagnes.

**1926**
Monet stirbt in Giverny.

**1927**
Guillaumin stirbt in Orly. Er war das letzte noch lebende Mitglied der ursprünglichen impressionistischen Gruppe.

**1935**
Signac stirbt in Marseilles.

**1947**
Bonnard stirbt in Le Cannet.

# AMERIKANISCHER IMPRESSIONISMUS

**1855**
Whistler verlässt mit 21 Jahren Amerika, um in Paris Kunst zu studieren. Er schreibt sich in Charles Gleyres privatem Lehratelier ein.

**1868**
Nach einer ersten Ausbildung an der Philadelphia Academy studiert Cassatt bei Jean-Léon Gérôme in Paris. Sie stellt beim Salon aus.

**1873**
Nach der Ausbildung in Amerika studiert Weir an der École des Beaux-Arts, Paris.

**1874**
Cassatt lässt sich dauerhaft in Paris nieder. Sie hat Erfolg beim Salon und trifft Degas, der ihre Arbeit bewundert.

Sargent zieht mit seinen Eltern nach Paris. Er studiert beim erfolgreichen Porträtmaler Carolus-Duran.

**1875**
Sargent immatrikuliert sich an der École des Beaux-Arts und stellt beim Salon aus.

**1876**
Sargent lernt Monet kennen. Beginn einer engen Freundschaft.

**1877**
Weir trifft Whistler in London. Er kehrt nach New York zurück und steht der französischen impressionistischen Malerei sehr kritisch gegenüber.

**1879**
Cassatt stellt zum ersten Mal mit den Impressionisten aus. Sie zeigt ihr Werk dann noch dreimal bei den Gruppenausstellungen.

**1883**
Nach einer ersten Ausbildung in München beginnt Twachtman ein zweijähriges Studium an der Académie Julian, Paris.

**1884**
Whistler stellt seine stimmungsvollen *Nocturnes* in London aus.

**1885**
Sargent malt eine Ölskizze seines Freundes Monet, der in der Nähe von Giverny im Freien arbeitet.

**1886**
Nach der Ausbildung in Boston beginnt Hassam mit dem Studium an der Académie Julian, Paris.

**1888**
Akademisch ausgebildete amerikanische Maler arbeiten in der Künstlerkolonie Pont Aven in der Bretagne. Ihre Kritik am Impressionismus führt zum Streit mit Gauguin. Butler und Robinson hingegen ziehen nach Giverny, um im impressionistischen Stil zu malen, nachdem sie in Paris studiert und beim Salon ausgestellt haben.

**1889**
Hassam geht zurück nach Amerika; er ist von den impressionistischen Gemälden in den Pariser Galerien beeindruckt. Die Künstlerkolonie Cos Cob in Greenwich, Connecticut, wird gegründet. Twachtmans Farm wird zum Zentrum des Lehrens und Malens im impressionistischen Stil. Weir ist regelmäßig dort, nachdem er seine frühere Kritik revidiert hat. Die Kolonie ist bis 1920 aktiv und verbreitet das Interesse am Impressionismus an der Ostküste Amerikas.

**1890**
Maler aus Amerika und anderen Ländern lassen sich in Giverny nieder und bilden eine Künstlerkolonie.

**1891**
In Giverny trfft Robinson Monet, der die Gemälde des jungen Künstlers im impressionistischen Stil bewundert und ihm Hinweise zu seiner Technik gibt. Robinson ist auch ein talentierter Fotograf, er macht ein berühmtes Foto von Monet in seinem Garten.

**1892**
Butler heiratet Monets Stieftochter Suzanne. Das Paar bekommt zwei Kinder. Robinson kehrt nach Amerika zurück.

**1896**
Robinson stirbt in New York.

**1898**
Gründung einer einflussreichen Gruppe von amerikanischen Impressionisten: »The Ten American Painters« [»The Ten«]. Ausstellungsreihen in großen Städten informieren die Öffentlichkeit im Laufe der nächsten 20 Jahre über den Impressionismus.

**1899**
Butlers Frau Suzanne stirbt. Ihre Schwester Marthe hilft beim Aufziehen der beiden Kinder des Paares. Sie und Butler heiraten schließlich.

**1902**
Twachtman stirbt in Gloucester, Massachusetts. Whistler stirbt in London.

**1916**
Hassam beginnt seine *Flaggen-Serie* aus etwa 30 Bildern der flaggengeschmückten Fifth Avenue in New York.

**1919**
Weir stirbt auf seiner Farm in Branchville, Connecticut.

**1925**
Sargent stirbt in London.

**1926**
Cassatt stirbt auf Château Beaufresne, Beauvais.

**1935**
Hassam stirbt in East Hampton, New York.

**1936**
Butler stirbt in Giverny.

**1881**
Russell erbt ein großes Vermögen. Er verlässt Sydney und reist nach London, wo er für kurze Zeit an der Slade School of Art studiert.
Roberts reist von Melbourne aus nach Europa und wird an der Royal Academy Schools in London ausgebildet.

**1883**
Russell und Roberts begeben sich auf eine Malexpedition nach Südfrankreich und Spanien. Beide malen *Plein-air*-Landschaften.

**1884**
Russell schreibt sich als Student an Fernand Cormons Atelier in Paris ein. Er freundet sich mit Bernard, Toulouse-Lautrec und van Gogh an. Roberts malt stimmungsvolle Stadtansichten in London.

**1885**
Roberts kehrt nach Melbourne zurück. Dort wirbt er für die impressionistischen Techniken und malt kunstvolle *Plein-air*-Landschaften.

**1886**
Zwischen Russell und van Gogh entwickelt sich in Paris eine enge Freundschaft. Russell malt sein Porträt.Bis van Goghs Tod im Jahre 1890 stehen sie in Briefkontakt. Russell kauft noch zu van Goghs Lebzeiten eines seiner Gemälde und Vincent gibt ihm einige seiner Zeichnungen. Russell trifft beim Malen auf den Klippen von Belle-Île vor der bretonischen Küste Monet bei der Arbeit. Dieser gibt Russell Hinweise zur impressionistischen Technik, was sich stark auf den Malstil des Australiers auswirkte. Russell baut ein großes Haus und Atelier auf Belle-Île.

**1888**
Streeton malt stimmungsvolle Studien von Melbourne.

**1889**
Conder schafft originelle Kompositionen auf dem Land nahe Melbourne. In Melbourne findet die »9 by 5 Impression Exhibition« statt, auf der 136 kleine Werke im impressionistischen Stil gezeigt werden. Dies weckt in Australien das Interesse am Impressionismus, vor allem bei jungen Künstlern.

**1890**
Russell malt im Süden Frankreichs mit freien Pinselstrichen sehr farbenfrohe Landschaften. Inspiriert hatten ihn Monets Gemälde von Antibes.
Conder verlässt Australien und lässt sich in Paris nieder.

**1897**
Streeton zieht nach London, wo er fast 30 Jahre lang bleibt.

**1908**
Nach dem Tod seiner Frau verlässt Russell die Bretagne. Er unternimmt ausgedehnte Reisen durch den Mittelmeerraum, wo er viele Aquarelle malt.

**1909**
Conder stirbt in einem Sanatorium in Surrey, England.

**1918**
Russell verlässt Europa. Er lebt zwei Jahre lang in Neuseeland, wo er weiterhin malt.

**1930**
Russell stirbt in Sydney. Er wurde von der australischen Kunstwelt relativ stark vernachlässigt. Seit seinem Tod wurden seine Gemälde gesammelt und sind nun in allen großen australischen Museen zu sehen.

**1931**
Roberts stirbt in Kallista in Victoria.

**1943**
Streeton stirbt in Olinda in Victoria.

-

**Wie kommt es, dass die Leute etwas Dekadentes im Impressionismus entdecken? Es ist eigentlich genau umgekehrt.**

-

Vincent van Gogh

1888

# GLOSSAR

**Académie des Beaux-Arts**
Wurde 1816 gegründet, um Kunst, Musik und Architektur in Frankreich zu fördern.

**Ästhetisch**
Auf die Sinne bezogen; künstlerisch.

**Akademische Malerei**
Methoden der Malerei, die an Kunstschulen gelehrt wurden.

**Atelier**
Eine Lehreinrichtung, betrieben von einem etablierten Künstler.

**Avantgarde**
Verfechter radikal neuer Ideen in den Künsten.

**Beschneiden**
Elemente des Bildes werden an den Rändern der Bildebene »abgeschnitten«, um anzudeuten, dass dies nur ein Ausschnitt des Motivs ist – beeinflusst durch die Fotografie.

**Bildebene**
Die flache, fast immer rechteckige Oberfläche einer Zeichnung oder eines Gemäldes.

**Cloisonnismus**
Starke, dekorative Farben werden wie beim japanischen Cloisonné-Emaille mittels feiner Drähte abgetrennt und bilden auf diese Weise dekorative Bereiche.

***Contre-jour*-Porträt (Gegenlichtporträt)**
Eine Person, gezeigt als Silhouette vor dem hellen Licht des Fensters.

***Demi-monde* (Halbwelt)**
Niedrigere gesellschaftliche Klassen von zweifelhafter Moral.

**Divisionismus**
Von Seurat und Signac entwickelter Stil, bei dem kleine Tupfen aus Komplementärfarben dazu dienen, Lichteffekte zu erzielen (siehe Pointillismus).

**Eklektisch**
Einsatz vieler unterschiedlicher Stile.

***En plein air***
Im Freien malen.

**Expressionismus**
Kunst, die auf den subjektiven Reaktionen und Gefühlen des Künstlers beruht.

**Farbton/Tonwert**
Anteil von Weiß in einem farbigen Pigment.

**Fließende Pinselstriche**
Vermeidung eines streng kontrollierten Farbauftrags und harter Umrisse.

**Formelhaft**
Eine vorgefasste Art der Komposition, die von anderen gelehrt wird.

**Freier Einsatz von Farbe**
Nutzung einer großen Vielfalt an Farbdicken und -texturen (siehe Malerisch).

**Gebrochene Farben**
Kleine, bunte Pinselstriche zum Erzeugen gesprenkelter Effekte.

**Genre**
Alltägliche Themen.

**Gouache**
Deckende, wasserbasierte Farbe, die eine matte Oberfläche erzeugt.

**Impasto**
Dicke Farbe, die aufgebracht wird, um Formen zu betonen.

**Impression**
Eine Wahrnehmung, eine plötzliche Einsicht.

**Intuitiver Ansatz**
Die instinktiven Reaktionen eines Malers auf ein Motiv.

**Klassisch**
Auf die Kunst des antiken Griechenland und Rom bezogen, speziell in der Bildhauerei.

**Klassizismus**
Die Wiederbelebung der antiken griechischen und römischen Bilderwelt in Malerei und Bildhauerei.

**Komplementärfarben**
Farbpaare, die leuchtende Effekte erzeugen, wenn man sie nebeneinanderstellt: Grün/Rot, Blau/Orange und Violett/Gelb.

**Komposition**
Die Anordnung von Formen, Proportionen und Farben.

**Lockere Pinselführung**
Vermeidung hemmender Details mittels frei fließender Pinselstriche.

**Lyrische Gemälde**
Ausdrucksvolle Bilder mit poetischem Gefühl.

**Malerisch**
Gekonnter Einsatz eines breiten Spektrums der Pinselführung zum Erzeugen von Formen und Texturen.

**Motiv**
Das vom Künstler gewählte Thema.

**Nass-in-Nass-Technik**
Ölfarbe wird auf eine feuchte Oberfläche aufgebracht, um ein Mischen der Farben oder die Entstehung eines dicken Impasto zu erlauben. Auch bekannt als *alla prima*.

**Ölskizze**
Ein kleines, schnell gemaltes Bild, das oft als Grundlage für eine aufwendigere Komposition dient.

**Pastell**
Ein Stift aus getrockneter, mit Pigmenten vermischter Paste; ein Mittel zum Herstellen farbiger Zeichnungen.

***Pentimenti***
Spuren früherer Pinselstriche, die bewusst im fertigen Bild verblieben sind.

***Plein-air*-Malerei**
Das Malen von Landschaften und Gärten im Freien.

**Pointillismus**
Der übliche Name für den Divisionismus, abgeleitet von der Art und Weise, wie in dem Stil kleine Tupfen oder Punkte (»Points«) aus farbigem Pigment eingesetzt werden.

**Realismus**
Gemälde des alltäglichen Lebens, im Gegensatz zu imaginären Welten.

**Scumbling**
Schnelles Aufbringen von Pinselstrichen mit wenig Pigment, um einen Textureffekt zu erzielen.

**Skizzenartig**
Oberflächen und Details sind nicht fertig ausgearbeitet.

***Sur le motif***
Malen oder Zeichnen direkt vor dem ausgewählten Motiv.

# LITERATUREMPFEHLUNGEN


## Entwicklung des Impressionismus

Gaunt, William, *The Impressionists* (Thames & Hudson, London, 1970, erste Paperback-Ausgabe 1995)

Roe, Sue, *The Private Lives of the Impressionists* (Vintage Books, London, 2006)

Van Gogh, Vincent, *Vincent van Gogh – The Letters*, 6 Bände (Thames & Hudson, London und New York, NY, 2009)

## Impressionismus in Frankreich

Heinrich, Christoph, *Monet* (Taschen, Köln, 2007)

Hodge, Susie, *The Life and Works of Renoir* (Hermes House, Leicestershire, 2011)

Lloyd, Christopher, *Edgar Degas: Drawings and Pastels* (Thames & Hudson, London und New York, NY, 2014)

Rey, Jean-Dominique, *Berthe Morisot* (Flammarion, Paris, 2010)

Skea, Ralph, *Monet's Trees* (Thames & Hudson, London und New York, NY, 2015)

Skea, Ralph, *Vincent's Gardens* (Thames & Hudson, London und New York, NY, 2011)

Thomson, Richard, *Camille Pissarro* (The South Bank Centre and The Herbert Press, London, 1990)

Whitfield, Sarah und Elderfield, John, *Bonnard* (Tate Publishing, London, 1998)

## Neo-Impressionismus (»Divisionismus«/ »Pointillismus«)

Carr-Gomm, Sarah, *Seurat* (Studio Editions, London, 1993)

Ferretti-Bocquillon, Marina, ; Distel, Anne; Leighton, John und Alyson, Susan, *Signac* (Metropolitan Museum of Art, New York, NY, 2001)

## Amerikanischer Impressionismus

Bourguignon, Katherine M. (Hrsg.), *American Impressionism: A New Vision, 1880–1900* (Yale University Press, New Haven, CT, und London, 2014)

## Australischer Impressionismus

Riopelle, Christopher (Hrsg.), *Australia's Impressionists* (National Gallery und Yale Univeristy Press, London, 2016)

# INDEX

*Kursive* Zahlen beziehen sich auf die Illustrationen; (B) bezieht sich auf Bildunterschriften

# BILDNACHWEISE

**o** oben **u** unten

**2** Kerry Stokes Collection, Perth (Australien); **4** Musée d'Orsay, Paris/Bridgeman Images; **8, 10** Metropolitan Museum of Art, New York, NY, H. O. Havemeyer Collection, Nachlass von Mrs. H. O. Havemeyer, 1929; **13** Foto Beaux-Arts de Paris, Dist. RMN-Grand Palais, Paris/image Beaux-Arts de Paris; **15** Victoria and Albert Museum, London/Bridgeman Images; **16** Fitzwilliam Museum, University of Cambridge, Cambridge/Bridgeman Images; **17** Privatsammlung; **19** Fine Art Images/Diomedia; **20–21** Foto RMN-Grand Palais, Paris/A. Danvers; **22** The National Gallery of Scotland, Edinburgh; **23** Musée d'Orsay, Paris; **24** Art Institute of Chicago, Chicago, IL; **26–7** Foto RMN-Grand Palais, Paris/René-Gabriel Ojéda; **28–9** Foto Musée d'Orsay, Dist. RMN-Grand Palais, Paris/Patrice Schmidt; **30** Metropolitan Museum of Art, New York, NY, H. O. Havemeyer Collection, Nachlass von Mrs. H. O. Havemeyer, 1929; **31** Musée d'Orsay, Paris; **32** Metropolitan Museum of Art, New York, NY, Nachlass von Joan Whitney Payson, 1975; **33** Foto Musée d'Orsay, Dist. RMN-Grand Palais, Paris/Patrice Schmidt; **34** The National Gallery of Scotland, Edinburgh; **36** Neue Pinakothek, München; **37** Courtauld Institute Galleries, London; **39** Foto RMN-Grand Palais (Musée d'Orsay), Paris/Hervé Lewandowski; **40** Musée d'Orsay, Paris; **42–3** Foto RMN-Grand Palais (Musée d'Orsay), Paris/René-Gabriel Ojéda; **44** The Burrell Collection, Glasgow Museums and Art Galleries, Glasgow; **46** Foto RMN-Grand Palais (Musée d'Orsay), Paris/Adrien Didierjean; **49** Musée Marmottan Monet, Paris; **50** Foto RMN-Grand Palais (Musée d'Orsay), Paris/Hervé Lewandowski; **51** Musée Marmottan Monet, Paris/Bridgeman Images; **53** The Burrell Collection, Glasgow Museums and Art Galleries, Glasgow; **54** Musée des Beaux-Arts de Lyon; **55** The Walters Art Gallery, Baltimore, MD; **56** Carnegie Institute, Pittsburgh Museum of Art, Pennsylvania, PA; **57** The Burrell Collection, Glasgow Museums and Art Galleries, Glasgow; **58** Foto Musée d'Orsay, Dist. RMN-Grand Palais, Paris/Patrice Schmidt; **59** The Burrell Collection, Glasgow Museums and Art Galleries, Glasgow; **60–61** National Gallery of Art, Washington, DC, Sammlung von Mr. und Mrs. Paul Mellon; **62** Foto Musée d'Orsay, Dist. RMN-Grand Palais, Paris/Patrice Schmidt; **63** The Picture Art Collection/Alamy Stock Photo; **64** The Burrell Collection, Glasgow Museums and Art Galleries, Glasgow; **66** Musée Marmottan Monet, Paris; **67** Foto RMN-Grand Palais (Musée d'Orsay), Paris/Martine Beck-Coppola; **68** Tate Collection, UK; **69** Art Institute of Chicago, IL; **70** Metropolitan Museum of Art, New York, NY, H. O. Havemeyer Collection, Nachlass von Mrs. H. O. Havemeyer, 1929; **71** Phillips Collection, Washington, DC; **72** Museum of Fine Arts, Boston, MA; **73o** Staatsgalerie, Stuttgart; **73u** Musée d'Orsay, Paris; **74** National Gallery, London; **75** Josse Christophel/Alamy Stock Photo; **76** Metropolitan Museum of Art, New York, NY, Nachlass von Julia W. Emmons, 1956; **77** Tate Collection, UK; **79** akg-images **80** Fitzwilliam Museum, University of Cambridge, Cambridge/Bridgeman Images; **82** Privatsammlung; **85** Museum Folkwang, Essen; **87** Museum der Schönen Künste, Budapest; **88** National Gallery of Scotland, Edinburgh; **91** The Picture Art Collection/Alamy Stock Photo; **93** Musée des Beaux-Arts, Brest; **94** Gemeentemuseum, Den Haag; **95** Museum of Modern Art, New York; **96** INTERFOTO/Alamy Stock Photo; **97** Foto von VCG Wilson/Corbis über Getty Images; **98** Fitzwilliam Museum, University of Cambridge, Cambridge/Bridgeman Images; **99** Heritage Image Partnership Ltd/Alamy Stock Photo; **100** Museum of Modern Art, New York, NY; **101** Musée d'Orsay, Paris; **102** Nationalgalerie, Oslo; **104–5** Rasmus Meyer Collection, Bergen; **106** Art Gallery of South Australia, Adelaide; **108** Freer Gallery of Art, Smithsonian Institution, Washington, DC; **111** Brooklyn Museum, New York, NY; **113** Museo de Bellas Artes de Bilbao, Bilbao; **114** Metropolitan Museum of Art, New York, NY, Teilweise Schenkung von Mr und Mrs Douglas Dillon, 1997; **117** Terra Foundation for American Art, Chicago, IL; **118** Metropolitan Museum of Art, New York, NY, Geschenk von Mrs. John A. Rutherfurd, 1914; **120** Smithsonian American Art Museum, Washington, DC; **121** Telfair Museums, Savannah, GA; **123** Kerry Stokes Collection, Perth (Australien); **124** National Gallery of Australia, Canberra; **125, 126, 127** Art Gallery of South Australia, Adelaide; **128–9, 130, 132** National Gallery of Australia, Canberra; **134** Musée National d'Art Moderne, Paris/Bridgeman Images; **136** Musée d'Orsay, Paris; **139** Kunsthaus Zürich, Zürich; **140** Musée d'Orsay, Paris; **141** Tate Collection, UK; **142** Fondation Beyeler, Riehen/Basel, Beyeler Collection. Foto Robert Bayer; **143** Kunstmuseum St. Gallen, St. Gallen; **145** Philadelphia Museum of Art, Philadelphia, PA; **146–7** Cincinnati Art Museum, Cincinnati, OH; **148** Musée d'Orsay, Paris/Bridgeman Images; **149** Wadsworth Atheneum, Hartford, CT; **150** Musée de l'Orangerie, Paris; **151** Privatsammlung; **153** Tate Collection, UK; **154–5** Musée des Beaux-Arts, Nantes; **157** Museum of Modern Art, New York, NY; **158** Musée National d'Art Moderne, Paris/Bridgeman Images; **161** Musée National d'Art Moderne, Paris

ART ESSENTIALS

www.artessentials.de
www.midascollection.com

## IMPRESSUM

© 2019 Midas Collection
ISBN 978-3-03876-148-8

Herausgeber: Gregory C. Zäch
Übersetzung: Claudia Koch,
Kathrin Lichtenberg
Korrektorat: Sabine Müthing
Layout: Ulrich Borstelmann

Midas Verlag AG
Dunantstrasse 3
CH 8044 Zürich

www.midas.ch

Englische Originalausgabe:
*Impressionism* © 2019
Thames & Hudson Ltd, London
Text © 2019 Ralph Skea
Design by April

Die deutsche Nationalbibliothek verzeichnet diese Publikation in der Deutschen Nationalbibliografie; detaillierte bibliografische Daten sind im Internet abrufbar unter: http://www.dnb.de



## QUELLENANGABEN

**Umschlagseite:** Edgar Degas, *L'Etoile*, ca. 1876 (Detail von S. 58). Musée d'Orsay, Paris

**Titelseite:** John Peter Russell, *Aiguille de Coton, Belle-Île*, ca. 1900 (Detail von S. 123). Kerry Stokes Collection, Perth

**S. 4:** Edgar Degas, Nach dem Bad – Eine Frau trocknet sich den Hals, ca. 1898 (Detail von S. 148). Musée d'Orsay, Paris

**Kapitelanfangsseiten: S. 8** Edgar Degas, *Eine Frau sitzt neben einer Vase mit Blumen*, 1865, Metropolitan Museum of Art, New York, NY (Detail von S. 30); **S. 44** Édouard Manet, *Frauen trinken Bier*, 1878, Burrell Collection, Glasgow Museums and Art Galleries, Glasgow (Detail von S. 53); **S. 80** Paul Signac, *Port-en-Bessin, La Valleuse*, 1884, Kröller-Müller-Museum, Otterlo (Detail von S. 98); **S. 106** John Peter Russell, *A Clearing in the Forest*, 1891, Art Gallery of South Australia, Adelaide (Detail von S. 125); **S. 136** Pierre Bonnard, Atelier mit Akazie, 1939, Musée National d'Art Moderne, Centre Pompidou, Paris (Detail von S. 158)

**Zitate: S. 9** Émile Zola, *L'Evénement*, 1866; **S. 45** Louis Leroy, »Les Impressionnistes«, *Le Charivari*, 25. April 1874; **S. 81** Brief 707, Vincent van Gogh an Theo van Gogh, 17. Oktober 1888; **S. 107** Brief 647, John Peter Russell an Vincent van Gogh, 22. Juli 1888; **S. 137** Brief RM21, Vincent van Gogh an Joseph Jacob Isaacson, 25. Mai 1890; **S. 165** Brief 668, Vincent van Gogh an Theo van Gogh am 23. oder 24. August 1888. Briefe aus *Vincent van Gogh – The Letters*, 6 Bde. (Thames & Hudson, London und New York, NY, 2009).